VIRGINIA WOOLF

ORLANDO

Eine Biographie

Aus dem Englischen von
Herbert E. und Marlys Herlitschka

S. FISCHER VERLAG

Die Originalausgabe erschien 1928
unter dem Titel »Orlando«
im Verlag The Hogarth Press, London

Druck und Einband: Clausen & Bosse, Leck
Printed in Germany 1986
ISBN 3-10-092516-5

Victoria Sackville-West

gewidmet

Erstes Kapitel

Er – denn es konnte keinen Zweifel an seinem Geschlecht geben, wenngleich die Mode der Zeit es eher verkleidete – er also war grade dabei, Fechthiebe nach einem Mohrenkopf zu führen, der von den Dachsparren hing. Der Kopf hatte die Farbe eines alten Fußballs und mehr oder weniger auch dessen Form, bis auf die eingesunkenen Wangen und ein paar Haarsträhnen, so grob und vertrocknet wie die Fasern einer Kokosnuß. Orlandos Vater, oder vielleicht sein Großvater, hatte ihn im Lande der Barbaresken Afrikas einem hünenhaften Heiden vom Rumpf gehauen, der plötzlich im Mondlicht vor ihm aufgetaucht war; und nun schwang der Kopf immerzu sanft in dem Luftzug, welcher unablässig durch die Dachräume dieses weitläufigen Hauses strich, das dem hochadeligen Herrn gehörte, der ihn abgeschlagen hatte.

Orlandos Vorväter waren über viele steinige Halden und asphodelenbesäte und von fremden Flüssen bewässerte Wiesen geritten, hatten viele Köpfe von vielerlei Farbe von vielen Schultern gehauen und sie heimgebracht, um sie vom Dachgebälk baumeln zu lassen. Das wollte auch Orlando tun, so gelobte er sich. Aber da er erst sechzehn war und zu jung, um in Afrika oder Frankreich mitzureiten, stahl er sich oft von seiner Mutter und den Pfauen im Garten weg und stieg zum Dachgeschoß hinauf und stach und hieb da mit seiner Klinge drauflos und ließ sie durch die Luft sausen. Manchmal durchtrennte er dabei die Schnur, so daß der Kopf auf den Fußboden plumpste und er ihn wieder anknüpfen mußte und ihn mit einer gewissen Ritterlichkeit fast außer

Reichweite befestigte, von wo sein Feind dann mit den verschrumpften schwarzen Lippen triumphierend auf ihn herabgrinste. Der Kopf schwang hin und her, weil das Haus, darin ganz oben Orlando wohnte, so ausgedehnt war, daß der Wind selbst sich darin gefangen zu haben schien und winters und sommers bald hierhin, bald dahin wehte. Der grüne Wandteppich mit den Jägern darauf bewegte sich unaufhörlich.

Orlandos Ahnen waren von Adel gewesen, seit sie überhaupt gewesen waren. Sie waren aus den Nebeln des Nordens schon mit Adelskronen auf den Köpfen gekommen. Rührten nicht die Streifen von Dunkelblau, welche den Raum durchzogen, und die gelben Tümpel, mit welchen die Sonne den Boden fleckte, von dem bunten Glas eines großen Wappens im Fenster her? Orlando stand jetzt mitten in dem gelben Leib eines heraldischen Leoparden. Als er mit der Hand auf den Sims griff, um das Fenster zu öffnen, war sie sogleich rot, blau und gelb gefärbt wie ein Schmetterlingsflügel. Somit mag, wer Symbole liebt und einen Hang zu ihrer Deutung hat, vermerken, daß zwar Orlandos wohlgestalte Beine, sein anmutiger Leib und die gutgebauten Schultern alle von verschiedenen Tönungen heraldischen Lichts geschmückt waren, sein Gesicht aber, als er nun das Fenster aufstieß, nur von der Sonne selbst beleuchtet war. Ein aufrichtigeres, trutzigeres Gesicht ließe sich unmöglich finden. Glücklich die Mutter, die ein solches Leben im Schoß trägt, glücklicher noch, wer es beschreibt! Nie braucht sie sich zu sorgen, noch er sich bei Romanschreibern oder Dichtern Hilfe zu holen. Von Ruhmestat zu Ruhmestat, von Staatsamt zu Staatsamt muß solch Leben fortschreiten und sein Schreiber folgen, bis sie zu was immer für einem Ehrensitz gelangen, welcher der Gipfel ihres Strebens ist. Orlando war schon dem Aussehen nach genau für eine solche Laufbahn geschaffen. Das Rot seiner Wangen war von einem Pfirsichflaum bedeckt; der Flaum auf seiner Oberlippe war nur um ein geringes stärker. Die Lippen selbst waren kurz und wichen ein wenig über die Zähne von köstlichem Mandelweiß zurück. Nichts störte die pfeilgerade Nase in ihrem kurzen, straffen Flug. Die Haare waren dunkel, die Ohren klein und lagen dicht am Kopfe an.

Aber ach, daß diese Aufzählung jugendlicher Schönheiten nicht vor der Erwähnung von Stirn und Augen enden kann! Ach, daß Menschen so selten ohne diese drei geboren werden! Denn sogleich, wenn wir auf Orlando blicken, wie er so am Fenster steht, müssen wir zugeben, daß er Augen wie vom Tau getränkte Veilchen hatte, so große, daß es schien, der hätte sie randvoll gefüllt und sie erweitert; und eine Stirn wie die Wölbung einer Marmorkuppel, einer zwischen zwei blanke Denkmünzen gezwängten, welche seine Schläfen waren. Kaum tun wir einen Blick auf Augen und Stirn, stimmen wir solch verzückten Lobgesang an. Kaum aber tun wir einen Blick auf Augen und Stirn, müssen wir auch tausenderlei Widersprüchiges zugeben, das jeder gute Biograph unbeachtet zu lassen trachtet. Gar mancher Anblick konnte Orlando verstören, wie etwa, seine Mutter, eine wunderschöne Dame in Grün, mit Twitchett, ihrer Zofe, hinter sich in den Park hinausgehn zu sehen, um die Pfauen zu füttern; gar mancher Anblick konnte ihn entzücken – die Vögel, die Bäume; oder ihn verliebt machen in den Tod – der Abendhimmel, die heimfliegenden Krähen. Und so stifteten, sobald sie die Wendeltreppe in sein Gehirn – ein geräumiges Gehirn – hinaufstiegen, alle solchen Anblicke und auch die Geräusche des Gartens, die Hammerschläge, die Axthiebe diesen Tumult, diesen Wirrwarr der Leidenschaften und Gemütsbewegungen, den jeder gute Biograph verabscheut.

Aber, um fortzusetzen – Orlando zog langsam den Kopf

aus dem Fenster zurück, setzte sich an den Tisch, und mit dem nur halb bewußten Gehaben eines Menschen, der tut, was er jeden Tag seines Lebens zu dieser Stunde tut, holte er ein Schreibheft hervor, bezettelt »Äthelbert, eine Tragödie in fünf Akten«, und tauchte eine alte, fleckige Kielfeder in die Tinte.

Bald hatte er zehn Seiten oder mehr mit Versen bedeckt. Offenbar schrieb er geläufig, aber er schrieb abstrakt. Das Laster, das Verbrechen, das Elend waren Personen seines Dramas. Da gab es Könige und Königinnen unmöglicher Reiche; gräßliche Verschwörungen stürzten sie; edle Gefühle beseelten sie. Nichts wurde je gesagt, wie er selbst es gesagt hätte. Alles aber war mit einer Gewandtheit und melodischen Anmut ausgedrückt, die in Anbetracht seines Alters – er war noch nicht siebzehn – und der Tatsache, daß das 16. Jahrhundert noch einige Jahre zu laufen hatte, bemerkenswert genug waren. Schließlich kam er jedoch zu einem Halt. Er beschrieb soeben, wie das alle jungen Dichter immerzu tun, die Natur; und um eine Tönung von Grün genau zu treffen, blickte er (und hierin zeigte er mehr Kühnheit als die meisten) auf das Ding selbst, welches ein Lorbeerstrauch unter seinem Fenster war. Danach konnte er selbstverständlich nicht weiterschreiben. Grün in der Natur ist etwas anderes als Grün in der Literatur. Natur und Literatur scheinen eine natürliche Abneigung gegeneinander zu hegen. Bring sie zusammen, und sie reißen einander in Stücke. Die Tönung von Grün, die Orlando nun sah, zerstörte seinen Reim und zerbrach sein Versmaß. Überdies spielt einem die Natur oft noch ganz andere Streiche. Blick nur einmal zum Fenster hinaus, auf bienenumschwärmte Blumen, auf einen gähnenden Hund, auf die untergehende Sonne; denk nur ein einzigesmal: »Wie viele Sonnenuntergänge werde ich noch sehen?« usw., usw. (der Gedanke ist zu bekannt, um es wert zu sein, mehr darüber zu sagen), und du läßt die Feder fallen, nimmst deinen Mantel, eilst aus dem Zimmer und schlägst dir dabei den Fuß an der bemalten Truhe an. Denn Orlando war ein wenig tapsig.

Er vermied bedacht jede Begegnung. Dort kam Stubbs, der Gärtner, den Weg heran. Orlando verbarg sich hinter einem Baum, bis er vorüber war. Dann öffnete er sich ein Gitterpförtchen in der Gartenmauer. Er machte einen Bogen um alle Stallungen und Zwinger, das Brauhaus, den Zimmerplatz, die Waschhütte, die Schlachtbank, die Werkstätten, wo Männer Wachskerzen zogen, Hufeisen schmiedeten, Wämser nähten – denn das Haus war eine ganze Stadt und summte von Menschen, welche hier ihre verschiedenen Handwerke trieben, – und so gelangte er ungesehen auf den von Farnkräutern besäumten Pfad, der durch den Park bergauf führte.

Es besteht vielleicht eine Verwandtschaft zwischen Eigenschaften; die eine zieht eine andere an sich; und der Biograph sollte hier die Aufmerksamkeit darauf lenken, daß eine Unbeholfenheit wie die Orlandos oft mit einer Vorliebe für Einsamkeit verbunden ist. Demgemäß, daß er über die Truhe gestolpert war, liebte Orlando natürlich einsame Orte, weite Ausblicke und das Gefühl, auf immer und ewig allein zu sein.

So hauchte er denn auch nach einem langen Schweigen: »Ich bin allein«, und tut damit zum erstenmal in diesem Bericht den Mund auf. Er war sehr schnell, und dabei Hochwild und Waldvögel aufscheuchend, zwischen den Farnkräutern und Hagedornsträuchern bergan geschritten und auf einen Bühel gekommen, welcher von einer einzelnen Eiche bekrönt war. Diese Stelle lag sehr hoch, so hoch, daß neunzehn englische Grafschaften drunten erspäht werden konnten; und an klaren Tagen dreißig oder vielleicht vierzig, wenn das Wetter sehr schön war. Manchmal konnte man den Ärmelkanal sehen und seine einander wiederholenden Wellen. Flüsse waren zu erblicken und Lustboote, welche auf ihnen dahinglitten; und in See stechende Galeonen; und ganze Armadas mit Rauchwölkchen, von welchen der dumpfe Knall feuernder Kanonen kam; und Wälle an der Küste; und feste Schlösser inmitten der Wiesen; und hier ein Wachtturm; und dort eine Festung; und wieder ein riesiger Herrensitz gleich dem von Orlandos Vater, wie eine Stadt im Tal zusammengedrängt und von Mauern umgeben. Im Osten standen die Kirchtürme Londons und der Rauch der großen Stadt; und vielleicht zeigten sich ganz fern am Himmelsrand, wenn der Wind aus der richtigen Gegend kam, sogar der felsige Gipfel und die gezackten Grate des Snowdon bergig zwischen den Wolken. Einen Augenblick stand Orlando und schaute, zählte, erkannte. Dies hier war seines Vaters Haus; das da seines Onkels; seiner Tante Besitz waren jene drei großen Türme dort zwischen den Bäumen. Die Heide gehörte ihnen und der Wald; der Fasan, der Hirsch und das Reh, der Fuchs und der Dachs und der Schmetterling.

Er holte tief Atem und warf sich – etwas Leidenschaftliches in seinen Bewegungen verdient dieses Wort – am Fuß der Eiche auf die Erde. Er liebte es, inmitten all dieser sommerlichen Vergänglichkeit das Rückgrat der Erde unter sich zu spüren; denn das war ihm die harte Wurzel der Eiche; oder sie war – so folgte Bild auf Bild – der Rücken eines großen Rosses, das er ritt; oder das Verdeck eines schlingernden und stampfenden Schiffs – ja sie war alles mögliche, solange es nur hart und fest war, denn er fühlte das Bedürfnis nach etwas, woran er sein driftendes Herz hängen konnte; das Herz, welches in seiner Seite zerrte; das Herz, welches jeden Abend um diese Zeit, wann er ins Freie ging, von gewürzigen und liebessüchtigen Stürmen durchtobt zu sein schien. An die Eiche band er es, während er hier lag, und allmählich beruhigte sich das Geflatter um ihn und in ihm; die kleinen Blätter hingen still; das Hochwild blieb stehn; die blassen Sommerwolken hielten inne; seine Glieder wurden schwer auf dem Boden; und er lag so regungslos, daß allmählich das Wild näherschritt und die Krähen um ihn kreisten und die Schwalben herabflitzend ihn umschwebten und die Libellen vorüberschossen, als wäre die ganze Fruchtbarkeit und verliebte Geschäftigkeit eines Sommerabends wie ein Flor um seinen Leib gewoben.

Nach ungefähr einer Stunde – die Sonne sank schnell, die weißen Wolken hatten sich gerötet, die Hügel waren nun lila, die Wälder violett, die Täler schwarz – erscholl eine Trompete. Orlando sprang auf die Füße. Der schrille Klang kam aus dem Tal. Er kam von einem dunkeln Fleck dort unten; einem festgefügten, planvoll angelegten Fleck; einem Labyrinth; einer Stadt, einer sogar mit Mauern umgürteten; er kam aus dem Innersten seines eigenen großen Hauses dort unten, welches, dunkel zuvor, noch während er hinsah und die einzelne Fanfare sich mit neuerlichen schrillen Klängen verdoppelte und abermals verdoppelte, seine Dunkelheit verlor und von Lichtern durchdrungen wurde. Einige waren kleine, eilende Lichter, als hasteten ungeduldig gerufene Diener durch die Gänge; andere waren hohe, schimmernde Lichter, als brennten sie in leeren, zum Empfang noch nicht gekommener Gäste gerüsteten Bankettsälen; und andere wieder wippten und winkten und sanken und stiegen, als würden sie von Gruppen Bediensteter gehalten, welche sich verneigten, hinknieten, erhoben und mit aller Würde eine große Fürstin empfingen, ihr aus der Karosse halfen, ihr leuchteten und sie ins Innere geleiteten. Noch andere Wagen schwenkten und wendeten im Hof. Pferde schüttelten ihre Federbüsche. Die Königin war gekommen.

Orlando schaute nicht mehr. Er stürmte bergab. Durch ein Pförtchen schlüpfte er ins Haus; lief die Wendeltreppe hinauf; erreichte sein Zimmer; warf seine Strümpfe nach der einen Seite, sein Wams nach der anderen. Er tauchte den Kopf ins Wasser und scheuerte sich die Hände. Er schnitt sich die Fingernägel. Mit Hilfe von nicht mehr als sechs Zoll Spiegelglas und zwei alten Kerzen legte er ein Paar scharlachroter Pluderhosen an, ein Wams aus Taffet, einen Spitzenkragen und Schuhe mit Rosetten darauf, so groß wie gefüllte Dahlien; alles in weniger denn zehn Minuten nach der Uhr auf den Stallungen. Nun war er fertig. Erwartungsvolle Aufregung rötete seine Wangen. Aber er hatte sich schrecklich verspätet.

Auf ihm wohlvertrauten Abkürzungen durchmaß er die riesige Ansammlung von Räumen und Treppen bis zu dem fünf Ackerlängen entfernten Bankettsaal auf der anderen Seite des Hauses. Doch halben Wegs dorthin, in dem hinteren Trakt, wo die Dienerschaft hauste, hielt er inne. Die Tür zu Mrs. Stewkleys Wohnzimmer stand offen – zweifellos war sie mit allen ihren Schlüsseln ihrer Herrin aufwarten gegangen. Aber dort, am Eßtisch der Dienerschaft, einen Henkelkrug neben sich, ein Blatt Papier vor sich, saß ein dicklicher, recht schäbig aussehender Mann, dessen Halskrause ein wenig schmutzig und dessen Kleider von einem ins Lehmfarbene spielenden Braun waren. Er hielt einen Federkiel in der Hand, aber er schrieb nicht. Er schien einen Gedanken in seinem Hirn auf und ab und um und um zu wälzen, bis der nach seinem Gefallen Gestalt oder Gewicht gewänne. Seine Augen, gewölbt und wolkig wie ein grüner Stein von seltsamer Struktur, blickten starr. Er sah Orlando nicht. Trotz all seiner Eile stand Orlando stockstill da. War dieser ein Poet? Schrieb er Poesie? »Erzähl mir«, hätte er gern zu ihm gesagt, »von allem, was es auf der Welt gibt!« – denn er hatte die tollsten, krausesten, übertriebensten Vorstellungen von Dichtern und Dichtkunst – aber, wie zu einem Mann sprechen, der einen nicht sieht? Der statt deiner nur Oger sieht und Satyre und vielleicht die Tiefen des Ozeans? So stand Orlando und schaute, während der Mann seine Kielfeder zwischen den Fingern hin und her wendete; und starrte und sann; und dann sehr schnell ein halbes Dutzend Zeilen hinschrieb und aufblickte; wobei Orlando, von Befangenheit überkommen, hinwegeilte und den Bankettsaal nur grade noch rechtzeitig erreichte, um auf die Knie zu fallen und, verwirrt den Kopf hängen lassend, der großen Königin selbst ein Becken mit Rosenwasser darzureichen.

So groß war seine Schüchternheit, daß er von ihr nicht mehr sah als ihre beringte Hand im Wasser; aber das war genug. Es war eine unvergeßliche Hand; eine magere Hand mit langen Fingern, welche stets gekrümmt waren wie um Reichsapfel oder Zepter. Eine nervige, krampfige, kränkliche Hand; eine auch gebieterische Hand; eine Hand, die sich nur zu heben brauchte, damit ein Kopf falle; eine Hand, so erriet er, die zu einem alten Leib gehörte, denn der roch wie ein Schrank, darin Pelze in Kampfer aufbewahrt werden; welcher Leib dennoch mit Brokaten und Edelsteinen aller Art ausstaffiert war; und sich sehr aufrecht hielt, wenngleich vielleicht vom Reißen geplagt; und nie zurückzuckte, wenngleich nur von tausend Ängsten zusammengehalten; und die Augen der Königin waren von einem hellen Gelb. Das alles fühlte er, während die großen Ringe im Wasser glitzerten und dann sich etwas auf sein Haar legte, – was vielleicht der Grund war, daß er nichts weiter sah, was einem Geschichtsschreiber von Nutzen sein könnte. Und wahrhaftig war sein Geist ein solches Durcheinander von Gegensätzen – der Nacht und der flammenden Kerzen, des schäbigen Dichters und der großen Königin, stiller Wiesen und des Geklappers von Aufwärtern – daß er nichts sehen konnte; oder nur eine Hand.

Gleicherweise kann hinwieder die Königin nur einen Kopf gesehen haben. Aber wenn es möglich ist, von einer Hand auf einen Leib zu schließen, ausgestattet mit allen Attributen einer großen Königin, auf ihren Eigensinn, ihren Mut, ihre Gebrechlichkeit und ihre Ängste, so kann gewiß ein Kopf ebenso ergiebig sein, aus einem Prunksessel herab von einer großen Dame gesehen, deren Augen, wenn den Wachsfiguren in der Westminsterabtei zu trauen ist, stets weit offen waren. Das lange, lockige Haar, der dunkle, so ehrerbietig, so unschuldig vor ihr geneigte Kopf ließen ein Paar der schönsten Beine vermuten, auf welchen je ein junger Adeliger aufrecht gestanden hatte; und veilchenblaue Augen; und ein Herz von Gold; und Treue und männlichen Liebreiz – lauter Eigenschaften, welche die alte Frau je mehr schätzte, je mehr sie ihrer entbehren mußte. Denn sie war alt und erschöpft und gebeugt vor ihrer Zeit. Kanonengedröhn klang ihr stets im Ohr. Sie sah stets den glitzernden Gifttropfen und das lange Stilett vor sich. Während sie an der Tafel saß, horchte sie – war das Geschützlärm vom Ärmelkanal? – fürchtete sie – war das ein Fluch? war das ein Flüstern? Unschuld, Einfalt waren ihr des dunkeln Hintergrunds halber, gegen den sie sie hielt, um so teurer. Und es geschah in derselben Nacht, so will es die Überlieferung, als Orlando in tiefem Schlaf lag, daß sie in aller Form, und zu unterst Namenszug und Siegel auf das Pergament setzend, das große Haus, welches, vormals ein Kloster, erst des Erzbischofs und dann des Königs gewesen war, Orlandos Vater zum Geschenk machte.

Orlando schlief ahnungslos die ganze Nacht. Er war von einer Königin geküßt worden, ohne es zu wissen. Und vielleicht, denn Frauenherzen sind unerforschlich, war es seine

Ahnungslosigkeit und sein Zusammenzucken, als ihre Lippen ihn berührten, was die Erinnerung an ihren jungen Vetter (denn sie hatten einiges Blut gemein) in ihrem Gedächtnis grün erhielt. Und jedenfalls waren noch keine zwei Jahre dieses ruhigen Landlebens vergangen, und Orlando hatte nicht mehr als vielleicht zwanzig Tragödien und ein Dutzend Historien und einige zwanzig Sonette geschrieben, als eine Botschaft gebracht wurde, er solle der Königin zu Whitehall aufwarten.

»Dort«, sagte sie, als sie ihm zusah, wie er sich durch die lange Galerie näherte, »kommt mein Unschuldsengel!« (Um ihn war stets eine heitere Ruhe, die ihm den Anschein von Unschuld gab, auch als, sachlich gesprochen, das Wort nicht länger anwendbar war.)

»Komm!« sagte sie. Sie saß kerzengerade neben dem Kaminfeuer. Und sie hielt ihn einen Schritt von sich und musterte ihn von oben bis unten. Verglich sie, was sie sich unlängst in der Nacht vorgestellt hatte, mit der nun sichtbaren Wirklichkeit? Fand sie ihre Vermutungen bestätigt? Augen, Mund, Nase, Brust, Hüften, Hände – ihr Blick glitt über sie hin; ihre Lippen zuckten sichtbar dabei; aber als sie seine Beine erblickte, lachte sie laut heraus: Er war das wahre Abbild eines hochadeligen jungen Herrn. Und innerlich? Sie blitzte ihn mit ihren gelben Habichtsaugen an, als wollte sie in seine Seele eindringen. Der junge Mann hielt ihren Blick aus und errötete nur, wie es ihm anstand, gleich einer Damaszenerrose. Kraft, Anmut, Romantik, Tollheit, Poesie, Jugend – sie las ihn wie eine Buchseite. Sogleich zog sie sich einen Ring vom Finger (das Gelenk war recht geschwollen), und als sie ihn an den seinen steckte, ernannte sie ihn zu ihrem Schatzmeister und Seneschall; hängte ihm dann Amtsketten um; und hieß ihn das Knie beugen und knüpfte um die schlankste Stelle den edelsteinbesetzten Orden des Hosenbands. Nichts wurde ihm danach verweigert. Wenn sie in großem Staat ausfuhr, ritt er neben dem Wagenschlag. Sie sandte ihn nach Schottland auf eine traurige Gesandtschaft zu der unglückseligen Königin. Er war eben daran, sich zum Krieg in Polen einzuschiffen, als sie ihn zurückberief. Denn wie hätte sie es ertragen können, sich dieses zarte Fleisch zerrissen, diesen Lockenkopf in den Staub gerollt vorzustellen? Sie behielt ihn bei sich. Auf dem Gipfel ihres Triumphs, als die Kanonen des Tower dröhnten, die Luft dick genug von Pulverdampf war, einen niesen zu machen, und die Jubelrufe des Volks unter ihren Fenstern erschallten, zog sie ihn auf die Kissen nieder, in welche ihre Kammerfrauen sie gebettet hatten (sie war so verbraucht und alt) und drückte sein Gesicht an dieses erstaunliche Potpourri, das – sie hatte seit einem Monat ihr Kleid nicht mehr gewechselt – genau so roch, dünkte ihn, der sich eine Erinnerung aus seiner Knabenzeit zurückrief, wie ein alter Schrank daheim, worin seiner Mutter Pelze aufbewahrt wurden. Er richtete sich halb erstickt aus ihrer Umarmung auf. »*Das*«, hauchte sie, »ist mein Sieg!« – eben als eine Rakete in die Luft zischte und ihre Wangen scharlachrot färbte.

Denn die alte Frau liebte ihn. Und die Königin, welche erkannte, was ein Mann war, wenn sie einen sah, jedoch nicht, so heißt es, auf die übliche Weise, plante für ihn eine glanzvolle, ehrenreiche Laufbahn. Ländereien wurden ihm geschenkt, Häuser ihm überschrieben. Er sollte der Sohn ihres hohen Alters sein; die Stütze ihrer Hinfälligkeit; der Eichbaum, an dem sich ihr Niedergang wieder aufrichten könnte. Sie krächzte diese Versprechungen hervor und seltsam herrische Zärtlichkeiten (die beiden waren nun in Richmond), während sie kerzengerade in ihrem steifen Brokat am Kaminfeuer saß, welches, so hoch es auch geschichtet war, sie nie warm hielt.

Indessen dauerten die langen Wintermonate fort. Jeder Baum im Park war von Reif umsponnen. Der Fluß strömte träge. Eines Tags, als Schnee auf der Erde lag und die dunkelgetäfelten Räume voller Schatten waren und im Park die Hirsche röhrten, sah sie in einem der Spiegel, welche sie aus Furcht vor Spähern immer um sich hatte, durch die aus Furcht vor Mördern stets offene Tür einen jungen Mann – konnte er Orlando sein? – ein Mädchen küssen. Wer in Teufels Namen war die Unverschämte? Sie packte den goldenen Griff ihres Degens und schlug heftig nach dem Spiegel. Glas klirrte zu Boden; Leute kamen gelaufen; sie wurde aufgehoben und wieder in ihren Sessel gesetzt; aber sie war von dem Vorfall schwer getroffen und stöhnte, während ihre Tage zu Ende gingen, viel über die Treulosigkeit der Männer.

Es war vielleicht Orlandos Schuld gewesen; aber sollen wir ihn am Ende tadeln? Das Zeitalter war das der Elisabethaner; ihre Sitten waren nicht die unseren; auch nicht ihre Dichter; noch auch ihr Klima; und nicht einmal ihre Gemüse. Alles war anders. Sogar das Wetter, die Sommerhitze und die Winterkälte, war, so dürfen wir glauben, von ganz anderem Temperament. Der strahlende, liebglühende Tag war so scharf von der Nacht geschieden, wie Land vom Wasser. Sonnenuntergänge waren röter und satter, Morgendämmerungen heller und rosiger. Jene Menschen wußten nichts von unseren abendlichen Halblichtern, unserem zögerndem Zwielicht. Der Regen fiel mit größter Heftigkeit oder gar nicht. Die Sonne flammte, oder es war stockfinster. Das alles, wie es ihre Gewohnheit ist, ins Seelisch-Geistige transponierend, sangen die Dichter wunderschön davon, wie Rosen verblassen und Blütenblätter fallen. Der Augenblick ist kurz, so sangen sie; der Augenblick ist schon vorbei; eine lange Nacht muß dann von allen durchschlafen werden. Die Künste des Glashauses und des Wintergartens anzuwenden, um die Frische dieser Nelken und Rosen zu verlängern und zu bewahren, – das war nicht ihre Art. Die dürren Verzwicktheiten und Mehrdeutigkeiten unseres mählicheren und zweifelmütigeren Zeitalters waren ihnen unbekannt. Nur heftiger Ungestüm galt. Die Blumen blühten und welkten. Die Sonne ging auf, stieg und sank. Der Liebhaber liebte und war dahin. Und was die Dichter in Reimen sagten, übersetzte die Jugend in Taten. Mädchen waren Rosen, und ihre Blütezeit war kurz wie die der Blumen; vor Einbruch der Nacht mußten sie gepflückt werden; denn der Tag währte nicht lange, und nur der Tag galt. Demnach können wir, wenn Orlando der Neigung des Klimas, der Dichter, ja des ganzen Zeitalters folgte und, auch wenn draußen der Schnee lag und im Gang die Königin wachsam vor der Tür stand, seine Blume im Fenstersitz pflückte, es kaum über uns bringen, ihn zu tadeln. Er war jung; er war jünglingshaft; er tat bloß, wie die Natur ihn tun hieß. Was die junge Schöne betrifft, wissen wir ebensowenig, wie Königin Elizabeth ihn wußte, ihren Namen. Der mochte Doris gewesen sein, Cloris, Delia oder Diana, denn Orlando reimte nacheinander auf alle diese; sie mochte ebensogut eine Hofdame gewesen sein wie eine Kammerjungfer; denn Orlando war kein Kostverächter; er war nicht nur ein Liebhaber von Gartenblumen; die wilden und sogar die Unkräuter hatten immer etwas Fesselndes für ihn.

Hier legen wir roh, wie ein Biograph das sein darf, einen seltsamen Zug an ihm bloß, der sich vielleicht dadurch erklären läßt, daß eine gewisse Ahne von ihm einen Kittel angehabt und Milcheimer geschleppt hatte. Einige Krumen der Erde von Kent oder Sussex waren mit dem dünnen, feinen Saft gemischt, welcher ihm aus der Normandie zufloß. Er muß diese Mischung aus brauner Erde und blauem Blut wohl für eine gute gehalten haben. Gewiß ist, daß er immer für niedere Gesellschaft, besonders für die von schreib- und bücherkundigen Leuten, deren geistreiche Witzigkeit oft sie niederhält, eine Vorliebe hatte, als bestünde eine Sympathie des Bluts zwischen ihm und ihnen. Zu dieser Zeit seines Lebens, als sein Kopf von Reimen überzuquellen schien und er nie zu Bett ging, ohne an einem ausschweifenden Wortbild zu bosseln, dünkten ihn die Wange einer Wirtstochter frischer und der Witz einer Wildhütersnichte lebhafter als die der Damen am Hof.

Darum begann er des Abends oft die Alte Treppe von Wapping und die Biergärten daselbst aufzusuchen, in einen weiten grauen Mantel gehüllt, um den Ordensstern an seinem Hals und das Hosenband an seinem Knie zu verbergen. Dort, einen Humpen vor sich, inmitten der sandbestreuten Durchgänge zwischen den Tischen, der grünen Rasenbahnen fürs Kugelspiel und all der bescheidenen Baulichkeiten solcher Orte, lauschte er gern den Erzählungen der Seeleute von den Nöten und Schrecken und Greueln im Hispanischen Meer und auf dessen Inseln und, wie einige ihre Zehen, andere ihre Nase verloren hatten, – denn diese mündlichen Erzählungen waren nie so abgerundet oder schöngefärbt wie schriftliche. Besonders liebte er es, sie ihre Lieder von den Azoren wie Salven abfeuern zu hören, indes die Papageien, welche sie aus jenen Gegenden mitgebracht hatten, nach den Ringen in ihren Ohren pickten, mit den harten, gierigen Schnäbeln auf die Rubine an ihren derben Fingern loshackten und so gottslästerlich fluchten wie deren Besitzer. Die Weiber waren kaum weniger frech in ihren Reden und kaum weniger zudringlich in ihrem Benehmen als diese Vögel. Sie setzten sich ihm aufs Knie, schlangen ihm die Arme um den Hals und waren, da sie errieten, daß etwas Ungewöhnliches unter seinem Düffelmantel stak, genauso darauf aus, der Wahrheit auf den Grund zu kommen, wie Orlando selbst.

Und an Gelegenheiten fehlte es nicht. Der Themsefluß war von früh bis spät von Barken, Fähren und Booten jeder Art belebt. Jeden Tag stach ein stattliches, nach dem östlichen oder westlichen Indien segelndes Schiff in See. Dann und wann schlich ein anderes, geschwärzt und zerschunden, bärtige, unkenntliche Männer an Bord, mühsam vor Anker. Niemand vermißte einen Burschen oder ein Mädchen, wenn sie nach Sonnenuntergang auf dem Wasser ein wenig tändelten; oder zog eine Braue hoch, wenn Klatsch sie in enger Umarmung auf den Säcken voller Schätze fest schlafen gesehen haben wollte. Von solcher Art war tatsächlich das Abenteuer, das Orlando, Sukey und dem Grafen von Cumberland widerfuhr. Der Tag war heiß, ihr Liebesspiel lebhaft gewesen; sie waren mitten unter den Rubinen eingeschlafen. Spät an diesem Abend kam der Graf, dessen Glücksgüter viel mit den Unternehmungen gegen die Spanier zu tun hatten, allein, mit einer Laterne, um die Beute zu überzählen. Er ließ das Licht auf ein Faß fallen und schrak mit einem Fluch zurück. An das Faß gelehnt, lagen eng umschlungen zwei schlafende Geister. Von Natur abergläubisch und mit einem von so manchem Verbrechen belasteten Gewissen, hielt der Graf das Paar – es war in einen roten Mantel gehüllt, und Sukeys Busen war fast so weiß wie der ewige Schnee in Orlandos Dichtungen – für ein Phantom, das dem großen Grab ertrunkener Seeleute entstiegen war, um ihn mit Vorwürfen zu schmähen. Er bekreuzigte sich; er gelobte Reue. Die Zeile von Armenhäuschen, welche noch heute in der Sheen Road steht, ist die sichtbare Frucht jenes Augenblicks tödlichen Schreckens. Zwölf arme alte Weiblein des Pfarrsprengels trinken da heute noch des Tags ihren Tee und segnen des Abends Seine Lordschaft für ein Dach über ihren Köpfen; sodaß also sündige Liebe auf einem Schatzschiff – aber wir wollen die Moral beiseitelassen.

Bald jedoch bekam Orlando nicht nur die Unbequemlichkeit dieser Lebensweise und die gedrängten Gäßchen jener Nachbarschaft satt, sondern auch die rohen Sitten der Leute dort. Denn man muß sich erinnern, daß Verbrechen und Armut für die Elisabethaner nichts von der Anziehung hatten, die sie für uns haben. Jene Menschen besaßen nichts von unserer Scham über Buchgelehrsamkeit; nichts von unserem Glauben, daß, als Sohn eines Metzgers geboren zu sein ein Segen und, des Lesens unkundig zu sein, eine Tugend sei; sie bildeten sich nicht ein, daß, was wir »Leben« und »Wirklichkeit« nennen, irgendwie mit Unwissenheit und Roheit verbunden sei; und tatsächlich besaßen sie auch gar keine diesen beiden Begriffen entsprechenden Ausdrücke. Nicht um »das Leben« zu suchen, mischte sich Orlando unter diese Leute; nicht auf der Jagd nach »der Wirklichkeit« verließ er sie. Sondern als er ein dutzendmal gehört hatte, wie Jakes um seine Nase und Sukey um ihre Ehre gekommen war – und sie erzählten, das mußte man zugeben, diese Geschichten bewundernswert gut – begann er der Wiederholung ein wenig überdrüssig zu werden, denn eine Nase kann nur auf die eine Weise abgeschnitten und eine Jungfernschaft nur auf die andre verloren werden – oder so schien es ihm jedenfalls – wogegen die Künste und Wissenschaften eine Mannigfaltigkeit besaßen, die seine Wißbegierde aufs höchste erregte. Darum unterließ er es bald ganz, wobei er stets eine glückliche Erinnerung an sie alle behielt, die Biergärten und Kugelrasen aufzusuchen, hängte seinen grauen Mantel in den Schrank, ließ den Stern an seinem Hals strahlen und das Hosenband an seinem Knie funkeln und erschien abermals am Hof König James'. Er war jung, er war reich, er sah gut aus. Niemand hätte mit größerem Beifall empfangen werden können, als er.

Es ist auch ganz gewiß, daß viele Damen bereit waren, ihm

ihre Gunst zu bezeigen. Die Namen von mindestens dreien wurden ungescheut mit dem seinen als Ehegespons gekoppelt: Clorinda, Favilla, Euphrosyne – so nannte er sie in seinen Sonetten.

Um sie der Reihe nach zu nehmen, so war Clorinda eine adelige Dame von genugsam sanftmütigem Wesen, und Orlando war tatsächlich sechseinhalb Monate lang sehr für sie eingenommen; aber sie hatte weißblonde Wimpern und konnte den Anblick von Blut nicht ertragen. Ein gebraten auf die Tafel ihres Vaters gebrachter Hase versetzte sie in eine Ohnmacht. Sie stand auch sehr unter dem Einfluß der Pfaffen und sparte an ihrer Leibwäsche, um den Armen zu spenden. Sie machte es sich zur Pflicht, Orlando zu bessern und seiner Sünden zu entwöhnen, was ihm übel werden ließ, so daß er sich vor einer Verehelichung zurückzog und das nicht sehr bedauerte, als sie bald darauf an den schwarzen Blattern starb.

Favilla, sie kam als Nächste, war von ganz anderer Art. Sie war die Tochter eines armen Landedelmanns in Somerset und hatte sich durch schiere Beharrlichkeit und den guten Gebrauch ihrer Augen am Hofe hochgebracht, wo ihre Geschicklichkeit im Reiten, ihr schöner Rist und ihre Anmut beim Tanzen die Bewunderung aller gewannen. Einmal jedoch war sie so übel beraten, einen Spaniel, der einen ihrer seidenen Strümpfe zerrissen hatte (und gerechterweise muß gesagt werden, daß Favilla nur wenige Paare, und diese zumeist aus grober Wolle, besaß), unter Orlandos Fenster fast zu Tode zu peitschen. Orlando, ein leidenschaftlicher Tierfreund, gewahrte nun, daß ihre Zähne schief standen und die zwei vorderen einwärts gerichtet waren, was, so behauptete er, bei Frauen ein sicheres Zeichen einer eigensinnigen und grausamen Veranlagung sei, und deshalb brach er noch am selben Abend das Verlöbnis für immer ab.

Die dritte, Euphrosyne, war bei weitem die ernstest zu nehmende seiner Flammen. Von Geburt war sie eine der irischen Desmond und besaß daher einen Stammbaum, der so alt und tief verwurzelt war wie Orlandos eigener. Sie hatte blondes Haar, eine blühende Gesichtsfarbe und war ein wenig phlegmatisch. Sie sprach das Italienische gut, besaß eine Reihe tadelloser Zähne im Oberkiefer, jedoch die des Unterkiefers waren ein bißchen verfärbt. Man sah die junge Dame nie ohne ein Windspiel oder einen Spaniel an ihrer Seite; und sie fütterte sie mit Weißbrot von ihrem eigenen Teller. Sie sang lieblich zum Spinett und war, der äußersten Sorgfalt wegen, welche sie auf ihre Person verwendete, nie vor dem Mittag fertig angekleidet. Kurzum, sie wäre eine vollkommene Ehefrau für einen solchen hochadeligen jungen Herrn wie Orlando gewesen, und die Sache war schon so weit gediehen, daß auf beiden Seiten die Advokaten bereits mit den Ehepakten beschäftigt waren, mit Leibgedingen, Rentenverschreibungen, Wohnrechten und Grundbesitzübertragungen und, was sonst noch nötig ist, bevor ein großes Vermögen sich mit einem anderen vermählen kann, da kam mit so jähem Umschwung und solcher Härte, wie sie damals das Klima Englands kennzeichneten, der große Frost.

Der große Frost war, so erzählen uns die Geschichtsschreiber, der strengste, der je diese Inseln heimgesucht hat. Vögel erfroren mitten in der Luft und fielen wie Steine zu Boden. In Norwich wollte eine junge Landfrau, in ihrer gewohnten robusten Gesundheit, die Straße überschreiten und wurde von Augenzeugen gesehen, wie sie, als an der Ecke der eisige Windstoß sie traf, sichtbarlich zu Pulver zerfiel und als ein Staubwölkchen über die Dächer geweht ward. Die Sterblichkeit unter Schafen und Rindern war ungeheuer. Leichen froren an und konnten nicht von den Bettlaken weggezogen werden. Es war nichts Ungewöhnliches, eine ganze Herde Schweine zu erblicken, die unbeweglich auf der Landstraße festgefroren war. Die Wiesen und Felder waren voll von Schäfern, Pflügern, Gespannen und Vögel scheuchenden kleinen Jungen, welche alle in ihrem augenblicklichen Tun erstarrt waren, einer den Finger an der Nase, ein anderer die Flasche an den Lippen, ein dritter mit einem Stein in der erhobenen Hand, den er nach dem wie ausgestopft zwei Schritte von ihm auf der Hecke sitzenden Raben hatte werfen wollen. Die Strenge des Frosts war so außerordentlich, daß manchmal eine Art von Versteinen erfolgte; und es wurde allgemein vermutet, daß die große Vermehrung von Felsblöcken in einigen Teilen Derbyshires nicht durch einen vulkanischen Ausbruch verursacht war, denn es ereignete sich keiner, sondern durch die Verfestigung unglückseliger Wanderer, welche buchstäblich auf der Stelle zu Stein geworden waren. Die Kirche wußte in dieser Sache nur wenig Rat und Hilfe zu erteilen, und obgleich manche Grundherren solche Überreste einsegnen ließen, zogen es die meisten vor, sie als Gemarksteine, Reibepfosten für Schafe oder, wenn die Form der Steine es erlaubte, als Wassertröge für das Vieh zu verwenden, welchen Zwecken sie größtenteils bis zum heutigen Tage vortrefflich dienen.

Aber indes das Landvolk das Äußerste an Not litt und Handel und Wandel des Landes zum Stillstand gekommen waren, erfreute sich London eines Karnevals von höchster Pracht. Der Hof weilte in Greenwich, und der neue König nutzte die Gelegenheit seiner Krönung, sich bei den Bürgern beliebt zu machen. Er befahl, daß der Themsefluß, der beiderseits auf einer Länge von sechs oder sieben Meilen bis zu einer Tiefe von zwanzig und mehr Fuß gefroren war, auf seine Kosten gefegt und geschmückt und mit Lauben, Irrgängen, Kugelbahnen, Schankbuden und so weiter einem

Park oder einer Vergnügungsstätte völlig ähnlich gemacht werde. Sich selbst und seinem Hofstaat behielt er eine gewisse Fläche unmittelbar gegenüber dem Palast vor, welche, vom Volk nur durch ein rotseidenes Seil abgegrenzt, sogleich der Mittelpunkt der glanzvollsten Gesellschaft in England wurde. Hohe Würdenträger mit Vollbart und Halskrause erledigten Staatsgeschäfte unter dem karmesinroten Sonnendach der königlichen Pagode. Kriegsleute planten die Besiegung der Mauren und den Sturz des Großtürken in gestreiften, von Straußfederbüscheln bekrönten Zeltlauben. Admiräle schritten, das Fernrohr in der Hand, auf den schmalen Fußwegen hin und her, suchten den Horizont ab und erzählten einander Geschichten von der Nordwestdurchfahrt und der spanischen Armada. Liebespaare tändelten auf Diwanen, über welche Zobelfelle gebreitet waren. Gefrorene Rosen fielen in ganzen Schauern, wenn die Königin mit ihren Damen sich hier erging. Bunte Ballons schwebten regungslos in der Luft. Da und dort brannten riesige Freudenfeuer aus Zedern- oder Eichenholz, reichlich mit Salz bestreut, welches die Flammen grün, gelbrot und purpurn lodern ließ. Aber so heftig sie auch brannten, die Hitze brachte das Eis nicht zum Schmelzen, welches, wenngleich von einzigartiger Durchsichtigkeit, doch von der Härte des Stahls war. So klar war es in der Tat, daß eingefroren in mehreren Fuß Tiefe hier ein Tümmler, da ein Flunder zu erblicken war. Schwärme von Aalen lagen regungslos in einer Starre, aber ob ihr Zustand der des Todes oder bloß einer ausgesetzten Lebendigkeit war, welche von der Wärme wiedergebracht würde, das war gelehrten Männern ein Rätsel. In der Nähe der London-Brücke, wo der Fluß bis zu einer Tiefe von einigen zwanzig Faden gefroren war, lag deutlich sichtbar auf dem Grund des Flußbetts ein Fährboot, das hier, von Äpfeln zu schwer überladen, im vergangenen

Herbst gesunken war. Die alte Bumbootfrau, welche ihr Obst auf dem Surrey-Ufer zu Markt hatte bringen wollen, saß da in ihren Decken und Reifröcken, den Schoß voller Äpfel, für alle Welt, als wollte sie soeben einen Kunden bedienen, wenngleich eine gewisse Bläue um die Lippen die Wahrheit andeutete. Es war ein Anblick, den König James besonders gern genoß, und er brachte häufig eine Gruppe von Höflingen hin, damit auch sie hinabsähen. Mit einem Wort, nichts hätte den Glanz und die Heiterkeit der Szene bei Tag übertreffen können. Aber bei Nacht erst war der Karneval am lustigsten. Denn der Frost dauerte ununterbrochen fort. Die Nächte waren völlig windstill. Der Mond und die Sterne funkelten mit der harten Festigkeit von Diamanten, und zur lieblichen Musik von Flöte und Trompete tanzte der Hofstaat.

Orlando allerdings gehörte nicht zu denen, die leichtfüßig die Courante und die Lavolta meisterten; er war dabei unbeholfen und ein wenig geistesabwesend. Ihm waren die einfachen Tänze seines eigenen Landes, welche er als Kind getanzt hatte, viel lieber als diese phantastischen fremdländischen Rhythmen. Er hatte soeben, um ungefähr sechs Uhr abends des 7. Januars, am Ende einer Quadrille oder eines Menuetts seine Füße wahrhaftig wieder beisammen, als er eine aus dem Pavillon der muskowitischen Gesandtschaft kommende Gestalt erblickte, die ihn, ob sie nun Jüngling oder Mädchen war – denn die lose Bluse und weite Hose der russischen Tracht wirkten fast wie eine Verheimlichung des Geschlechts – mit höchster Neugierde erfüllte. Die Person, was immer ihr Name oder Geschlecht sein mochte, war von Mittelgröße, sehr schlank gewachsen und ganz in austernfarbenen, mit einem fremdartigen grünlichen Pelz verbrämten Samt gekleidet. Aber diese Einzelheiten wurden von etwas außerordentlich Verführerischem verdunkelt, das von der ganzen Erscheinung ausging. Wortbilder und Vergleiche von äußerster Übertriebenheit drängten und verknüpften sich in Orlandos Geist. Er nannte sie eine Melone, eine Ananas, einen Ölbaum, einen Smaragd, einen Fuchs im Schnee, alles in einer Spanne von drei Sekunden; er wußte nicht, ob er sie gehört, geschmeckt oder gesehen hatte oder das alles auf einmal. (Denn sollten wir zwar keinen Augenblick in der Erzählung innehalten, dürfen wir doch hastig hier vermerken, daß alle Bilder seiner Vorstellung zu jener Zeit äußerst einfach waren, wie sie seinen Sinnesempfindungen entsprachen, und zumeist von Dingen genommen waren, deren Geschmack ihm als Kind gefallen hatte. Aber waren seine Sinnesempfindungen auch einfach, so waren sie doch äußerst stark. Innezuhalten und der Sache auf den Grund zu gehn, kommt daher nicht in Frage.) ... Eine Melone, ein Smaragd, ein Fuchs im Schnee – so raste er verzückt, so starrte er. Als der Jüngling – denn leider, es mußte wohl ein Jüngling sein; kein weibliches Wesen konnte so geschwind und kraftvoll Schlittschuhlaufen – fast auf den Zehenspitzen vorbeisauste, hätte Orlando sich die Haare raufen mögen vor Enttäuschung und Ärger, daß dieses Geschöpf von seinem eigenen Geschlecht und daher an ein Umarmen nicht zu denken war. Doch die schlittschuhlaufende Gestalt kam wieder näher. Beine, Hände, Haltung waren die eines Jünglings, aber nie hatte ein Jüngling einen solchen Mund gehabt; kein Jüngling hatte diese Brüste; kein Jüngling hatte Augen, welche schimmerten, als wären sie vom Meeresgrund heraufgeholt worden. Endlich innehaltend und mit größter Anmut dem König, welcher am Arm eines Kammerherrn vorbeischlurrte, einen Hofknicks machend, blieb die unbekannte Erscheinung stehn. Sie war keine Armeslänge entfernt. Sie war ein Weib! Orlando starrte gebannt; erbebte; ihm wurde heiß; ihm wurde kalt. Er wäre gern durch

Sommerluft gestürmt; hätte gern Eicheln unter seinen Füßen zertreten, seine Arme mit den Eichenästen schwingen lassen. Wie es aber war, zog er bloß die Lippe über seine kleinen weißen Zähne hoch; öffnete die etwa einen halben Zoll, wie um zu beißen; und schloß sie wieder, als hätte er zugebissen. Denn Lady Euphrosyne hing an seinem Arm.

Der Name der Fremden, so erfuhr er, war Prinzessin Maruscha Stanislowska Dagmar Natascha Ileana Romanowitsch, und sie war im Gefolge des muskowitischen Gesandten, welcher vielleicht ihr Onkel war oder vielleicht ihr Vater, gekommen, um der Krönung beizuwohnen. Man wußte sehr wenig über die Muskowiter. Mit ihren großen Bärten und pelzbesetzten Hüten saßen sie meistens schweigend da; tranken eine schwarze Flüssigkeit, die sie dann und wann aufs Eis spuckten. Keiner von ihnen konnte Englisch, und das Französische, womit zumindest einige von ihnen vertraut waren, wurde damals am englischen Hof wenig gesprochen.

Diesem Umstand verdankten es Orlando und die Prinzessin, daß sie miteinander näher bekannt wurden. Sie saßen einander an der großen Tafel gegenüber, welche unter einem riesigen Zeltdach für die Bewirtung der Notabeln gedeckt war. Die Prinzessin kam zwischen zwei junge Lords zu sitzen, der eine der Baron Francis Vere, der andere der Graf von Moray. Es war zum Lachen, die fatale Lage zu sehen, in welche sie bald beide gebracht hatte, denn waren sie auf ihre Art auch prächtige junge Leute, besaß doch ein ungeborenes Kind soviel Kenntnis des Französischen wie die zwei. Als zu Beginn des Mahls die Prinzessin sich an den Grafen wandte und mit einer Anmut, die Orlandos Herz hinriß, sagte: »*Je crois avoir fait la connaissance d'un gentilhomme qui vous était apparenté en Pologne l'été dernier*«, oder: »*La beauté des dames de la cour d'Angleterre me met dans le ravissement. On ne peut voir une dame plus gracieuse que votre reine, ni une coiffure plus belle que la sienne*«, zeigten beide, Lord Francis und der Graf, die höchste Verlegenheit. Der eine verhalf ihr reichlich zu Meerrettichsoße, der andere pfiff seinem Hund und ließ ihn um einen Markknochen schön bitten. Da konnte die Prinzessin nicht länger das Lachen verhalten, und Orlando, der ihren Blick über die Eberköpfe und farcierten Pfauen her auffing, lachte mit. Er lachte, aber das Lachen gefror vor Verwunderung auf seinen Lippen. Wen hatte er bisher geliebt? Was hatte er bisher geliebt? fragte er sich in einem Aufruhr der Gefühle. Ein altes Weib, antwortete er sich, ganz Haut und Knochen; rotbäckige Trullen, zu viele, als daß er sich ihrer erinnern konnte; eine zimperliche Nonne; eine hartgesottene, scharfzüngige Abenteuerin; eine nickende Masse von Spitzen und Zeremonien. Liebe war für ihn nur Sägemehl und Asche gewesen. Die Freuden, welche er von ihr gehabt, hatten einen äußerst schalen Nachgeschmack. Er wunderte sich, wie er ohne Gähnen durchgehalten hatte. Denn während er nun auf sein Gegenüber blickte, taute sein dickes Blut; das Eis in seinen Adern verwandelte sich in Wein; er hörte Bäche rieseln und Vögel singen; der Frühling brach über die erstarrte winterliche Landschaft herein; seine Mannheit erwachte; er umgriff ein Schwert mit seiner Hand; er ritt gegen einen kühneren Feind als den Polen oder den Mohren; er tauchte in tiefes Wasser; er sah die Blume der Gefahr aus einem Felsspalt sprießen; er streckte die Hand aus und – tatsächlich sagte er sich soeben im Geist eins seiner leidenschaftlichsten Sonette her, als die Prinzessin ihn ansprach: »Hätten Sie die Güte, mir das Salz zu reichen?«

Er errötete tief. »Mit dem größten Vergnügen von der Welt, Madame«, antwortete er, sich mit vollendeter Aussprache des Französischen bedienend. Denn, gottlob, er beherrschte diese Sprache wie seine eigene; die Zofe seiner Mutter hatte sie ihn gelehrt. Doch vielleicht wäre es besser für ihn gewesen, er hätte diese Sprache nie erlernt; hätte nie dieser Stimme geantwortet; wäre nie dem Licht dieser Augen gefolgt …

Die Prinzessin sprach weiter. Wer seien diese Bauerntölpel, fragte sie ihn, die ihr mit den Manieren von Stallknechten zur Seite saßen? Was sei der eklige Mischmasch, den sie ihr auf den Teller gegossen hatten? Äßen in England Hunde am selben Tisch mit ihren Herren? Sei diese Spottgeburt am Ende der Tafel, die ihr Haar aufgetakelt habe wie einen Maibaum *(comme une grande perche mal fagotée)* wirklich die Königin? Und sabbere der König immer so? Und welcher von diesen Gecken sei George Villiers? Obgleich alle diese Fragen Orlando nicht wenig aus der Fassung brachten, wurden sie mit solcher Verschmitztheit und Drolligkeit gestellt, daß er laut lachen mußte; und als er an den leeren Gesichtern der Umsitzenden erkannte, daß niemand auch nur ein einziges Wort verstand, antwortete er so frei, wie sie ihn fragte, und ebenso wie sie in untadeligem Französisch.

Auf diese Weise begann eine Vertrautheit zwischen den beiden, welche schnell *der* Skandal am Hof wurde. Gar bald nämlich war zu bemerken, daß Orlando der Muskowiterin viel mehr Aufmerksamkeit zollte, als bloße Höflichkeit verlangt hätte. Er fehlte selten an ihrer Seite, und die Gespräche der beiden wurden, wenngleich den übrigen unverständlich, mit solcher Lebhaftigkeit geführt, riefen solches Erröten und Lachen hervor, daß die Stumpfsinnigsten erraten konnten, wovon die Rede war. Obendrein war die Veränderung, welche mit Orlando selbst vorging, ganz außerordentlich. Niemand hatte ihn je so beschwingt gesehen. Über Nacht hatte er sein knabenhaft linkisches Wesen abgelegt; aus einem übellaunigen, täppischen jungen Fant, der das Boudoir einer Dame nicht betreten konnte, ohne die Hälfte der Ziergegenstände vom Tisch zu stoßen, war ein junger Adelsherr voller

Anmut und männlicher Courtoisie geworden. Ihn zu sehen, wie er der Muskowiterin (so wurde sie allgemein genannt) in ihren Schlitten half oder ihr zum Tanz die Hand reichte oder ihr das getüpfelte Halstuch, welches ihr herabgeglitten war, aufhob oder einer anderen dieser vielerlei Pflichten gerecht wurde, die die Auserkorene fordern darf und die im voraus zu erfüllen der Verehrer sich beeilt, das war ein Anblick, die mattgewordenen Augen des Alters aufleuchten und den raschen Puls der Jugend noch schneller schlagen zu machen. Und doch hing über alledem eine Wolke. Die alten Männer zuckten die Achseln; die jungen kicherten hinter der Hand. Alle wußten sie, daß Orlando einer anderen angelobt war. Die Lady Margaret O'Brien O'Dare O'Railly Tyrconnel (das war der wirkliche Name der Euphrosyne seiner Sonette) trug Orlandos herrlichen Saphyr am linken Mittelfinger. Es war sie, die das höchste Anrecht auf seine Aufmerksamkeiten hatte. Doch hätte sie alle Schnupftüchlein ihrer Aussteuer (deren sie viele Dutzende besaß) auf die Eisfläche fallen lassen mögen – Orlando hätte sich nicht gebückt, sie aufzuheben. Sie mochte zwanzig Minuten auf ihn warten, damit er ihr in den Schlitten helfe, zuletzt mußte sie sich mit den Diensten ihres Mohren begnügen. Wenn sie Schlittschuh lief, was sie recht ungeschickt tat, war niemand an ihrer Seite, um ihr Mut zu machen, und wenn sie hinfiel, was sie recht wuchtig tat, half ihr niemand auf die Füße und stäubte den Schnee von ihren Röcken. War sie auch von Natur phlegmatisch, keineswegs schnell gekränkt und weniger leicht als die meisten bereit, zu glauben, daß eine, die nur eine Ausländerin, sie aus Orlandos Gefühlen verdrängen könnte, kam sie endlich doch dahin, zu argwöhnen, daß sich etwas gegen ihre Gemütsruhe zusammenbraue.

Tatsächlich nahm Orlando in diesen Tagen immer weniger Bedacht darauf, seine wahren Gefühle zu verbergen. Unter dem einen oder anderen Vorwand verließ er jede Tischgesellschaft, kaum daß das Mahl beendet war, oder stahl sich von den Schlittschuhläufern weg, welche sich soeben zu einer Quadrille aufstellten. Im nächsten Augenblick war dann bemerkbar, daß auch die Muskowiterin fehlte. Was den Hof aber am meisten aufbrachte und ihn an seiner verwundbarsten Stelle, nämlich der Eitelkeit, stach, war dies, daß das Paar oft gesehen wurde, wie es unter dem roten Seidenseil durchschlüpfte, welches das königliche Reservat vom öffentlichen Teil der Eisfläche abgrenzte, und in der Menge des gemeinen Volks verschwand. Denn plötzlich konnte die Prinzessin aufstampfen und ausrufen: »Führt mich weg von hier! Ich verabscheue Euer englisches Pack!«, womit sie den englischen Hof selbst meinte. Sie könne ihn nicht länger vertragen, sagte sie. Er sei voller spähender alter Weiber, welche einem ins Gesicht glotzten, und anmaßlicher junger Männer, welche einem auf die Zehen träten. Diese Lümmel röchen schlecht. Ihre Hunde liefen einem zwischen die Beine. Es sei, als wäre man in einem Käfig. In Rußland gebe es Flüsse, zehn Meilen breite, auf welchen man zu sechst in einer Reihe den ganzen Tag galoppieren könne, ohne einer Menschenseele zu begegnen. Übrigens wolle sie den Tower sehen, die *Beefeaters*, die Wächter dort, die aufgespießten Köpfe auf dem Temple-Tor und die Juwelierläden in der Innenstadt. So kam es, daß Orlando sie in die City führte, ihr die *Beefeaters* und die Rebellenköpfe zeigte und ihr kaufte, was immer in den Läden der Royal Exchange ihr Gefallen erregte. Aber damit nicht genug. Ein jedes begehrte immer mehr, in des anderen Gesellschaft zu sein, den ganzen Tag lang, ungestört, wo niemand sich verwundern oder sie anstarren könnte. Statt den Rückweg nach London einzuschlagen, wandten sie sich darum meist in die andere Richtung und gelangten durch die Volksmenge auf der gefrorenen

Strecke der Themse bald dort hinaus, wo bis auf ein paar Seevögel und hier und da eine alte Landfrau, die auf das Eis loshackte im vergeblichen Bemühen, einen Eimer voll Wassers zu schöpfen, oder zusammenlas, was sie an trockenen Holzstücken und dürren Blättern als Feuerung finden konnte, keine lebende Seele ihnen je in den Weg kam. Denn die Armen rührten sich nicht aus ihren Hütten, und die bessere Sorte, welche es sich leisten konnte, drängte sich zur Erwärmung und Ergötzung in die innere Stadt.

Daher denn Orlando und Sascha, wie er sie nun der Kürze halber nannte, und weil das der Name eines russischen Weißfuchses, der ihm als Knaben gehört hatte, gewesen war – eines Geschöpfs so weiß wie Schnee, aber mit Zähnen von Stahl, mit welchen es ihn so grausam biß, daß sein Vater es töten ließ, – die beiden also hatten fast immer den Fluß für sich allein. Vom Eislauf und von Verliebtheit erhitzt, lagerten sie sich dann an einer einsamen Stelle, wo die gelben Weiden das Ufer besäumten, und von einem weiten Pelzmantel umhüllt, nahm Orlando seine Schöne in die Arme und lernte erst jetzt, so murmelte er, die wahren Wonnen der Liebe kennen. Wenn dann die Ekstase vorbei war und sie beide, noch von einem Schwinden der Sinne gelullt, auf dem Eis lagen, begann er ihr von seinen früheren Liebchen zu erzählen und, wie die, mit ihr verglichen, alle von Holz, von Sackleinen, von Asche gewesen seien. Und über seine Heftigkeit lachend, schmiegte sie sich da abermals an ihn und gewährte ihm, der Liebe zuliebe, noch eine Umarmung. Und dann wunderten sie sich immer, daß das Eis nicht schmolz von ihrer Hitze, und bedauerten die arme Alte, welche kein solches natürliches Mittel besaß, das Eis aufzutauen, sondern mit einer Axt von kaltem Stahl drauflosshacken mußte. Und dann sprachen sie, in die Zobelfelle gehüllt, von allem und jedem unter der Sonne; von Reisen und Sehenswürdigkeiten;

von Mohren und Heiden; vom Bart dieses Mannes und der Haut jener Frau; von einer Ratte, welche bei Tisch ihr aus der Hand gefressen hatte; von dem Wandteppich, der sich bei ihm daheim in der Halle stets leise bewegte; von einem Gesicht; von einer Flaumfeder; nichts war zu gering für solche Zwiesprache, nichts zu groß.

Und ganz unvermittelt konnte dann Orlando in eine seiner schwermütigen Stimmungen verfallen. Der Anblick der alten Frau, wie sie über das Eis humpelte, mochte der Grund sein, oder auch nichts mochte der Grund sein; er warf sich mit dem Gesicht nach unten aufs Eis und blickte in die überfrorene Wassertiefe und dachte an den Tod. Denn der Philosoph hat recht, welcher da sagt, daß nichts Breiteres als eine Messerklinge die Glückseligkeit von der Schwermut scheide; und fortsetzend meint, die eine sei die Zwillingsschwester der anderen; und daraus den Schluß zieht, daß jedes Übermaß der Gefühle dem Wahnsinn verwandt sei; weshalben er uns Zuflucht suchen heißt in der wahren Kirche (seiner Ansicht nach, der der Anabaptisten), dem einzigen Hort, Hafen, Ankerplatz usw., so sagt er, für diejenigen, die auf diesem Meer umhergeworfen würden.

»Alles endet im Tod«, murmelte Orlando dann gar, während er sich mit düster umwölkter Miene aufsetzte. (Denn dies war die Art und Weise, wie sein Geist nun arbeitete: in heftigem Pendeln vom Leben zum Tod, und bei nichts dazwischen innehielt, sodaß auch der Biograph nicht innehalten darf, sondern eilen muß, sosehr er kann, um Schritt zu halten mit den unüberlegten, leidenschaftlichen, törichten Handlungen und den jähen, übertriebenen Worten, in welchen, es läßt sich nicht leugnen, Orlando zu dieser Zeit seines Lebens förmlich schwelgte.)

»Alles endet im Tod«, wiederholte Orlando seufzend, nunmehr aufrecht auf dem Eis sitzend. Sascha jedoch, die eben kein englisches Blut in den Adern hatte, sondern aus Rußland war, wo die Sonnenuntergänge länger währen, die Morgendämmerung weniger jäh heraufzieht und Sätze oft unbeendet gelassen werden aus Zweifel, wie sie am besten endigen, – Sascha sah ihn groß, vielleicht auch spöttisch an, denn er muß ihr wie ein Kind vorgekommen sein, und sagte nichts. Endlich aber wurde das Eis unter ihnen sehr kalt, was ihr nicht gefiel, und darum zog sie ihn auf die Füße hoch und plauderte dann so bezaubernd, so witzig, so klug (aber leider auf Französisch, welches bekanntlich seine Würze in der Übersetzung verliert), daß er gar nicht mehr an das gefrorene Gewässer dachte oder an das Heraufkommen der Nacht oder die alte Frau oder, was immer es sein mochte, und ihr – unter tausend Sinnbildern und Vergleichen umherplätschernd und planschend, welche ihm so schal geworden waren wie die Frauen, die ihn zu ihnen begeistert hatten, – zu sagen versuchte, wem sie gleiche: Schnee, Rahm, Marmor, Kirschen, Alabaster, Golddraht? Keinem von diesen. Sie gleiche einem Fuchs oder einem Ölbaum; den Wogen der See, wenn man von einer Höhe auf sie hinabblickte; einem Smaragd; der Sonne auf einem leuchtend grünen und doch umwölkten Bühel – sie gleiche nichts, was er je in England gesehen oder gekannt habe. Er mochte die Sprache plündern, wie er wollte, Worte fehlten ihm. Er wünschte sich eine andere Landschaft, eine andere Zunge. Das Englische war zu geradeheraus, zu unumwunden, zu honigsüß für Sascha. Denn in allem, was sie sagte, war, so offenherzig und lustvoll überschwenglich sie auch zu sein schien, etwas verhehlt; in allem, was sie tat, so keck gewagt es auch sein mochte, lag etwas versteckt. So scheint die grüne Flamme im Smaragd verborgen oder die Sonne in einem grünen Hügel gefangen zu sein. Die unverdächtige Klarheit war nur eine äußerliche; im Innern barg sich eine unstete Flamme.

Sie kam und ging; Sascha leuchtete nie mit dem stetigen Strahlen einer Engländerin – hier jedoch ging seine Verzükkung mit ihm, der sich Lady Margarets und ihrer vielen Unterröcke erinnerte, durch, und er raste mit Sascha über die Eisfläche, schneller und immer schneller, und schwur, er werde der Flamme nachjagen, nach dem Juwel tauchen und so weiter und so fort, wobei seine Worte in keuchenden Atemstößen hervorkamen, mit der Leidenschaftlichkeit eines Dichters, dem seine Verse halb durch Schmerz entpreßt werden.

Sascha aber schwieg. Wenn Orlando damit zu Ende war, ihr zu sagen, sie sei ein Fuchs, ein Ölbaum oder ein grüner Bühel, und er ihr die ganze Geschichte seiner Familie erzählte: daß sein Haus eines der ältesten in ganz Britannien sei; daß seine Ahnen mit den Cäsaren aus Rom gekommen seien und das Recht hätten, den Corso (so heiße die Hauptstraße Roms) unter einem bequasteten Baldachin entlangzuschreiten, ein nur denen zustehendes Vorrecht, die von kaiserlichem Geblüt seien, so sagte er, denn er besaß eine blindstolze Leichtgläubigkeit, die ihm aber recht wohlgefällig anstand, – da unterbrach er sich und fragte sie etwa, wo ihr eigenes Haus herstamme. Was ihr Vater sei? Ob sie Brüder habe? Ob sie bloß mit ihrem Onkel hier sei? Da kam dann, obgleich sie bereitwillig genug antwortete, eine gewisse Peinlichkeit zwischen ihnen auf. Er vermutete zuerst, ihr Rang sei nicht so hoch, wie sie es möchte; oder sie schäme sich der rohen Sitten ihres Volks. Denn er hatte gehört, daß die Frauen in Muskowien Bärte trügen und die Männer von den Hüften abwärts mit einem dichten Haarpelz bedeckt seien; daß beide Geschlechter sich mit Talg einrieben, um die Kälte abzuhalten, Fleischgerichte mit den Fingern zerrissen und in Hütten lebten, in welchen sein Vieh zu halten ein englischer Edelmann Bedenken trüge; also ließ er bald ab, sie mit Fragen zu bedrängen. Nach einiger Überlegung aber kam er zu dem Schluß, daß ihr Schweigen nicht diesen Grund haben konnte; ihr wuchs kein Härchen am Kinn; sie kleidete sich in Samt und Perlen, und ihre Manieren waren sicherlich nicht die einer im Kuhstall Aufgewachsenen.

Was also verheimlichte sie ihm? Die Zweifel, die unter dem gewaltigen Gewicht seiner Gefühle lauerten, waren wie Triebsand, welcher auf einmal unter einem Monument weggleitet und die ganze Masse ins Schwanken bringt. Qualvolle Angst befiel ihn oft ganz plötzlich. Da flammte er dann so zornig auf, daß sie nicht wußte, wie ihn besänftigen. Vielleicht wollte sie ihn gar nicht besänftigen; vielleicht gefielen ihr seine Zornesausbrüche und sie rief sie absichtlich hervor – von solcher Art ist die wunderliche Verschrobenheit des muskowitischen Temperaments.

Um aber die Geschichte fortzusetzen – an diesem Tag liefen sie auf ihren Schlittschuhen weiter, als es ihre Gewohnheit war, und gelangten zu jenem Teil des Flusses, wo die großen Schiffe Anker geworfen und mittstroms eingefroren waren. Unter diesen befand sich das Schiff der muskowitischen Gesandtschaft, welches seinen schwarzen Doppeladler vom Großmast flattern ließ und mit ellenlangen, vielfarbig schillernden Eiszapfen behangen war. Sascha hatte einige ihrer Gewänder an Bord gelassen, und in der Annahme, es sei niemand auf dem Schiff, stiegen sie aufs Verdeck hinauf und gingen sie suchen. Orlando, der sich gewisser Ereignisse in seiner Vergangenheit erinnerte, wäre nicht erstaunt gewesen, hätte ein biederer Bürgersmann schon vor ihm dieses kosige Versteck aufgesucht; und so etwas Ähnliches ergab sich dann auch. Sie hatten sich noch nicht weit vorgewagt, als ein stattlicher junger Mann von irgendwas, das er hinter einer Taurolle trieb, aufsprang und anscheinend, denn er sprach russisch, sagte, er sei von der Bemannung und mache sich erbötig, der Prinzessin finden zu helfen, was sie suche, einen Wachsstock anzündete und mit ihr in die tieferen Teile des Schiffsrumpfs verschwand.

Die Zeit verging, und Orlando dachte, in seine Träume gehüllt, nur an die Freuden des Lebens; an sein Juwel; an dessen Seltenheit; daran, wie er es unwiderruflich und unauflöslich sein Eigen machen könnte. Es galt freilich, Hindernisse und Schwierigkeiten zu überwinden. Sie war entschlossen, in Rußland zu bleiben, wo es zugefrorene Flüsse und wilde Pferde gab und Männer, so hatte sie erzählt, welche einander die Kehle durchschnitten. Gewiß konnten ihn eine Landschaft von Nadelbäumen im Schnee, wilde Leidenschaften und Schlächtergewohnheiten nicht locken. Auch war er gar nicht begierig, von seinen ländlichen Freuden der Jagd und des Bäumepflanzens zu lassen; sein Hofamt niederzulegen; sich seine Laufbahn zu verderben; Rentiere statt Kaninchen zu schießen; Wodka zu trinken statt kanarischen Sekts und – er wußte nicht wozu – ein Dolchmesser im Ärmel verborgen zu tragen. Immerhin, das alles und mehr als das alles würde er ihr zuliebe tun. Was seine Heirat mit Lady Margaret betraf, welche auf den siebenten Tag nach diesem angesetzt war, so erschien sie ihm als etwas so offenkundig Absurdes, daß er ihr kaum einen Gedanken schenkte. Die Sippe seiner Braut würde ihn zwar dafür beschimpfen, eine so vornehme Dame sitzengelassen zu haben; seine Freunde würden ihn dafür auslachen, sich die glänzendste Laufbahn der Welt um eines Kosakenweibs und einer Einöde von Schnee willen verdorben zu haben, – aber das alles wog keinen Strohhalm gegen Sascha. In der ersten finsteren Nacht würden sie fliehen. Sie würden sich nach Rußland einschiffen. So sann er; solche Pläne spann er, während er auf dem Verdeck hin- und herschritt.

Aus seinen Gedanken wurde er, als er sich wieder einmal gegen Westen wandte, zurückgerufen durch den Anblick der Sonne, welche wie eine an das Kreuz der Paulskathedrale gehängte Orange aussah. Sie war blutrot und sank schnell. Es mußte fast Abend sein. Sascha hatte ihn schon vor einer Stunde oder mehr verlassen. Sogleich von diesen dunkeln Ahnungen ergriffen, die sogar seine zuversichtlichsten Gedanken an sie überschatteten, stürzte er ihr die Treppe hinunter nach, die er sie in den Laderaum hinabgehn gesehen hatte; und nachdem er eine Weile in der Dunkelheit zwischen Kisten und Fässern umhergetappt war, wurde er durch einen schwachen Schimmer aus einem Winkel gewahr, daß die beiden dort saßen. Eine Sekunde nur hatte er dieses Bild vor sich; sah Sascha auf den Knien des Seemanns, sah sie sich ihm zuneigen, sah die beiden einander umarmen, bevor der schwache Lichtschein von einer roten Wolke seiner Wut erstickt wurde. Er brach in einen solchen Aufschrei der Seelenqual aus, daß das ganze Schiff davon widerhallte. Sascha warf sich zwischen die beiden, oder der Seemann wäre erwürgt worden, ehe er sein Entermesser hätte ziehen können. Im nächsten Augenblick wurde Orlando totenübel, und sie mußten ihn auf den Boden legen und ihm Branntwein einflößen, bevor er wieder zu sich kam. Und als er sich dann, auf Deck auf einen Stapel leerer Säcke gesetzt, erholt hatte, neigte sich Sascha über ihn, glitt an seinen schwindeligen Augen weich und geschmeidig wie der Fuchs, der ihn gebissen hatte, vorbei und war bald schmeichlerisch, bald vorwurfsvoll, so daß ihm Zweifel daran kamen, was er gesehen hatte. Hatte keine Kerze geflackert? Hatten keine Schatten sich bewegt? Die Kiste sei schwer, sagte sie; der Mann habe ihr geholfen, sie von der Stelle zu rücken. Orlando glaubte ihr einen Augenblick lang – denn wer kann gewiß sein, daß seine Wut ihm nicht ausgemalt hat, was zu finden er am meisten fürchtet? – und war im nächsten desto heftiger erzürnt über ihren Betrug. Da wurde Sascha selbst weiß im Gesicht; stampfte mit dem Fuß auf die Deckplanken; sagte, sie wolle noch in dieser Nacht weg, und rief ihre Götter an, sie zu vernichten, wenn sie, eine Romanowitsch, in den Armen eines gemeinen Matrosen gelegen habe. Wahrhaftig, wenn er die beiden so ansah (wozu er sich kaum überwinden konnte), war er selber empört über die Schändlichkeit seiner Einbildung, welche ihm ein so zartes Geschöpf in den Tatzen dieses zottigen Seebären hatte vorgaukeln können. Der Mann war riesenhaft; wohl sechs Fuß vier Zoll in Strümpfen; trug gewöhnliche Drahtringe in den Ohren; und sah aus wie ein Schwerfuhrwerksgaul, auf dem im Flug eine Blaumeise oder ein Rotkehlchen einen Rastplatz gefunden hatte.

So ließ Orlando sich denn erweichen; glaubte ihr; erbat ihre Verzeihung. Doch als er, nun wieder liebevoll, mit ihr an der Schiffswand hinabstieg, hielt Sascha, die Hand auf der Leiter, inne und rief diesem braunrot gegerbten, breitbäckigen Ungeheuer eine Salve russischer Grüße oder Scherze oder Koseworte zu, von welchen Orlando keine einzige Silbe verstehn konnte. Etwas in Saschas Ton jedoch gemahnte (es mochte an den russischen Mitlauten liegen) Orlando an eine Szene vor einigen Abenden, als er sie dabei überraschte, wie sie in einem Winkel an einem Kerzenstumpf nagte, den sie vom Boden aufgelesen hatte. Freilich, er war rosenrot gewesen; vergoldet; und von des Königs Tafel; aber er war aus Unschlitt gewesen, und sie hatte daran genagt. War nicht doch, dachte er, während er ihr auf die Eisfläche herabhalf, etwas Ranziges an ihr, etwas Grobgewürztes, etwas derb Bäuerliches? Und er stellte sie sich vor, wie sie mit vierzig Jahren wäre: unförmig und träge geworden, obgleich jetzt schlank wie eine Gerte und leichtbeschwingt wie eine Lerche. Wiederum aber zergingen, während sie beide dann auf ihren Schlittschuhen londonwärts liefen, solche schlimme Vermutungen in seiner Brust, und er hatte ein Gefühl, als wäre er von einem großen Fisch durch die Nase gehakt worden und würde wider seinen Willen und doch mit seinem Einverständnis durchs Wasser dahingerissen.

Es war ein Abend von erstaunlicher Schönheit. Als die Sonne versank, hoben sich alle die Kuppeln, die Spitztürme, die Giebel und Zinnen von London in tintiger Schwärze gegen das zornige Rot der Sonnenuntergangswolken ab. Hier zeigte sich das filigranartige Kreuz von Charing; dort die Kuppel von St. Paul; hier das wuchtige Viereck des Tower; und da, wie ein Hain, bis auf einen Knubben oben, entästeter Bäume die Köpfe auf den Zinken des Temple-Tors. Nun entbrannten die Fenster der Abtei und leuchteten (in Orlandos Einbildung) gleich einem himmlischen, vielfarbigen Schild; und nun war (wiederum in Orlandos Einbildung) der ganze Westen ein einziges goldenes Fenster mit Scharen von Engeln, welche unaufhörlich die Himmelstreppe hinauf- und hinabstiegen. Die ganze Zeit schienen sie beide auf bodenlosen Tiefen von Luft dahinzuschweben, so blau war das Eis geworden; und so glasig glatt war es, daß sie immer schneller und schneller der Stadt zueilten, umkreist von den weißen Möwen, welche mit ihren Flügeln ebensolche Kurven in die Luft schnitten, wie sie selbst mit ihren Schlittschuhen in das Eis ritzten.

Als wollte sie ihm allen Verdacht benehmen, war Sascha zärtlicher denn sonst und sogar noch entzückender. Sie hatte nur selten von ihrer Vergangenheit sprechen wollen, jetzt aber erzählte sie ihm, wie sie im Winter in Rußland den Wölfen zuhörte, wenn sie über die Steppe heulten, und dreimal, um es ihm zu zeigen, bellte sie wie ein Wolf. Worauf er ihr von den Hirschen im Schnee daheim erzählte und wie sie sich auf der Suche nach Wärme bis in die große Halle wagten und von einem alten Mann mit Hafergrütze aus einem Eimer gefüttert wurden. Und dann lobte sie ihn: seine Liebe zu Tieren; seine Galanterie; seine Beine. Hingerissen von ihrem Lob und beschämt von dem Gedanken, wie er sie verleumdet hatte durch seine Vorstellung von ihr auf den Knien eines gemeinen Seemanns und mit vierzig Jahren dick und träge geworden, sagte er ihr, daß er keine Worte finden könne, um sie zu preisen; besann sich jedoch sogleich darauf, daß sie wie der Frühling war und grünes Gras und eilendes Wasser; und sie fester denn je umfassend, schwang er sich mit ihr über den halben Fluß, und die Möwen und die Kormorane schwenkten mit. Und als sie endlich außer Atem innehielten, sagte sie, ein wenig keuchend, er gleiche einem tausendkerzigen, mit gelben Kugeln behangenen Weihnachtsbaum (wie man solche in Rußland hat), stark genug leuchtend, um eine ganze Straße zu erhellen (so könnte man es übersetzen); denn mit seinen glühenden Wangen, seinen dunkeln Locken, seinem schwarz und roten Radmantel sah er aus, als erstrahlte er von seinem eigenen Licht, von einer in seinem Inneren angezündeten Lampe.

Alle Farben, ausgenommen das Rot auf Orlandos Wangen, verblaßten bald. Die Nacht kam herauf. Nach dem rötlichgelben Licht des Sonnenuntergangs zeigte sich ein erstaunlich heller Schein von den Fackeln, Freudenfeuern, lodernden Pechpfannen und anderen Vorrichtungen, mittels welcher der Fluß beleuchtet war, und es erfolgte die seltsamste Verwandlung. Manche Kirchen und Adelspaläste, deren Fassaden aus weißem Stein waren, erschienen nur noch wie Streifen und Flecke, als schwämmen sie auf Luft. Insbesondere blieb von St. Paul nichts weiter übrig als das vergoldete Kreuz. Die Abtei sah aus wie das graue Gerippe eines Blatts. Alles erlitt Entkörperung und Verwandlung. Als sie sich dem

Karneval näherten, hörten sie einen tiefen Ton wie von einer angeschlagenen Stimmgabel, welcher lauter und lauter wurde, bis er zu einem Brausen anschwoll. Immer wieder folgte ein großer Aufschrei einer Rakete in die Luft. Allmählich konnten sie kleine Gestalten unterscheiden, welche sich von der riesigen Volksmenge loslösten und hierhin und dorthin wirbelten wie Mücken an der Oberfläche eines Flusses. Über diesem leuchtend hellen Kreis und ringsum lastete wie eine Schüssel von Dunkelheit das tiefe Schwarz einer Winternacht. Und in diese Dunkelheit stiegen, mit Pausen dazwischen, welche die Erwartung wach und die Mäuler offen hielten, glühende Raketen auf; Halbmonde; Schlangen; eine Krone. Den einen Augenblick zeigten sich die Wälder und fernen Hügel grün wie an einem Sommertag; den nächsten war alles wieder Winter und Schwärze.

Zu dieser Zeit waren Orlando und die Prinzessin dem königlichen Reservat schon ganz nah und fanden ihren Weg von einer großen Menge gemeinen Volks versperrt, welche sich, so dicht sie es wagte, an das seidene Seil herandrängte. Unwillig, ihr ungestörtes Alleinsein zu enden und sich den scharfen Augen, die auf dem Auslug nach ihnen waren, auszusetzen, verweilte das Paar da, umdrängt und gestoßen von Lehrlingen, Schneidern, Fischweibern, Roßkämmen, Bauernfängern, hungernden Scholaren und Dienstmägden in ihrem Sonntagsputz, Orangenverkäuferinnen, Reitknechten, ehrsamen Bürgern, unflätigen Zapfkellnern und einer Schar von Gassenbübchen, wie sie sich immer am Rand einer Volksmenge, schreiend und den Leuten zwischen die Beine krabbelnd, herumtreiben, – die ganzen Krethi und Plethi Londons waren in der Tat hier zu finden, wie sie spaßten und stießen, würfelten und wahrsagten, drängelten, kitzelten und kniffen; bald übermütig, bald übelnehmerisch, einige das Maul ellenweit aufgesperrt, andere so wenig ehrfürchtig wie

Dohlen auf einem Dachfirst; alle so verschiedenartig herausstaffiert, wie ihr Geldbeutel oder ihre Stellung es erlaubte; hier in Pelz und schwarzem Tuch; dort in Lumpen, die Füße nur mit umgewickelten Wischtüchern vor dem Eis geschützt.

Am meisten, wie es schien, drängten sich die Leute vor einer Bude oder Bühne, welche etwa unserem Kasperletheater glich, wo irgendeine Vorstellung gegeben wurde. Ein Schwarzer schwenkte unter großem Wortschwall heftig die Arme. Eine Frau in Weiß lag auf einem Bett. So roh die Inszenierung war – die Schauspieler liefen über zwei Stufen hinauf und hinunter und stolperten manchmal, und die Menge stampfte und pfiff und warf, wann immer sie gelangweilt war, nach den Schauspielern mit Stücken von Orangenschalen, welchen, wenn sie aufs Eis fielen, die Hunde nachsprangen, – erregte doch die erstaunlich geschmeidige Melodie der Worte Orlando wie Musik. Äußerst schnell und mit kühner Zungengewandtheit gesprochen, welche ihn an die in den Biergärten von Wapping singenden Seeleute erinnerte, waren die Worte auch ohne ihre Bedeutung wie Wein für ihn. Manchmal aber drang über die Eisfläche bis zu ihm her ein Satz, der wie aus dem tiefsten Herzen gerissen klang. Die Raserei des Mohren schien ihm seine eigene zu sein, und als der Mohr die Frau in ihrem Bett erstickte, war sie Sascha, die er mit eigenen Händen tötete.

Endlich war das Stück zu Ende. Alles war finster geworden. Tränen strömten ihm übers Gesicht. Als er zum Himmel aufblickte, war auch dort nichts als Schwärze. Verfall und Tod, dachte er, decken alles zu. Des Menschen Leben endet im Grab. Würmer verzehren uns.

Nun, dächt' ich, müßt' ein groß Verfinstern sein
An Sonn' und Mond, und der erschrock'ne Erdball
Aufklaffen vor Entsetzen ...

Während er sich diese Verse vorsagte, ging ein noch etwas blasser Stern in seinem Gedächtnis auf. Die Nacht war finster; sie war stockfinster; aber auf eine solche hatten sie gewartet. In einer solchen Nacht wie dieser zu fliehen, hatten sie geplant; das fiel ihm nun wieder ein. Die Zeit war gekommen. Mit einem Ausbruch von Leidenschaft riß er Sascha an sich und zischte ihr ins Ohr: »*Jour de ma vie!*« Es war ihrer beider Signal. Um Mitternacht würden sie einander in einem Gasthof in der Nähe von Blackfriars treffen. Dort würden Pferde warten. Alles wäre bereit zu ihrer Flucht. So trennten sie sich denn und gingen jedes in sein Zelt. Es fehlte noch mehr als eine Stunde bis zur verabredeten Zeit.

Lange vor Mitternacht wartete Orlando schon. Die Nacht war von so tintiger Schwärze, daß ein Mann an einen herangewesen wäre, bevor man ihn hätte sehen können, und das war nur gut so. Aber sie war auch von einer höchst feierlichen Stille, sodaß ein Hufschlag, ein Kindergreinen auf eine Entfernung von einer halben Meile zu hören war. Viele Male setzte Orlandos Herz, während er in dem kleinen Hof hin und her schritt, fast aus beim stetigen Aufschlag von Pferdehufen auf den Pflastersteinen oder beim Rascheln eines Frauenkleids. Aber wer da noch unterwegs war, war bloß ein Kaufmann, der verspätet aus der Stadt heimritt, oder eine Weibsperson dieses Viertels, deren Absichten nicht so unschuldig waren. Sie kamen vorbei, und die Straße lag dann stiller als zuvor. Eins nach dem andern bewegten sich die Lichtlein, die im Erdgeschoß der kleinen, enggedrängten Häuser brannten, in welchen die Armen der Stadt hausten, hinauf zu den Schlafkammern und wurden alsbald eins nach dem andern gelöscht. Der Straßenlaternen waren in dieser Gegend, wenn es hoch kam, nur wenige; und die Nachlässigkeit des Nachtwächters ließ sie oft lange vor dem Morgengrauen ausgehn. Die Finsternis war dann noch tiefer als vorher. Orlando sah nach dem Docht seiner eigenen Laterne; sah nach den Sattelgurten; lud seine Pistolen; untersuchte den Halfter, darin sie staken; und tat das alles mindestens ein dutzendmal, bis er nichts mehr finden konnte, was seiner Vorsorge bedurfte. Wenngleich noch immer einige zwanzig Minuten auf Mitternacht fehlten, konnte er es nicht über sich bringen, in den Schankraum des Gasthofs einzutreten, wo die Wirtin noch eifrig Bier und die billigere Sorte Kanarienwein ein paar seefahrenden Männern auftischte, welche da ihre Liedchen grölten und ihre Geschichten von Drake, Hawkins und Grenville erzählten, bis sie eingeschlafen von der Bank plumpsten und auf die sandbestreuten Dielen rollten. Die Finsternis war mitfühlender mit seinem geschwellten, ungestümen Herzen. Er lauschte auf jeden Schritt; grübelte über jedes Geräusch. Jedes Schreien eines Trunkenen und jedes Jammern eines armen, elend im Stroh oder in anderen Nöten liegenden Geschöpfs schnitt ihm in die Seele, als wären es böse Omen für sein Vorhaben. Doch hegte er keine Befürchtungen, was Sascha betraf. Für ihren kühnen Mut war das Wagnis ein geringes. Sie käme allein, in Mantel und Hosen und gestiefelt wie ein Mann. Leicht wie ihr Schritt war, würde er sogar in dieser Stille kaum zu hören sein.

So wartete er in der Finsternis. Plötzlich wurde er im Gesicht von einem Schlag getroffen, einem sanften, doch schweren Schlag auf seine Wange. In solcher erwartungsvollen Spannung war er, daß er aufschrak und mit der Hand an seinen Degen fuhr. Der Schlag wiederholte sich ein dutzendmal auf Stirn und Wangen. So lange hatte der trockene Frost gewährt, daß Orlando eine gute Minute brauchte, bis er begriff, daß es fallende Tropfen waren. Was ihm ins Gesicht schlug, war Regen. Anfangs fielen die Tropfen langsam, bedächtig, einer nach dem andern. Bald aber wurden aus den sechsen sechzig; dann sechshundert; und dann verflossen alle miteinander zu einem stetigen Strömen. Es war, als ergösse sich der wie zu einem Stück verhärtete Himmel als ein einziger, übervoller Brunnen auf die Erde. In der Zeit von fünf Minuten war Orlando bis auf die Haut durchnäßt.

Hastig brachte er die Pferde unter Dach und suchte Schutz unter dem Türsturz, von wo er weiter den Hof im Auge behalten konnte. Die Luft war jetzt undurchsichtiger denn je, und ein solches Dröhnen erhob sich von dem Guß, daß kein Schritt eines Menschen oder Tiers darüber zu hören gewesen wäre. Die Straßen, schon immer holperig von großen Löchern, stünden unter Wasser und wären vielleicht unwegsam. Aber was für eine Wirkung das auf ihrer beider Flucht hätte, daran dachte er kaum. Alle seine Sinne waren auf das Pflaster der Einfahrt gerichtet, das im Schein der Laterne schwach schimmerte, und erwarteten Saschas Kommen. Manchmal glaubte er, sie von Regenstrichen umgeben in der Dunkelheit zu sehen. Aber das Phantom verschwand. Plötzlich ertönte mit furchteinflößender und unheildrohender Stimme, einer Stimme, die Orlandos Seele voll Entsetzen erbeben und jedes Haar sich ihm vor Angst sträuben machte, von St. Paul der erste Schlag der Mitternacht. Erbarmungslos folgten die nächsten vier Schläge. Mit dem Aberglauben eines Verliebten hatte Orlando sich vorgestellt, beim sechsten werde sie kommen. Aber der sechste Schlag verhallte und der siebente folgte und der achte, und seinem ahnungsvollen Gemüt klangen sie erst wie Töne der Ankündigung, dann der Verhängung von Unheil und Tod. Als der zwölfte erschallte, fühlte er, daß sein Schicksal besiegelt war. Es half nichts, daß der verständige Teil seines Gemüts vernünftig überlegte, sie könnte sich verspäten; sie könnte verhindert sein; sie könnte den Weg verfehlt haben; sein leidenschaftlich fühlendes Herz wußte die Wahrheit. Andere Uhren schlugen, mißtönend durcheinanderklingend. Die ganze Welt schien höhnisch von der Kunde von Saschas Trug und seiner Schmach zu widerhallen. Die alten Regungen von Verdacht, welche untergründig in ihm gewühlt hatten, brachen offen hervor. Er wurde von einem Gewimmel von Schlangen gebissen, eine jede giftiger als die vorige. Während so die Minuten vergingen, wurden seine Knie weich. Der Gußregen kam weiter herabgeströmt. Wo er am dichtesten war, schienen große Kanonen zu dröhnen. Gewaltiger Lärm wie das Brechen und Splittern von Eichenästen war zu hören, auch wilde Schreie und schreckliches, unmenschliches Stöhnen. Orlando aber stand regungslos, bis die Uhr von St. Paul zwei schlug, und dann, mit dem gräßlich ironischen und alle seine Zähne entblößenden lauten Aufschrei: *»Jour de ma vie!«* schmetterte er die Laterne zu Boden, bestieg sein Pferd und galoppierte, er wußte nicht, wohin.

Ein blinder Antrieb, denn über alle vernünftige Überlegung war er hinaus, mußte ihn gezwungen haben, die Richtung zum Meer einzuschlagen. Und als die Morgendämmerung anbrach, was mit ungewöhnlicher Plötzlichkeit geschah, der Himmel sich mit einem schwachen Gelb färbte und der Regen fast aufhörte, befand er sich bei Wapping am Ufer der Themse. Hier bot sich seinen Augen ein Anblick von ganz außerordentlicher Art. Wo seit drei Monaten oder länger festes Eis gewesen war, von solcher Dicke, daß es so dauerhaft wie Stein zu sein schien und eine ganze lustige Stadt auf dieses Pflaster gestellt worden war, zeigte sich nun ein Jagen wirbelnder gelblicher Wasser. Der Fluß hatte über Nacht seine Freiheit wiedergewonnen. Es war, als ob eine Schwefelquelle aus den vulkanischen Regionen dort unten hervorgebrochen wäre (zu welcher Ansicht manche Gelehrte neigten) und das Eis mit solcher Wucht zum Bersten gebracht hätte, daß riesige Schollen und Blöcke wütend voneinander geschwemmt wurden. Der bloße Anblick der Gewässer genügte, einen schwindelig zu machen. Alles war Aufruhr und Verwirrung. Der ganze Fluß war mit Eisschollen übersät, einige so breit wie eine Kugelbahn und so hoch wie ein Haus, andre nicht größer als ein Männerhut, aber von phantastischester Form. Jetzt kam ein ganzes Geschwader von Eisblöcken den Fluß herab und versenkte alles, was ihm im Weg war, und jetzt wieder schien sich der Fluß, welcher sich wand und krümmte wie eine gemarterte Schlange, zwischen die Schollen zu stürzen und sie von einem Ufer zum anderen zu schleudern, so daß zu hören war, wie sie gegen Pfosten und Pfeiler polterten. Am gräßlichsten und schreckenerregendsten aber war der Anblick der Menschen, die in der Nacht in diese Falle geraten waren und nun auf ihren kreiselnden und gefährdeten Inseln in äußerster Todesangst umhertraten. Ob sie in die Fluten sprängen oder auf dem Eis blieben, ihr Untergang war gewiß. Manchmal kam ein ganzes Häuflein dieser armen Geschöpfe auf einer Scholle herabgetrieben: einige auf den Knien; andere ihre Säuglinge stillend; und ein alter Mann schien laut aus einem frommen Buch vorzulesen. Ein andermal wieder irrte ein einsamer Elender, dessen Schicksal vielleicht am gräßlichsten war, allein auf seiner engen Wohnstatt umher. Während sie alle so zum Meer hingeschwemmt wurden, konnte man hören, wie manche vergeblich um Hilfe schrien oder verzweifelte Gelübde taten, ihren Lebenswandel zu bessern, ihre Sünden bekannten und Altäre und Schätze gelobten, wenn Gott ihre Gebete erhören würde. Andere waren so betäubt von Entsetzen, daß sie starr und stumm dasaßen und nur vor sich hinstierten. Eine Rotte junger Fährleute oder Botenjungen, nach ihren Livreen zu urteilen, brüllte und schrie wie aus prahlerischem Trotz die zotigsten Gassenhauer und wurde gegen einen Baumstamm geschmettert und versank mit den lästerlichsten Flüchen auf den Lippen. Ein alter Adelsherr – als solchen kündeten ihn sein pelzbesetzter Mantel und seine Goldkette – ging nicht weit von der Stelle, wo Orlando stand, unter, indes er die Rache des Himmels auf die irischen Rebellen herabrief, welche, so schrie er mit seinem letzten Atemzug, diese Teufelei ausgeheckt hätten. Viele versanken, eine silberne Kanne oder einen anderen Schatz an die Brust gedrückt; und mindestens ein Dutzend armer Hascher ertrank durch eigene Begehrlichkeit, weil sie sich lieber vom Ufer in die wirbelnden Fluten wagten, als sich einen goldenen Becher entgehn zu lassen oder vor ihren Augen einen pelzgefütterten Mantel versinken zu sehen. Denn Kästen und Truhen, Kostbarkeiten und Besitztümer aller Art wurden auf den Eisschollen hinweggetragen. Unter anderen seltsamen Anblicken sah man eine Katze ihre Jungen säugen; einen langen Tisch, üppig zu einem Mahl für zwanzig Gäste gedeckt; ein im Bett liegendes Paar; und eine Unzahl von Kochgeräten.

Benommen und starr vor Staunen vermochte Orlando einige Zeit nichts anderes zu tun als dem furchtbaren Toben der Wasser zuzusehen, welche sich an ihm vorbeiwälzten. Endlich schien er sich zu sammeln, gab seinem Pferd die Sporen und galoppierte in der Richtung aufs Meer scharf das Themseufer entlang. Einer Krümmung des Flusses folgend, langte er gegenüber der Stelle an, wo keine zwei Tage zuvor die Schiffe der Gesandten unbeweglich eingefroren zu sein schienen. Hastig zählte er sie: der Franzose, der Spanier, der Österreicher, der Türke, alle schwammen sie noch da, wenngleich der Franzose sich von seinen Vertäuungen losgerissen und das türkische Schiff einen großen Riß in seiner Seite abbekommen hatte und sich schnell mit Wasser füllte. Das russische Schiff aber war nirgends zu sehen. Für einen Augenblick dachte Orlando, es müsse untergegangen sein; als er sich aber in den Steigbügeln hob und die Augen beschattete, welche so scharf wie die eines Habichts waren, konnte er eben noch den Umriß eines Schiffs gegen den Himmelsrand erspähen. Die schwarzen Adler flatterten von den Mastspitzen. Das Schiff der muskowitischen Gesandtschaft stach in See.

Er warf sich vom Pferd und war in seiner Wut schon daran, es mit den Fluten aufzunehmen. Knietief im Wasser, schleuderte er der Treulosen alle die Schmähungen nach, die seit je das Los ihres Geschlechts gewesen sind. Wortbrüchig, wetterwendisch, wankelmütig nannte er sie; Teufelin, Buhlerin, Betrügerin. Die wirbelnden Wasser nahmen seine Worte auf und warfen ihm dafür die Scherben eines Topfs und ein wenig Stroh vor die Füße.

Zweites Kapitel

Der Biograph sieht sich nun einer Schwierigkeit gegenüber, die er vielleicht besser eingestehn als vertuschen sollte. Bis hierher in der Erzählung von Orlandos Lebensgeschichte haben Urkunden, persönliche und gemeingeschichtliche, es ihm ermöglicht, die oberste Pflicht eines Biographen zu erfüllen, nämlich, ohne nach rechts oder links zu blicken, in den unverwischbaren Spuren der Wahrheit dahinzustapfen; unverlockt von Blumen; unabgelenkt von Schatten; methodisch immer weiter, bis wir in ein Grab tapsen und *Finis* auf den Stein zu Häupten schreiben. Nun aber kommen wir zu einem Ereignis, das mitten auf unserem Weg liegt, sodaß es nicht unbeachtet bleiben kann. Doch ist es dunkel, geheimnisvoll und nicht durch Urkunden bezeugt, sodaß es sich nicht erklären läßt. Bände könnten zu seiner Auslegung geschrieben, ganze Religionssysteme auf seine Bedeutung gegründet werden. Unsere schlichte Pflicht ist es, die Tatsachen anzuführen, soweit sie bekannt sind, und den Leser aus ihnen machen zu lassen, was er vermag.

In dem Sommer nach jenem Unglückswinter, der den großen Frost, die Überschwemmung, den Tod so vieler Tausende und den völligen Zusammenbruch von Orlandos Hoffnungen brachte – denn er wurde vom Hof verbannt; war tief in Schande bei den Mächtigsten des hohen Adels seiner Zeit; das irische Geschlecht der Desmond war rechtens erbost; und der König hatte schon genug Schwierigkeiten mit den Iren, um diese neue nicht zu goutieren, – in diesem Sommer zog sich Orlando in sein großes Haus auf dem Lande zurück und lebte dort in völliger Einsamkeit. Eines Morgens im Juni – es war der 18. des Monats und ein Samstag – unterließ er es, zur gewohnten Stunde aufzustehn, und als sein Leibdiener ihn wecken ging, fand er ihn in tiefem Schlaf. Auch war er nicht aufzuwecken. Er lag wie in einer Trance da, ohne wahrnehmbar zu atmen; und obzwar man Hunde unter seinem Fenster bellen ließ; Zymbeln, Trommeln und Klappern unaufhörlich in seinem Zimmer rührte; ein Stechginsterbusch unter sein Kopfkissen geschoben und Senfpflaster seinen Sohlen aufgelegt wurden, erwachte er noch immer nicht, nahm keine Nahrung zu sich und gab sieben volle Tage kein Lebenszeichen. Am achten Tag erwachte er zur gewohnten Zeit (ein Viertel vor acht, um genau zu sein) und jagte die ganze Horde jaulender Dorfweiber und Dorfbader aus seinem Zimmer; was nur natürlich war; seltsam aber war, daß er kein Bewußtsein eines solchen Dauerschlafs zeigte, sondern sich ankleidete und sein Pferd befahl, als wäre er vom Schlummer einer einzigen Nacht erwacht. Doch eine gewisse Veränderung, so wurde vermutet, mußte in den Kammern seines Gehirns vor sich gegangen sein, denn er hatte, wenngleich er völlig bei Verstand und ernster und gesetzter in seinem Gehaben als zuvor zu sein schien, eine offenbar nur unvollständige Erinnerung an sein bisheriges Leben. Er hörte zwar zu, wenn von dem großen Frost oder vom Eislauf oder von dem Karneval gesprochen wurde, gab aber, abgesehen davon, daß er sich mit der Hand über die Stirn fuhr, als wollte er eine Wolke wegwischen, nie zu erkennen, er sei selber Augenzeuge alles dessen gewesen. Wurde der Ereignisse der letzten sechs Monate Erwähnung getan, schien er nicht sosehr bestürzt wie verwundert zu sein, als würde er von wirren Erinnerungen an längstvergangene Zeiten heimgesucht oder als versuchte er, sich Geschichten ins Gedächtnis zu rufen, welche ihm ein anderer erzählt hatte. Es wurde beobachtet, daß er, wenn von Rußland oder

Prinzessinnen oder Schiffen die Rede war, in düsteres, unruhiges Brüten versank und dann aufstand und aus dem Fenster blickte oder einen seiner Hunde zu sich rief oder nach einem Messer langte und an einem Stück Zedernholz zu schnitzen begann. Die Ärzte aber waren damals kaum kundiger, als sie es heute sind, und nachdem sie ihm Ruhe und Bewegung, Fasten und reichliche Ernährung, Geselligkeit und Einsamkeit verordnet hatten und, den ganzen Tag im Bett zu bleiben und vierzig Meilen zwischen Mittag- und Abendessen zu reiten, und dazu die üblichen Beruhigungs- und Reizmittel, abwechslungsreicher gemacht, je nachdem es ihnen einfiel, durch Aufgüsse von Molchschleim beim Aufstehn und Absude von Pfauengalle beim Zubettgehn, überließen sie ihn sich selbst und hielten nicht mit ihrer Meinung zurück, er habe eine Woche lang geschlafen.

Doch wenn es Schlaf gewesen war, von welcher Art, so können wir zu fragen kaum unterlassen, ist solch ein Schlaf wie dieser? Ist er ein Heilmittel – eine Trance, in der die verbitterndsten Erinnerungen, Ereignisse, welche dazu angetan scheinen, das Leben auf immer zu verkrüppeln, von einem dunkeln Flügel gestreift werden, der ihre Rauheit glättet und sie, auch die häßlichsten und gemeinsten, mit einem Glanz, einer sanften Glut übergoldet? Muß sich der Finger des Todes von Zeit zu Zeit auf den Tumult des Lebens legen, weil der uns sonst zerrisse? Sind wir so geschaffen, daß wir den Tod täglich in kleinen Mengen zu uns nehmen müssen, weil wir sonst mit dem Geschäft des Lebens nicht weiterkämen? Und dann, was für seltsame Kräfte sind das, welche in unsere geheimsten Gewohnheiten eindringen und unsere geschätztesten Besitztümer verwandeln, ohne daß wir es wollen? War Orlando vielleicht, von dem Übermaß seiner Leiden erschöpft, für eine Woche gestorben und dann wieder zum Leben erwacht? Und wenn dem so war, welchen

Wesens ist der Tod und welchen das Leben? Nachdem wir eine gute halbe Stunde auf eine Antwort auf diese Fragen gewartet haben und keine kam, wollen wir also in unserer Geschichte weitergehn.

Orlando ergab sich nun, wie schon gesagt, einem Leben in äußerster Einsamkeit. Daß er am Hof in Ungnade und sein Gram so heftig war, das war zum Teil der Grund, aber da er keine Anstrengung machte, sich zu verteidigen und selten jemand aufforderte, ihn zu besuchen (wenngleich er viele Freunde hatte, welche das bereitwillig genug getan hätten), hatte es den Anschein, daß es seiner Stimmung zusagte, in dem großen Haus seiner Väter alleinzubleiben. Die Einsamkeit war seine eigene Wahl. Wie er seine Zeit verbrachte, das wußte niemand so recht. Die Dienerschaft – deren er einen ganzen Schwarm hielt und deren Verrichtungen zumeist darin bestanden, unbewohnte Räume zu entstauben und die Überwürfe von Betten zu glätten, in welchen nie jemand schlief, – beobachtete im Abenddunkel, während sie bei ihrem Kuchen und Ale saß, wie ein Licht sich durch die Galerien, durch die Bankettsäle, über die Treppen und in den Schlafzimmern bewegte, und wußte dann, daß ihr Herr das Haus mutterseelenallein durchwanderte. Niemand wagte, ihm zu folgen, denn im Haus geisterten die mannigfaltigsten Gespenster, und bei seiner Weitläufigkeit konnte man sich leicht verirren und entweder über eine Geheimtreppe zu Tode stürzen oder eine Tür öffnen, welche, wenn der Wind sie zuschlüge, sich für immer hinter einem schlösse, – Vorfälle von nicht ungewöhnlichem Vorkommen, wie die häufige Entdeckung menschlicher und tierischer Gerippe in allerlei Verkrümmungen großer Todesqual ersichtlich machte. Wenn sich dann der Lichtschein verlor und Mrs. Grimsditch, die Haushälterin, zu Mr. Dupper, dem Kaplan, sagte, wiesehr sie hoffe, daß Seiner Lordschaft kein schlimmer Zufall begegnet sei, äußerte Mr. Dupper die Meinung, daß zweifellos Seine Lordschaft zwischen den Grabmälern seiner Vorfahren auf den Knien liege (in der Kapelle, welche sich im Billardhof, eine halbe Meile weit weg, auf der Südseite befand). Denn Seine Lordschaft habe Sünden auf dem Gewissen, so befürchtete Mr. Dupper; worauf Mrs. Grimsditch scharf entgegnete, das hätten die meisten von uns; und Mrs. Stewkley und Mrs. Field und die alte Amme Carpenter alle ihre Stimmen zum Lob Seiner Lordschaft erhoben; und Kammerdiener, Stallmeister und Verwalter, alle schwuren, es sei ein wahrer Jammer, einen so feinen Adelsherrn im Haus umhertrübsen zu sehen, wenn er den Fuchs jagen oder den Hirsch hetzen könnte; und sogar die kleinen Wäschermädchen und die Küchenmägde, die Judiths und Peggys, welche die Humpen und Kuchen herumreichten, ihr Zeugnis für Seiner Lordschaft Ritterlichkeit flöteten; denn nie habe es einen gütigeren Herrn gegeben oder einen, der freigebiger wäre mit diesen kleinen Silbermünzen, die einem eine Bandschleife fürs Haar oder ein Kunststräußchen fürs Mieder zu kaufen vermöchten; bis sogar ein Mohrenmädchen, aus dem sie eine Christin machten, indem sie es Grace Robinson nannten, begriff, wovon sie redeten, und seine Zustimmung dazu, daß Seine Lordschaft ein stattlicher, freundlicher und lieber Herr sei, äußerte, und dies auf die einzige Weise, deren es fähig war, will sagen, daß es in einem breiten Grinsen seine sämtlichen Zähne auf einmal sehen ließ. Kurzum, alle, die ihm dienten, ob männlich oder weiblich, waren ihm sehr ergeben und verwünschten die ausländische Prinzessin (sie nannten sie aber mit einem gröberen Namen), welche ihn in diesen Zustand gebracht hatte.

Doch war's auch wahrscheinlich bloß Feigheit oder Vorliebe für gewärmtes Ale, was Mr. Dupper bewog, sich Seine Lordschaft heil und sicher zwischen den Grabmälern vorzustellen, damit er ihn nicht suchen zu gehn brauche, so ist es gleichwohl möglich, daß Mr. Dupper recht hatte. Orlando fand nun einen seltsamen Genuß in Gedanken an Tod und Verwesung, und nachdem er die langen Galerien und die Ballsäle, ein Wachslicht in der Hand, durchschritten und dabei auf ein Porträt nach dem andern geblickt hatte, als suchte er das Konterfei jemands, den er nicht finden konnte, stieg er dann, in der Kapelle, ins Familiengestühl und saß da stundenlang und sah zu, wie die Banner sich im wandernden Mondschein leise regten, und hatte dabei nur eine Fledermaus oder einen Totenkopfschwärmer zur Gesellschaft. Auch das war ihm noch nicht genug, nein, er mußte in die Krypta hinunter, wo, Sarg auf Sarg getürmt, seit zehn Generationen alle miteinander seine Vorfahren lagen. So selten kam jemand hier herunter, daß die Ratten sich Freiheiten mit der Bleilöte erlaubt hatten und nun, als Orlando vorbeiging, ein Schenkelknochen sich in seinen Mantel verfing oder der Schädel eines alten Sir Malise, welcher ihm unter die Füße gerollt war, knackend zerbrach. Es war eine gruselige Gruft, tief unter den Grundmauern des Hauses angelegt, als hätte der erste Lord der Familie, welcher mit dem Eroberer aus der Normandie gekommen war, zu bezeugen gewünscht, wie aller Prunk auf Verwesung gebaut ist; wie unter dem blühenden Fleisch das Gerippe harrt; wie wir, die wir oben tanzen und singen, dereinst unten liegen müssen; der karmesinrote Samt zu Staub zerfällt; der Ring (hier las Orlando, sich über seine Laterne bückend, einen in einen Winkel gerollten Goldreif auf, daraus der Stein fehlte) seinen Rubin verliert und das Auge, das einst so strahlende, nicht mehr leuchtet. »Nichts verbleibt von allen diesen Fürsten«, sagte Orlando, in einer verzeihlichen Übertreibung ihres Rangs schwelgend, »als ein einziger Finger«, und nahm dabei den Überrest einer Hand in die seine und bog die Gelenke hin und her. »Wessen Hand war diese?« setzte er sein Selbstgespräch fort. »War's die rechte oder die linke? Die Hand eines Mannes oder einer Frau? Jung oder alt? Hat sie das Kriegsroß gezügelt oder die Nadel gezückt? Hat sie Rosen gepflückt oder kalten Stahl umgriffen? Hat sie –?« Aber hier ließ ihn seine Vorstellungsgabe im Stich oder, was wahrscheinlicher ist, sie lieferte ihm so viele Beispiele dafür, was eine Hand tun kann, daß er nach seiner Gewohnheit vor der Kardinalmühe dichterischer Komposition, welche die Mühe des Weglassens ist, zurückscheute und er diese Hand zu dem übrigen Gebein legte und dabei daran dachte, daß es einen Schriftsteller namens Thomas Browne gab, einen Arzt in Norwich, dessen Art, über solche Gegenstände zu schreiben, seine Phantasie gar mächtig ergriffen hatte.

Nun nahm er seine Laterne auf, überzeugte sich, daß die Gebeine alle wieder in Ordnung lagen, – denn er war zwar romantisch, aber ausnehmend methodisch veranlagt und verabscheute nichts stärker, als einen Knäuel Bindfaden auf dem Fußboden umherliegen zu sehen, geschweige denn den Schädel eines Ahnen, – und begann wieder dies wunderliche, trübsinnige Durchschreiten der Galerien und suchte dabei etwas auf den Bildern; und dieses Suchen wurde endlich durch einen wahren Krampf von Schluchzern unterbrochen beim Anblick der holländischen Schneelandschaft eines unbekannten Malers. Das Leben schien ihm nicht mehr lebenswert zu sein. Der Gebeine seiner Vorfahren vergessend und, wie das Leben auf das Grab gegründet ist, stand er von Schluchzen geschüttelt, und das alles nur wegen seines Begehrens nach Einer in russischen Hosen, mit schrägen Augen und schmollendem Mund und mit Perlen um den Hals. Sie war von ihm gegangen. Sie hatte ihn verlassen. Er würde sie nie wiedersehen! Und darum schluchzte er. Endlich aber fand er dann den Weg zurück in die eigenen Gemächer; und

Mrs. Grimsditch, die Licht in seinem Fenster sah, setzte den Humpen von den Lippen ab und sagte, gottlob, Seine Lordschaft sei wieder heil in seinem Zimmer; denn sie hatte die ganze Zeit gedacht, er sei heimtückisch ermordet worden.

Orlando zog nun einen Sessel an den Tisch heran, öffnete einen Band der Werke Sir Thomas Brownes und vertiefte sich in die Untersuchung der delikaten Gliederung eines von des Doktors längsten und aufs wunderbarste gewundenen Gedankengängen.

Denn sind dies zwar nicht Dinge, über welche sich ein Biograph mit Nutzen verbreiten kann, ist es doch klar genug für jeden, der je das wahre Teil eines Lesers geleistet hat: aus bloßen, hier und da fallengelassenen Andeutungen den ganzen Umriß und Umfang einer lebendigen Person zusammenzufinden, daraus, was wir nur flüstern, eine lebendige Stimme zu hören; auch oft, wenn wir gar nichts darüber sagen, deutlich zu sehen, wie sie aussah; und, ohne daß ein Wort ihn leite, genau zu wissen, was sie dachte, – und es sind solche Leser, für die wir schreiben, – ist es also einem solchen klar genug, daß Orlando seltsam aus vielen »Humoren« zusammengesetzt war: aus Melancholie, Trägheit, Leidenschaft, Liebe zur Einsamkeit, ganz zu schweigen von allen diesen feinverschlungenen Eigentümlichkeiten des Temperaments, die schon auf der ersten Seite angezeigt wurden, als er auf den Kopf eines toten Mohren einhieb, ihn herunterschnitt, ihn ritterlich außer Reichweite wieder aufhängte und sich dann mit einem Buch auf den Fenstersitz begab. Die Vorliebe für Bücher besaß er schon früh. Als Kind fand man ihn manchmal um Mitternacht noch immer lesend vor einer aufgeschlagenen Seite sitzen. Man nahm ihm die Kerze weg, und er züchtete Glühwürmchen, damit sie seinem Zweck dienten. Man nahm ihm die Glühwürmchen weg, und er brannte mit einem Zündschwamm fast das Haus nieder. Um es in einer Nußschale zusammenzufassen und es den Romanschreibern zu überlassen, die dabei verknitterte Seide zu glätten und alles, was sie umfältelt, hervorzuholen: er war ein von der Liebe zur Literatur befallener Aristokrat. Viele Menschen jener Zeit, und besonders von seinem Rang, entgingen dieser Ansteckung und konnten demnach unbehindert rennen oder reiten oder liebeln. Einige aber wurden frühzeitig durch einen Keim angesteckt, der, wie es heißt, vom Blütenstaub des Asphodelos stammt und aus Griechenland oder Italien hergeweht wird und von so tödlicher Art ist, daß er die zum Schlag erhobene Hand zittern macht, das Auge, das seine Beute sucht, umwölkt und die Zunge eine Liebeserklärung nur stammeln läßt. Es gehört zu der fatalen Natur dieser Krankheit, ein Phantom an die Stelle der Wirklichkeit zu setzen, also daß Orlando, dem Fortuna jegliche Gabe geschenkt hatte – goldenes Geschirr, Linnen, Häuser, Bediente, Teppiche und Betten die Menge – nur ein Buch zu öffnen brauchte, und diese ganze ungeheure Anhäufung verwandelte sich in Dunst. Die neun Joch von Stein, welche sein Haus waren, lösten sich in Luft auf; einhundertundfünfzig im Haus Beschäftigte verschwanden; seine achtzig Reitpferde wurden unsichtbar; es würde zu lange währen, alle die Teppiche, Sofas und Behänge herzuzählen, das Porzellan, das Silber, die kupfernen Kannen und Wärmepfannen und anderen Hausrat, viel davon aus gehämmertem Gold, was alles sich unter dem Miasma verflüchtigte wie ebensoviel Seenebel. Das geschah auch jetzt, und allein mit sich selbst saß Orlando da und las, ein von allem entblößter, ein nackter Mensch.

Die Krankheit bemächtigte sich seiner in solcher Einsamkeit rasch immer mehr. Er las oft sechs Stunden in die Nacht hinein; und wenn seine Leute um Befehle für das Schlachten eines Stücks Vieh oder die Weizenernte zu ihm kamen, schob er seinen Folianten weg und sah sie an, als verstünde er nicht, was zu ihm gesprochen wurde. Das war schlimm genug, und es drückte Hall, dem Falkner, fast das Herz ab, und auch Giles, dem Leibdiener, und Mrs. Grimsditch, der Haushälterin, und Mr. Dupper, dem Kaplan. Ein stattlicher Herr wie er, sagten sie, habe Bücher doch nicht nötig. Er solle das Bücherlesen, sagten sie, den Gichtgeplagten oder den Todkranken überlassen. Aber es sollte noch schlimmer kommen. Denn hat einmal diese Seuche, die Lesesucht, sich im Organismus festgesetzt, schwächt sie ihn so, daß er eine leichte Beute dieser anderen Plage wird, die im Tintenfaß sitzt und im Federkiel schwärt. Der Bedauernswerte gewöhnt sich bald das Schreiben an, und ist das für einen armen Mann, dessen einzige Habe ein Stuhl und ein Tisch unter einem löcherigen Dach sind, schon ein großes Übel – aber er hat schließlich nicht viel zu verlieren – so ist das Elend eines Reichen, der Häuser und Vieh, Mägde, Esel und Linnen besitzt und doch Bücher schreibt, in höchstem Grad bemitleidenswert. Der Geschmack an alledem vergeht ihm; er wird von glühheißen Eisen durchbohrt; von Ungeziefer angenagt; er gäbe jeden Groschen, den er besitzt (so arg ist die Bösartigkeit des Keims), dafür, ein Büchlein geschrieben zu haben und berühmt zu werden; doch alles Gold in Peru erkauft ihm nicht die Köstlichkeit einer gutgedrechselten Zeile. Darum er einer Auszehrung verfällt und hinsiecht und sich zu guter Letzt, das Gesicht zur Wand gekehrt, eine Kugel durch den Kopf schießt. Es kommt ihm nicht darauf an, in welcher Haltung er aufgefunden werde. Er ist durch das Tor des Todes gegangen und hat die Flammen der Hölle gekannt.

Zum Glück war Orlando von einer robusten Verfassung, und (aus Gründen, welche alsbald angegeben werden sollen) brach er nie unter dieser Krankheit zusammen, wie so viele seinesgleichen unter ihr zusammengebrochen sind. Aber er war zuinnerst von ihr befallen, wie sich in der Folge erwies. Denn als er eine Stunde oder länger in Sir Thomas Browne gelesen hatte und das Röhren der Hirsche und der Ruf des Nachtwächters anzeigten, daß es tief in der Nacht war und alles wohlbehalten im Schlaf lag, schritt er durchs Zimmer, nahm einen silbernen Schlüssel aus der Tasche und schloß die Türen eines eingelegten Schränkchens auf, welches dort im Winkel stand. Im Innern zeigten sich fünfzig Laden aus Zedernholz, und eine jede trug ein säuberlich von Orlandos Hand geschriebenes Zettelchen. Er hielt inne, zögerte wie unschlüssig, welche er öffnen solle. Eine war bezeichnet »Der Tod des Ajax«, eine andere »Die Geburt des Pyramus«, eine dritte »Iphigenie in Aulis«, wieder eine »Der Tod des Hyppolitus«, eine »Meleager« und noch eine »Die Rückkehr des Odysseus«. Tatsächlich war da kaum eine einzige Lade, welcher der Name einer in einer Krise ihres Lebenslaufs befindlichen mythologischen Persönlichkeit fehlte. In jeder Lade lag ein Blätterbündel von beträchtlicher Dicke und ganz in Orlandos Handschrift beschrieben. Die Wahrheit ist, daß Orlando schon seit vielen Jahren an dieser Krankheit litt. Nie hatte ein Junge sich Äpfel sosehr erbettelt, wie Orlando Papier; noch Süßigkeiten, wie er Tinte. Er hatte sich von Geplauder und Spiel weggestohlen und sich hinter Vorhängen oder im Priesterversteck oder im ehemaligen Abtritt in der Hinterwand des Schlafzimmers seiner Mutter, welcher ein großes Loch im Boden hatte und jetzt nur noch gräßlich nach Starenmist stank, verborgen, ein Tintenfaß in der einen, einen Federkiel in der andern Hand und einen Stoß Schreibpapiers auf den Knien. So wurden, noch bevor er fünfundzwanzig war, etliche siebenundvierzig Tragödien, Historien, Ritterromane und andere Dichtungen geschrieben; einige in Prosa, einige in Versen; manche auf Französisch, manche auf Italienisch; alle romantisch und alle lang. Eines dieser Werke hatte er von John Ball, unterm Zeichen der Federn und Krone des Prinzen von Wales, gegenüber dem St. Pauls-Kreuz in Cheapside, drucken lassen. Aber gewährte ihm der Anblick desselben zwar größtes Entzücken, hatte er doch nie gewagt, es auch nur seiner Mutter zu zeigen; denn zu schreiben oder gar etwas zu veröffentlichen, war, das wußte er, für einen Adeligen eine unauslöschliche Schmach.

Nun jedoch, da es mitten in der Nacht und er allein war, wählte er aus diesem Repositorium ein dickes Bündel, betitelt »Xenophila, eine Tragödie« oder so ähnlich, und ein dünnes, ganz einfach »Die Eiche« (das war der kürzeste Titel von allen) überschriebenes, und dann schob er das Tintenfaß näher heran, befingerte den Federkiel und vollzog noch andere solche Handlungen, mit denen diejenigen, die diesem Laster verfallen sind, ihre Riten beginnen. Aber er hielt inne.

Weil dieses Innehalten von größter Bedeutsamkeit für seine Lebensgeschichte war, ja von noch größerer als vieles Tun, welches Menschen auf die Knie zwingt und Flüsse rot von Blut färbt, obliegt es uns, uns zu fragen, warum er innehielt; und nach gebührendem Nachdenken zu antworten, daß es aus einem Grund wie dem folgenden geschah. Die Natur, welche uns so viele wunderliche Streiche gespielt und uns so ungleich aus Lehm und Diamant, aus Regenbogen und Granit zusammengesetzt und alles in ein oft ganz unpassendes Gehäuse gezwängt hat – denn der Dichter hat ein Metzgergesicht und der Metzger ein Dichterantlitz – die Natur, welche sich mit Muddel und Mysterium ergötzt, so daß wir eben jetzt (am 1. November 1927) nicht wissen, warum wir ins obere Stockwerk unseres Hauses hinaufgehn oder von dort herunterkommen, und unser alltäglichstes Gehaben der Fahrt eines Schiffs über ein unbekanntes Meer gleicht, wobei der Matrose im Mastkorb, sein Fernrohr auf den Horizont gerichtet, fragt: »Ist dort Land oder ist dort keins?« und wir, wenn wir Propheten sind, die Antwort »Ja« geben und, wenn wir wahrhaft sind, mit »Nein« antworten; die Natur also, welche für so vieles verantwortlich ist, vielleicht auch für die unhandliche Länge dieses Satzes, hat unsere Aufgabe noch verwickelter und unsere Verwirrung noch verworrener gemacht, nicht nur indem sie uns im Innern mit einem wahren Flickensack von diesem und jenem ausstattet, worin ein Stück einer Polizistenhose dicht bei Königin Alexandras Hochzeitsschleier liegt, – sie hat auch bewirkt, daß dieses ganze Sammelsurium mit einem einzigen Faden nur leicht zusammengeheftet ist. Erinnerung war die Näherin, und eine launische obendrein. Erinnerung fährt mit ihrer Nadel ein und aus, hinauf und hinunter, hierhin und dorthin; wir wissen nie, was als nächstes kommt oder was hinterdrein folgt. So kann das gewöhnlichste Tun auf der Welt, wie, sich an einen Tisch zu setzen und das Tintenfaß zu sich heranzuziehen, ein Tausend sonderlicher, zusammenhangloser Stückchen und Fetzchen in Bewegung setzen, welche, bald glänzend, bald matt, baumeln und wippen und wedeln und flattern wie die Unterwäsche einer vierzehnköpfigen Familie an einer Leine in stürmischem Wind. Statt ein einziges sauberes, glattes Stück Arbeit zu sein, dessen sich kein Mensch zu schämen brauchte, sind unsere gewöhnlichsten Handlungen umrandet mit einem Flirren und Flattern von Flügeln, einem Steigen und Sinken von Lichtern.

So war es auch mit Orlando, der, als er seine Feder in die Tinte tauchen wollte, das spöttische Gesicht der ihm verlorenen Prinzessin vor sich sah und sich sogleich ein Tausend Fragen stellte, welche wie in Galle getauchte Pfeile waren: Wo war sie? Und warum hatte sie ihn verlassen? War der Gesandte ihr Onkel oder ihr Liebhaber? Hatten sie ein Komplott geschmiedet? War sie gezwungen worden? War sie verheiratet? War sie tot? – und sie alle trieben ihr Gift sosehr in ihn hinein, daß er, wie um seiner Seelenqual irgendwie Luft zu machen, die Kielfeder tief ins Tintenfaß stieß und die Tinte über den ganzen Tisch verspritzte, was, erkläre man es, wie man mag (und vielleicht ist keine Erklärung möglich – das Gedächtnis ist etwas Unerklärliches), sogleich an die Stelle des Gesichts der Prinzessin eines von ganz anderer Art setzte. Aber wessen Gesicht? fragte er sich. Und er mußte warten, vielleicht eine halbe Minute, während er auf das neue Gesicht blickte, hinter dem noch eine Weile das alte verharrte, wie ein *Laterna-magica*-Bild noch halb durch das nächste sichtbar bleibt, bevor er sich dann zu sagen vermochte: »Das ist das Gesicht jenes dicklichen, ziemlich schäbig gekleideten Mannes, der in Twitchetts Zimmer saß, vor so vielen Jahren, als die alte Königin Bess zum Abendessen kam. Und da sah ich ihn«, erinnerte sich Orlando, nach einem anderen dieser kleinen farbigen Fetzchen haschend, weiter, »am Tisch sitzen, als ich im Hinuntergehn hineinblickte, und er hatte die erstaunlichsten Augen, die ich je gesehen habe. Aber wer, zum Teufel, war er?« fragte sich Orlando, denn hier fügte seine Erinnerung der Stirn und den Augen zuerst eine grobe, fettfleckige Halskrause hinzu, dann ein braunes Wams und schließlich ein Paar derber Stiefel, wie die Bürger in Cheapside sie trugen. »Kein Edelmann; nicht einer von uns«, sagte sich Orlando (und hätte dies nie laut gesagt, denn er war der denkbar höflichste Herr; doch zeigt es, welche Wirkung adelige Geburt auf die Denkweise hat, und nebenbei, wie schwierig es für einen Adeligen ist, ein Schriftsteller zu sein), »sondern ein Dichter, wage ich zu behaupten.«

Allen Gesetzen nach hätte Erinnerung, nachdem sie ihn genügend verstört hatte, nun das Ganze völlig auslöschen oder etwas so Sinnloses und so nicht dazu Stimmendes – wie einen eine Katze jagenden Hund oder eine sich in ein rotes Baumwolltuch schneuzende alte Frau – heraufholen sollen, daß Orlando, daran verzweifelnd, mit ihr Schritt zu halten, seine Feder jetzt im Ernst aufs Papier gesetzt hätte. (Denn wir können, wenn wir die Entschlossenheit dazu haben, die Dirne Erinnerung samt ihrem ganzen Anhang von Gesindel aus dem Haus weisen.) Orlando aber zögerte auch jetzt noch. Erinnerung hielt ihm noch immer das Bild des schäbig gekleideten Mannes mit den großen, hellen Augen vor. Und noch immer blickte er darauf, noch immer dauerte die Pause.

Solche Pausen sind unser Verhängnis. Da dringt Abtrünnigkeit in die Festung ein, und unsere Truppen beginnen zu meutern. Schon einmal hatte er so innegehalten, und die Liebe mit ihrem furchtbaren rasenden Schwarm, ihren Schalmeien und Zymbeln und den blutverkrusteten Locken von den Schultern gerissener Köpfe war auf ihn eingestürmt. Liebe hatte ihn die Qualen der Verdammten leiden lassen. Abermals hielt er nun inne, und in die so geschlagene Bresche sprangen Ehrgeiz, der Sklaventreiber, und Poesie, die Hexe, und Ruhmsucht, die Metze; alle reichten sie einander die Hände und machten aus seinem Herzen ihren Tanzboden. Hochaufgerichtet stand er in der Einsamkeit seines Zimmers und gelobte sich, der erste Dichter seines Hauses zu werden und seinen Namen mit unsterblichem Glanz zu umgeben. Er sagte sich (die Namen und Taten seiner Vorfahren herzählend), daß Sir Boris die Heiden bekämpft und ihrer viele getötet hatte; Sir Gawain die Türken; Sir Miles die Polen; Sir Andrew die Franken; Sir Richard die Österreicher; Sir Jordan die Franzosen; und Sir Herbert die Spanier; aber von all diesem Kämpfen und Töten, diesem Trinken und Lieben, diesem Tafeln und Prassen und Reiten und Jagen, was war geblieben? Ein Totenschädel; ein Knochenfinger. Wogegen, sagte er sich, wieder auf die Seite in Sir Thomas Browne blickend, welche aufgeschlagen vor ihm lag, – und nochmals hielt er inne. Wie eine aus allen Winkeln des

Zimmers, aus dem Nachtwind und dem Mondlicht aufsteigende Beschwörung rollte die göttliche Melodie dieser Sätze einher – welche wir aber, damit sie nicht diese unsere Seite zwingen, beschämt den Blick zu senken, lassen wollen, wo sie in ihrer Gruft liegen, nicht tot, eher einbalsamiert, so frisch ist ihre Farbe, so gesund ihr Atem, – und Orlando, der sie mit den Leistungen seiner Vorfahren verglich, entrang sich der Ausruf, daß diese samt ihren Taten Staub und Asche, jener Mann aber und seine Werke unsterblich seien.

Er wurde jedoch bald gewahr, daß die Schlachten, die Sir Miles und die übrigen gegen gepanzerte Ritter geschlagen hatten, um ein Königreich zu gewinnen, nicht halb so hart wie diese Kämpfe waren, die er nun, um sich Unsterblichkeit zu gewinnen, mit der englischen Sprache führte. Keinem, der mit der Plackerei des Dichtens auch nur mäßig vertraut ist, braucht die Geschichte im einzelnen erzählt zu werden: wie er schrieb, und es ihn gut dünkte; las, und es ihm erbärmlich zu sein schien; verbesserte und zerriß; ausstrich; einfügte; in Ekstase geriet; in Verzweiflung geriet; seine guten Abende und bösen Morgen hatte; nach Gedanken haschte, und sie ihm entglitten; seiner Gestalten Rollen agierte, während er aß; an ihnen kaute, während er umherging; bald weinte, bald lachte; zwischen diesem und jenem Stil schwankte; jetzt den heroischen und prunkvollen vorzog und jetzt den schlichten und einfachen; bald das Tempe-Tal, bald die Gefilde von Kent oder Cornwall; und sich nicht klarzuwerden vermochte, ob er das göttlichste Genie oder der törichtste Tor auf Erden sei.

Um diese letzte Frage zu entscheiden, entschloß er sich nach vielen Monaten solchen fieberhaften Bemühens, die Einsamkeit von Jahren zu unterbrechen und Zwiesprache mit der Außenwelt zu beginnen. Er hatte einen Freund in London, einen gewissen Giles Isham aus Norfolk, der zwar wohlgeboren war, aber mit Schriftstellern Umgang hatte und ihn zweifellos mit einem Mitglied dieser begnadeten, ja gesegneten Bruderschaft in Verbindung bringen könnte. Denn für Orlando, in seinem gegenwärtigen Zustand, war ein Glorienschein um einen Mann, der ein Buch geschrieben und es gar gedruckt gesehen hatte; ein Glorienschein, der allen Glanz des Geblüts und des Standes überstrahlte. Seiner Einbildung schien es, daß sogar die Leiber, welchen solche göttliche Gedanken innewohnten, verklärt sein mußten. Statt Haaren mußten sie Strahlenkränze, als Atem Weihrauchwolken haben, und Rosen mußten zwischen ihren Lippen sprießen, was gewiß weder auf ihn selbst noch auf Mr. Dupper zutraf. Er konnte sich keine größere Glückseligkeit denken, als hinter einem Vorhang sitzen und ihre Gespräche mitanhören zu dürfen. Schon die Vorstellung von diesen kühnen und abwechslungsreichen Reden ließ alles, wovon er und seine Freunde am Hof zumeist geredet hatten – Hunde, Pferde, Weiber, Karten – als äußerst roh erscheinen. Er dachte mit Stolz daran, daß er immer ein der Gelehrsamkeit Beflissener genannt und ob seiner Vorliebe für Einsamkeit und Bücher verspottet worden war. Er war nie geschickt im Drechseln hübscher Phrasen gewesen. Er stand meist stockstill, errötete und schritt wie ein junger Grenadier im Salon einer Dame. Er war zweimal in reiner Geistesabwesenheit vom Pferd gefallen. Er hatte einmal Lady Winchilseas Fächer zerbrochen, während er einen Vers erdachte. Als er sich nun eifrig diese und andere Beispiele seiner Untauglichkeit für das gesellschaftliche Leben ins Gedächtnis rief, ergriff ihn eine unaussprechliche Hoffnung, daß dieses ganze Wirrsal seiner Jugend, seine Unbeholfenheit, sein häufiges Erröten, seine langen, einsamen Wanderungen und seine Vorliebe für das Landleben bewiesen, er selbst gehöre eher jenem geheiligten als dem adeligen Schlag an – sei von Geburt mehr Schriftsteller denn Aristokrat. Und zum erstenmal seit der Nacht der großen Überschwemmung war er glücklich.

Nun betraute er Mr. Isham aus Norfolk damit, einem Mr. Nicholas Greene in Clifford's Inn ein Schreiben zu übergeben, das seine Bewunderung für dessen Werke aussprach (denn Nick Greene war zu dieser Zeit ein sehr berühmter Schriftsteller) und dazu den Wunsch, seine Bekanntschaft zu machen; den er kaum zu äußern wage, denn er habe nichts als Gegengabe zu bieten. Aber wenn Mr. Nicholas Greene sich herbeiließe, ihn zu besuchen, werde ein vierspänniger Wagen an der Ecke der Fetter Lane sein, wann immer es Mr. Greene genehm wäre, und ihn heil und sicher auf Orlandos Landsitz bringen. Man kann sich die Sätze denken, die noch folgten; und sich Orlandos Entzücken vorstellen, als nach nicht langer Zeit Mr. Greene seine Annahme der Einladung des edlen Lords kundgab; seinen Platz in der Karosse einnahm und pünktlich um sieben Uhr abends am Montag, dem 21. April, vor der Halle an der Südseite des Hauses abgesetzt wurde. Viele Könige, Königinnen und Gesandte waren hier empfangen worden. Richter hatten hier in ihrem Hermelin gestanden; die schönsten Damen des Landes hatten sich hier eingefunden; und die grimmigsten Kriegshelden. Banner hingen hier, welche bei Flodden und bei Agincourt geflattert hatten. Hier sah man die gemalten Wappenschilder mit ihren Löwen, ihren Leoparden, ihren Kronen. Hier standen die langen Tische, auf welchen das goldene und silberne Geschirr zur Schau gestellt war. Und hier befand sich der große offene Kamin von gemeißeltem italienischem Marmor, wo allnächtlich ein ganzer Eichbaum mit seinen Millionen von Blättern und seinen Nestern von Krähen und Zaunkönigen zu Asche verbrannte. Jetzt stand hier Nicholas Greene, der Dichter, schlicht gekleidet, in Schlapphut und schwarzem Wams, ein kleines Felleisen in der Hand.

Daß Orlando, als er herbeieilte, ihn zu begrüßen, ein wenig Enttäuschung fühlte, war unvermeidlich. Der Dichter war nicht über Mittelgröße; und von unansehnlicher Gestalt, hager und ein wenig gebeugt; als er beim Nähertreten über die Bulldogge stolperte, schnappte der Hund nach ihm; dazu kam, daß Orlando bei all seiner Menschenkenntnis doch nicht recht wußte, wohin er ihn einreihen sollte. Es war etwas an dem Mann, das weder zu einem Bedienten noch zu einem Freisassen noch zu einem Adeligen paßte. Der Kopf mit der gewölbten Stirn und der Hakennase sah gut aus, aber das Kinn sprang zurück. Die Augen hatten Feuer, aber die Lippen hingen schlaff und sabberten. Es war jedoch der Ausdruck des Gesichts im ganzen, was beunruhigend wirkte. Es fand sich darin nichts von der vornehmen Gelassenheit, welche die Gesichter des Adels so angenehm anzusehen machte; noch hatte es etwas von der würdevollen Dienstbeflissenheit eines gut abgerichteten Domestiken; es war ein gefurchtes, faltiges, verkniffenes Gesicht. War er wohl ein Dichter, so schien er mehr gewohnt zu schimpfen als zu schmeicheln; zu keifen als zu kosen; zu krabbeln als zu reiten; sich zu rackern als zu ruhen; zu hassen als zu lieben. Das alles war an der Fahrigkeit seiner Bewegungen zu erkennen und an etwas Hitzigem und Argwöhnischem in seinem Blick. Orlando war einigermaßen betroffen. Aber er geleitete ihn nun zu Tisch.

Hier schämte sich Orlando, der solche Dinge gewöhnlich für gegeben nahm, zum erstenmal und ihm unerklärlicher Weise, der Zahl seiner Bedienten und der Pracht seiner Tafel. Noch seltsamer, er gedachte mit Stolz – denn gewöhnlich war die Erinnerung ihm widerwärtig – jener Urgroßmutter Molly, die einst Kühe gemolken hatte. Er war nahe daran, das Gespräch irgendwie auf diese Frau von bescheidener Herkunft und auf ihre Milcheimer zu bringen, als der Dichter ihm zuvorkam und sagte, es sei, da doch der Name Greene sich hierzulande so häufig und als ganz gewöhnlicher finde, merkwürdig, daß die Familie schon mit dem Eroberer herübergekommen sei und in Frankreich zum höchsten Adel gehöre. Leider sei es mit ihr in der Welt bergab gegangen und sie habe nicht viel mehr getan, als ihren Namen dem königlichen Burgflecken Greenwich zu hinterlassen. Weiteres Gerede derselben Art, über verlorene Schlösser, über Wappen, über Vettern, welche im Norden Freiherren seien, Verschwägerungen mit adeligen Familien im Westen und darüber, wie einige Greene ihren Namen mit einem *e* am Ende und andere ohne eines schrieben, währte, bis das Wildbret auf dem Tisch stand. Da gelang es Orlando, etwas über Großmutter Molly und ihre Kühe zu sagen, und er hatte sein Herz von dieser Last ein wenig erleichtert, bevor das Wildgeflügel aufgetragen wurde. Aber nicht eher, als bis der Malvasier schon fleißig von Hand zu Hand gegangen war, getraute sich Orlando zu erwähnen, was er nun einmal für wichtiger als die Green oder Greene oder Kühe hielt; will sagen, das geheiligte Thema Poesie. Bei der ersten Nennung des Worts sprühten die Augen des Dichters Feuer; er ließ sein bisheriges Gehaben eines wohlgeborenen Mannes fallen, setzte sein Glas hart auf den Tisch und stürzte sich in eine der längsten, verwickeltsten, leidenschaftlichsten und bittersten Geschichten, die Orlando je, es wäre denn von den Lippen einer verschmähten Frau, zu hören bekommen hatte, nämlich über ein von seinem Gast geschriebenes Stück und über einen anderen Dichter und einen Kritiker. Über das Wesen der Poesie selbst konnte Orlando daraus nur entnehmen, daß sie schwerer verkäuflich sei als Prosa und die Zeilen zwar kürzer seien, aber längere Zeit zum Schreiben erforderten. So ging das Gerede mit unendlichen Verzweigungen weiter, bis Orlando anzudeuten wagte, daß er selbst so unbesonnen gewesen sei, zu schreiben, – da aber sprang der Dichter von seinem Sessel auf. Eine Maus habe hinter der Wandtäfelung gequiekt, rief er. Die Wahrheit sei, erklärte er, seine Nerven befänden sich in einem Zustand, wo das Quieken einer Maus sie für zwei Wochen verstöre. Zweifellos war das Haus voller Geziefer, aber Orlando hatte nichts gehört. Der Dichter ließ Orlando dann die vollständige Geschichte seines Gesundheitszustands während der letzten ungefähr zehn Jahre wissen. Der war so schlecht gewesen, daß man sich nur wundern konnte, er lebe noch. Er hatte hintereinander einen Schlagfluß, die Gicht, die Bleichsucht, die Wassersucht und die drei Arten von Fieber gehabt; wozu er noch obendrein an einem erweiterten Herzen, einer vergrößerten Milz und einer geschrumpften Leber litt. Vor allem aber habe er, so erzählte er Orlando, Empfindungen im Rückgrat, welche jeder Beschreibung spotteten. Da sei ein Wirbel, ungefähr der dritte von oben, der wie Feuer brenne; ein anderer, etwa der zweite von unten, sei so kalt wie Eis. Manchmal erwache er mit einem Gehirn wie Blei; zu anderen Zeiten sei ihm, als würden in ihm tausend Wachskerzen flammen und ein Feuerwerk abgebrannt. Er könne ein Rosenblatt durch seine Matratze hindurch spüren, sagte er, und könne sich in London fast nach dem Gefühl der Pflastersteine unter seinen Sohlen zurechtfinden. Er sei ganz und gar ein so feingearbeitetes und so merkwürdig zusammengesetztes Stück Maschinerie (hier hob er wie unbewußt die Hand, und sie war in der Tat von der denkbar feinstgeformten Gestalt), daß ihn der Gedanke völlig sprachlos mache, es hätten sich nur fünfhundert Exemplare seiner Gedichte verkauft, aber das sei natürlich größtenteils auf diese Verschwörung gegen ihn zurückzuführen. Er könne nur sagen, so schloß er, mit der Faust auf den Tisch schlagend, die Dichtkunst in England sei tot.

Wie das sein könne, da doch gegenwärtig Shakespeare, Marlowe, Ben Jonson, Browne, Donne alle schrieben oder noch vor kurzem geschrieben hatten, das vermochte sich Orlando, der die Namen seiner Lieblingshelden aufzählte, nicht zu denken.

Greene lachte sardonisch. Shakespeare, so gab er zu, habe Szenen geschrieben, welche recht gut seien; er habe sie aber größtenteils von Marlowe genommen. Marlowe sei kein übler Bursche, aber was könne man schließlich über einen jungen Kerl sagen, der, bevor er dreißig geworden, gestorben sei? Und was Browne betreffe, so habe der getrachtet, Poesie in Prosa zu schreiben, und die Leute bekämen solche Eitelkeiten wie diese bald satt. Donne sei ein Possenreißer, der seinen Mangel an Sinn in Schwerverständlichkeit wickle. Einfaltspinsel ließen sich davon täuschen; aber dieser Stil werde binnen zwölf Monaten aus der Mode sein. Und Ben Jonson – Ben Jonson sei ein Freund von ihm, und er spreche nie schlecht von Freunden.

Nein, schloß er, das große Zeitalter der Literatur sei vorbei; das große Zeitalter der Literatur sei das griechische gewesen. Das elisabethanische stehe in jeder Hinsicht dem griechischen nach. In einem wahrhaft großen Zeitalter hegten die Menschen ein göttliches Streben nach etwas, das er *la gloire* nennen möchte (er sprach es Glaur aus, so daß Orlando den Sinn zunächst nicht zu erfassen vermochte). Heute ständen alle Schriftsteller im Solde der Verlagsbuchhändler und speiten jede Art von Schund aus, die sich verkaufen lasse. Shakespeare sei darin der größte Missetäter, und Shakespeare zahle bereits die Strafe dafür. Ihre eigene Zeit sei, so sagte er, durch gesuchte Wortbilder und wilde Experimente gekennzeichnet – was keins von beiden die Griechen auch nur für einen Augenblick geduldet hätten. Sosehr es ihn schmerze, so etwas sagen zu müssen, – denn er liebe die Literatur und er liebe sein Leben – er könne nichts Gutes in der Gegenwart sehen und habe keine Hoffnung für die Zukunft. Hier schenkte er sich noch ein Glas Wein ein.

Orlando war tief entrüstet über diese Behauptungen; es entging ihm jedoch nicht, daß der Kritiker selbst keineswegs niedergeschlagen zu sein schien; im Gegenteil, je mehr er seine eigene Zeit heruntermachte, desto selbstzufriedener wurde er. Er könne sich, sagte er, eines Abends in der Taverne »Zum Hahn« in der Fleet Street erinnern, an welchem Kit Marlowe und einige andere zugegen gewesen seien. Kit sei sehr aufgemutzt gewesen, schon ziemlich betrunken, was leicht vorgekommen sei, und in einer Stimmung, dummes Zeug zu reden. Er könne ihn jetzt noch vor sich sehen, wie er sein Glas gegen die Gesellschaft hin geschwungen und hervorgerülpst habe: »Verstopf sich mir's Gedärm, Bill!« (Dies zu Shakespeare.) »Es ist eine große Welle im Kommen, und du schwimmst obenauf.« Womit er gemeint habe, erklärte Greene, sie ständen an der Schwelle eines großen Zeitalters der englischen Literatur und Shakespeare werde ein Dichter von einiger Bedeutung sein. Zum Glück für ihn sei er ein paar Nächte später bei einem Raufhandel Betrunkener erstochen worden und habe es so nicht mehr erlebt, zu sehen, was aus seiner Voraussage geworden sei. »Armer, närrischer Bursche!« sagte Greene. »Herzugehn und so etwas zu sagen! Ein großes Zeitalter, wahrhaftig! Das elisabethanische ein großes Zeitalter!«

»Darum, mein werter Lord«, fuhr er fort, setzte sich behaglich in seinem Lehnstuhl zurecht und drehte den Stengel des Weinglases zwischen den Fingern, »müssen wir uns so gut wir können damit abfinden und die Vergangenheit hochhalten und diejenigen Schriftsteller ehren – es sind noch einige wenige von ihnen übrig – die sich die Vergangenheit zum Vorbild nehmen und nicht um der Bezahlung, sondern der Glaur willen schreiben.« (Orlando hätte ihm eine bessere Aussprache wünschen mögen.) »Glaur«, sagte Greene, »ist der Ansporn edler Geister. Hätte ich eine jährliche Rente von dreihundert Pfund, viertelsweise ausbezahlt, ich lebte nur für die Glaur allein. Ich läge jeden Vormittag im Bett und läse Cicero. Ich würde seinen Stil so nachahmen, daß man den Unterschied zwischen uns nicht zu erkennen vermöchte. Das ist's, was ich schön schreiben nenne«, sagte Greene. »Das ist's, was ich Glaur gewinnen nenne. Aber man muß eine Rente haben, um es tun zu können.«

Hier hatte Orlando bereits alle Hoffnung aufgegeben, seine eigenen Werke mit dem Dichter zu besprechen; doch darauf kam es um so weniger an, als das Gespräch sich nun dem Leben und dem Charakter Shakespeares, Ben Jonsons und der übrigen zuwandte, welche alle Greene vertraut gekannt hatte und tausend der unterhaltsamsten Anekdoten über sie zu erzählen wußte. Orlando hatte nie in seinem Leben so viel gelacht. Diese also waren seine Götter! Die Hälfte von ihnen war dauernd betrunken, und alle waren sie liebessüchtig; die meisten von ihnen zankten sich mit ihren Frauen, kein einziger war über Lügen oder Ränke der erbärmlichsten Art erhaben. Ihre Dichtungen wurden oft auf die Rückseite von Wäscherechnungen hingekritzelt, an der Haustür, den Kopf des wartenden Druckerlaufburschen als Unterlage. So war *Hamlet* zum Druck befördert worden, so *Lear*, so *Othello*. Kein Wunder, daß diese Dramen, wie Greene sagte, die Fehler aufwiesen, die sie eben hatten. Die übrige Zeit wurde bei Gelagen und Lustbarkeiten in Weinstuben und Biergärten verbracht, wo Aussprüche getan wurden, welche an Witzigkeit allen Glauben überstiegen, und Possen getrieben wurden, welche die tollsten Streiche der Höflinge dagegen verblassen ließen. Das alles erzählte Greene mit einem Schwung, der Orlando in das höchste Entzücken versetzte. Greene besaß eine Gabe der Nachahmung, die die Toten lebendig machte, und konnte aufs schönste über Bücher sprechen, vorausgesetzt, sie waren vor dreihundert Jahren geschrieben worden.

So vergingen die Tage, und Orlando empfand für seinen Gast eine seltsame Mischung von Wohlgefallen und Verachtung, von Bewunderung und Bedauern; und auch etwas zu Unbestimmtes, als daß man es mit irgendeinem Namen hätte benennen können, das aber etwas von Furcht in sich barg, und auch etwas von Faszination. Greene redete unaufhörlich von sich selbst und war doch ein so guter Gesellschafter, daß man der Geschichte von seinem Wechselfieber ewig lauschen mochte. Und dann war er auch so witzig, so ehrfurchtslos, nahm sich solche Freiheiten mit dem Namen Gottes, mit dem Namen Weib; steckte voller wunderlicher Künste und hatte so viel seltsame Volksweisheit im Kopf; konnte Salat auf dreihunderterlei Weise zubereiten; wußte alles, was es über das Mischen von Weinen zu wissen gab; spielte auf einem halben Dutzend musikalischer Instrumente und war der erste und vielleicht der letzte, welcher in dem großen italienischen Kamin Käsebrote röstete. Daß er eine Geranie nicht von einer Nelke unterscheiden konnte, eine Eiche nicht von einer Birke, einen Bullenbeißer nicht von einem Windspiel, einen Jungwidder nicht von einer Aa, Weizen nicht von Gerste, Sturzäcker nicht von Brachland; keine Ahnung von der Fruchtfolge hatte; glaubte, Orangen wüchsen unterirdisch und Rüben auf Bäumen; jede städtische jeder ländlichen Umgebung vorzog – das alles und noch viel mehr setzte Orlando in Verwunderung, der noch nie einem solchen Menschen begegnet war. Sogar die Mägde, welche ihn sonst verachteten, kicherten über seine Witze. Und die Bedienten, welche ihn haßten, verweilten sich, um seinen Geschichtchen zuzuhören. Das Haus war tatsächlich nie so lebhaft gewesen, wie seit er hier war, – was alles Orlando ein gut Teil zu denken gab und ihn veranlaßte, diese Lebensweise mit der alten zu vergleichen. Er erinnerte sich der Art von Gesprächen, die er früher gewohnt gewesen war: über den Schlaganfall des Königs von Spanien oder das Belegenlassen einer Hündin; er erinnerte sich, wie der Tag zwischen den Stallungen und dem Ankleidekabinett vergangen war; wie die Lords über ihrem Wein geschnarcht und jeden gehaßt hatten, der sie aufweckte; wie tätig und wacker sie leiblich gewesen waren, wie träge und furchtsam im Geist. Beunruhigt von diesen Gedanken und unfähig, da ein richtiges Gleichgewicht zu finden, kam er zu dem Schluß, daß er einen Plagegeist der Unruhe in sein Haus eingelassen hatte, der ihn nimmer friedlich schlafen ließe.

Im selben Augenblick kam Nick Greene zu dem genau entgegengesetzten Schluß. Wie er so eines Morgens im Bett lag, auf den weichsten Kissen, zwischen dem glattesten Linnen, und durch das Erkerfenster auf den Rasen blickte, welcher seit dreihundert Jahren keinen Löwenzahn und keinen Sauerampfer gekannt hatte, dachte er, daß er hier, wenn ihm nicht irgendwie die Flucht gelänge, lebendig ersticken müßte. Während er aus dem Bett stieg und die Tauben gurren, sich ankleidete und die Springbrunnen plätschern hörte, vermeinte er, er würde, wenn er nicht bald die Frachtwagen über die Katzenköpfe der Fleet Street poltern hörte, nie wieder eine Zeile schreiben. Wenn das noch länger so fortgehe, dachte er, als er nebenan die Diener im Kamin Holzscheite nachlegen und den Tisch mit Silbertellern decken hörte, werde er einschlafen (hier ließ er ein überlautes Gähnen vernehmen) und im Schlaf sterben.

Also suchte er Orlando in dessen Zimmer auf und erklärte, er habe die ganze Nacht kein Auge schließen können wegen der Stille. (Und tatsächlich war das Haus von einem Park umgeben, der fünfzehn Meilen im Umfang maß, und von einer zehn Fuß hohen Mauer.) Stille, so sagte er, sei für seine Nerven das Allerbedrückendste. Er wolle mit Orlandos Erlaubnis seinen Besuch noch heute vormittag enden. Orlando empfand einige Erleichterung darüber, jedoch auch großes Widerstreben, ihn ziehen zu lassen. Das Haus, dachte er, werde ohne ihn sehr verödet sein. Erst beim Abschied (denn er hatte bisher der Sache nie gern Erwähnung tun wollen), brachte er die Kühnheit auf, sein Trauerspiel vom Tod des Herakles dem Dichter in die Hand zu drücken und dessen Meinung darüber zu erbitten. Der nahm es; murmelte etwas von Glaur und Cicero, was Orlando dadurch abschnitt, daß er versprach, die Rente vierteljährlich zu zahlen; worauf Greene, unter vielen Beteuerungen ergebener Zuneigung, in den Wagen sprang und dahin war.

Die große Halle war Orlando noch nie so weiträumig, so prunkvoll und so leer vorgekommen wie beim Verklingen des Räderrollens. Er wußte, daß er nie das Herz hätte, jemals wieder in dem italienischen Kamin Käsebrote zu rösten. Er würde nie so geistreich sein, Witze über italienische Bilder machen zu können; nie die Geschicklichkeit besitzen, Punsch zu brauen, wie er gebraut werden sollte; und ein Tausend guter Stichelreden und Schnurren würden ihm entgehn. Doch welch eine Erlösung, außer Hörweite dieser Querulantenstimme zu sein! Welche Wonne, wieder allein zu sein! konnte er sich nicht enthalten, sich zu sagen, während er die Bulldogge befreite, die diese sechs Wochen lang angekettet gewesen war, weil sie den Dichter nie erblickt hatte, ohne nach ihm zu schnappen.

Nick Greene wurde noch am selben Nachmittag an der Ecke der Fetter Lane abgesetzt und fand, daß daheim alles noch so ziemlich so weiterging, wie er es verlassen hatte. Mrs. Greene, soll das heißen, brachte in dem einen Zimmer ein Kind zur Welt; Tom Fletcher trank Genever in einem andern; Bücher lagen überall auf dem Boden umher; das Abendessen – soweit es eins war – wurde auf einem Ankleidetisch aufgetragen, auf dem die Kinder Schlammkuchen gebacken hatten. Dies aber, so fühlte Greene, war die richtige Atmosphäre zum Schreiben; hier konnte er schreiben, und das tat er denn auch. Das Thema hatte sich ihm förmlich aufgedrängt. Ein edler Lord daheim – Besuch bei einem hochadeligen Herrn auf dem Lande: irgendeinen solchen Titel sollte seine neue Dichtung tragen. Die Feder ergreifend, mit welcher sein kleiner Junge die Katze an den Ohren kitzelte, und sie in den Eierbecher, der als Tintenfaß diente, eintauchend, schrieb Greene auf der Stelle eine sehr muntere Satire hin. Sie war so treffend verfaßt, daß niemand zweifeln konnte, wer der junge Lord sei, der da gehechelt wurde; sogar seine ganz privaten Aussprüche und Handlungen, seine Schwärmereien und Torheiten, ja die genaue Farbe seiner Haare und die fremdländische Art, seine *r* zu rollen, waren lebensgetreu hier festgehalten. Und hätte irgendein Zweifel daran aufkommen können, besiegelte Greene die Sache damit, daß er fast ohne jede Veränderung Stellen aus der aristokratischen Tragödie »Der Tod des Herakles« einfügte, welche er, wie erwartet, äußerst weitschweifig und bombastisch gefunden hatte.

Dieses kleine Pasquill, das sehr schnell mehrere Auflagen erlebte und die Kosten von Mrs. Greenes zehntem Wochenbett deckte, wurde alsbald von Freunden, welche sich solcher Dinge gern annehmen, an Orlando gesandt. Als er es gelesen hatte, was er von Anfang bis Ende mit todernster Gefaßtheit tat, klingelte er seinem Kammerdiener; händigte ihm das Schriftchen, das er mit einer langen Feuerzange gefaßt hatte, ein und hieß ihn, es im Wirtschaftshof auf die schmutzigste Stelle des faulendsten Misthaufens zu werfen. Dann, als der

Mann sich schon zum Gehn wandte, rief er ihn zurück: »Nimm das schnellste Pferd aus dem Stall«, sagte er, »und reite wie ums liebe Leben nach Harwich. Da schiffe dich auf dem nächsten Segler ein, der nach Norwegen in See geht. Kaufe für mich dort aus des Königs eigenem Zwinger die schönsten Elchhunde von der königlichen Zucht, einen Rüden und eine Petze, und bringe sie ohne Verzug hierher. Denn«, murmelte er kaum lauter als ein Hauch, während er sich wieder seinen Büchern zuwandte, »mit den Menschen bin ich fertig.«

Der Diener, welcher in seinen Pflichten aufs beste geschult war, verneigte sich und ging. Er erfüllte seine Aufgabe so tüchtig, daß er jenen Tag über drei Wochen schon zurück war und ein Paar der edelsten Elchhunde an der Leine führte, von welchen die Hündin noch selbigen Abends unter dem Eßtisch einem Wurf von acht schönen Welpen das Leben schenkte. Orlando ließ sie sich in sein Schlafzimmer bringen.

»Denn«, sagte er, »mit den Menschen bin ich fertig.«

Die Rente jedoch zahlte er vierteljährlich.

So hatte also im Alter von dreißig oder noch nicht dreißig Jahren dieser junge Adelige nicht nur alle Erfahrungen gemacht, die das Leben zu bieten hat, sondern hatte auch die Wertlosigkeit dieser aller erkannt. Liebe und Ehrgeiz, Frauen und Dichter, alle waren sie gleichermaßen eitel. Die Literatur war eine Posse. Noch am Abend des selbigen Tags, an dem er Greenes »Besuch bei einem adeligen Herrn auf dem Lande« gelesen hatte, verbrannte er in einem großen Feuer in seinem Kamin siebenundvierzig poetische Werke und behielt bloß »Die Eiche«, welche sein Knabentraum und sehr kurz war. Nur zwei Dinge blieben ihm, in welche er noch einiges Vertrauen setzte: Hunde und die Natur; zwei Elchhunde und ein Rosenstrauch, dazu waren ihm die Welt in all ihrer Mannigfaltigkeit, das Leben in all seiner Vielgestalt zusammengeschrumpft. Ein Paar Hunde und ein Strauch waren nun sein Alles. Sich solcherweise eines gewaltigen Bergs von Illusionen ledig und daher sehr nackt fühlend, rief er seinen Hunden und durchstreifte den Park.

So lange hatte er schreibend und lesend sich eingeschlossen gehalten, daß er die Freuden der Natur fast vergessen hatte, welche im Juni fürwahr sehr groß sein können. Als er den hohen Bühel erreichte, von dem an klaren Tagen halb England samt einem Stück von Wales und von Schottland sichtbar war, warf er sich unter seiner Lieblingseiche mit dem Gefühl ins Gras, er könnte, wenn er, solange er lebte, nie wieder zu irgendeinem Menschen zu sprechen brauchte; wenn seine Hunde nicht die Fähigkeit zu sprechen entwikkelten; und wenn er nie wieder einem Dichter oder einer Prinzessin begegnete, vielleicht doch, was an Jahren ihm noch bliebe, in erträglicher Zufriedenheit vollenden.

Hierher kam er nun Tag auf Tag, Woche auf Woche, Monat auf Monat, Jahr auf Jahr. Er sah die Buchen sich golden färben und die jungen Farnwedel sich entfalten; er sah den Mond als Sichel und dann als Scheibe; er sah – aber wahrscheinlich kann sich der Leser die Stelle ausmalen, die nun folgen sollte: die Schilderung, wie jeder Baum und jede Pflanze ringsum erst grün, dann goldgelb ist; wie Monde aufgehn und Sonnen untergehn; wie Frühling dem Winter folgt und Herbst dem Sommer; wie Nacht in Tag übergeht, und Tag in Nacht; wie da zuerst ein Gewitter und dann schönes Wetter ist; wie alles hundert Jahre lang oder länger so ziemlich so bleibt, wie es ist, abgesehen von ein wenig Staub und einigen Spinnweben, welche eine alte Frau in einer halben Stunde wegzufegen vermag; ein Abschluß, der, so kann man sich nicht verhehlen, schneller zu erreichen gewesen wäre durch die einfache Feststellung, daß »die Zeit verging« (hier hätte das genaue Maß in Klammern angegeben werden können) und sich ganz und gar nichts ereignete.

Die Zeit aber hat unseligerweise, wenngleich sie Tiere und Pflanzen mit erstaunlicher Regelmäßigkeit blühen und welken läßt, keine so einfache Wirkung auf das menschliche Gemüt. Das Gemüt des Menschen wirkt überdies mit ebensolcher Seltsamkeit auf die Dauer der Zeit. Eine Stunde läßt sich, sobald sie sich einmal in diesem wunderlichen Element, dem menschlichen Geist, festgesetzt hat, auf das Fünfzig- oder Hundertfache ihrer Uhrlänge strecken; andererseits kann auf dem Zeitmesser des Geistes eine Stunde durch eine einzige Sekunde genau vertreten werden. Diese außerordentliche Unstimmigkeit zwischen der Zeit auf der Uhr und der Zeit im Geist ist weniger bekannt, als sie es sein sollte, und verdiente genauere Erforschung. Der Biograph aber, dessen Zwecke, wie schon gesagt, äußerst begrenzt sind, muß sich auf eine einzige, einfache Feststellung beschränken: Sobald ein Mensch das Alter von dreißig Jahren erreicht, wie Orlando es nun erreicht hatte, wird die Zeit, wenn er über etwas nachdenkt, ungewöhnlich lang; wenn er etwas tut, ungewöhnlich kurz. So erteilte Orlando seine Befehle und besorgte die Geschäfte seines riesigen Besitzes in einem Nu; kaum aber war er allein unter der Eiche auf dem Hügel, begannen die Sekunden sich zu bauchen und sich zu füllen, bis es schien, sie würden nie herabfallen. Sie füllten sich überdies mit dem seltsamsten Allerlei, denn er geriet dabei an Fragen, über welche die weisesten Männer sich vergeblich den Kopf zerbrochen haben, wie zum Beispiel, was Liebe sei, was Freundschaft, was Wahrheit; und sogleich, wenn er an sie zu denken begann, strömte seine ganze Vergangenheit, welche ihm von äußerster Länge und Vielfältigkeit zu sein schien, in die fallende Sekunde ein, schwellte sie zu einem

Dutzendmal ihrer natürlichen Größe, färbte sie mit tausend Tönungen und füllte sie mit allem Krimskrams der Welt.

In solchem Nachdenken (oder wie immer es benannt werden sollte) verbrachte er viele Monate und Jahre seines Lebens. Es wäre keine Übertreibung, zu sagen, daß er nach dem Frühstück als ein Mann von dreißig Jahren ausging und zum Abendessen als ein mindestens Fünfundfünfzigjähriger heimkam. Manche Wochen fügten so seinem Alter ein Jahrhundert hinzu, andere nicht mehr als höchstens drei Sekunden. Überhaupt übersteigt die Aufgabe, die Länge des menschlichen Lebens abzuschätzen (wir maßen uns nicht an, über das der Tiere zu sprechen), unsere Fähigkeiten, denn kaum sagen wir, es dauere mehrere Lebensalter lang, werden wir daran gemahnt, daß es kürzer ist als das Fallen eines Rosenblatts. Was die zwei Kräfte betrifft, welche abwechselnd, ja, was noch verwirrender ist, in ein und demselben Augenblick uns unselige Toren beherrschen – Flüchtigkeit und Dauer – so stand Orlando manchmal unter dem Einfluß der elefantenfüßigen Göttin und dann wieder der mückenflügeligen Elfe. Das Leben schien ihm von ganz außerordentlicher Länge zu sein; doch auch so ging es wie ein Blitz dahin. Aber sogar wenn es sich aufs längste streckte und die Augenblicke aufs größte anschwollen und er in Wüsteneien ungeheuerer Ewigkeit allein umherzuirren schien, fand sich nie Zeit zum Glattstreifen und Entziffern dieser dichtbeschriebenen Pergamente, die dreißig unter den Menschen verbrachte Jahre in seinem Herzen und seinem Hirn eng gerollt aufgestapelt hatten. Lange bevor er vom Nachdenken über die Liebe abließ (die Eiche hatte währenddessen ein dutzendmal ihre Blätter sprießen und fallen lassen), drängte Ehrgeiz sie aus dem Feld, um selber von Freundschaft oder Literatur verdrängt zu werden. Und da die erste Frage – Was ist die Liebe? – nicht abgetan worden war, kam sie bei der geringsten Herausforderung, oder auch bei gar keiner, zurück und scheuchte Bücher oder Metaphern oder die Frage – Wozu leben? – an den Rand, welche dann dort warten mußten, bis sie ihre Gelegenheit ersähen, wieder ins Feld hereinzustürmen. Was den Vorgang noch verlängerte, war dies, daß er überreichlich veranschaulicht war, nicht nur durch Gesichte, etwa das Bild der alten Königin Elizabeth, wie sie auf ihrem mit gewirkten Teppichen bedeckten Lager gelegen hatte, in rosafarbenem Brokat, eine elfenbeinerne Schnupftabaksdose in der Hand, einen Degen mit goldenem Griff zur Seite, sondern auch durch Gerüche – sie war stets stark parfümiert gewesen – und durch Geräusche – die Hirsche hatten geröhrt im Park von Richmond an jenem Wintertag. Und so war denn der Gedanke an die Liebe über und über ambriert von Schnee und Winter; von brennenden Holzscheiten; von russischen Frauen, goldenen Degen und röhrenden Hirschen; von dem Gesabber des alten Königs James und von Feuerwerken und Säcken voller Schätze im Laderaum elisabethanischer Dreimaster. Er fand jede einzelne Erinnerung, sobald er versuchte, sie von ihrem Platz in seinem Gedächtnis zu rücken, so mit anderen verklittert wie das Stück Glas, welches nach einem Jahr auf dem Meeresgrund ganz von Gräten und Libellen und Münzen und den Haarflechten ertrunkener Frauen umkrustet ist.

»Wieder eine Metapher, beim Jupiter!« rief er aus, als er das dachte (und das zeigt wohl die ungeordnete und umwegige Weise, auf welche sein Geist arbeitete, und erklärt, wieso die Eiche so oft grünte und welkte, bevor er zu irgendeinem gültigen Schluß über die Liebe kam). »Und was soll die?« fragte er sich dann. »Warum nicht einfach kurz und bündig sagen –« und da versuchte er dann eine halbe Stunde – oder waren es zweieinhalb Jahre? – lang darüber nachzudenken, wie sich kurz und bündig sagen ließe, was die Liebe sei. »Eine Redefigur wie diese ist offenkundig nicht wahrheitsgemäß«, sagte er sich, »denn keine Libelle, es wäre denn unter sehr ungewöhnlichen Umständen, könnte auf dem Meeresgrund leben. Und wenn die Literatur nicht die Braut und Bettgenossin der Wahrheit ist, was ist sie? Zum Kuckuck mit alledem!« rief er aus. »Warum noch Bettgenossin sagen, wenn man schon Braut gesagt hat? Warum nicht einfach sagen, was man meint, und damit gut?«

So versuchte er denn zu sagen, das Gras sei grün und der Himmel sei blau, und so den erhabenen Geist der Poesie günstig zu stimmen, den noch immer, wenngleich aus großer Ferne, zu verehren, er nicht abzulassen vermochte. »Der Himmel ist blau«, sagte er, »das Gras ist grün.« Aufblickend sah er, daß, im Gegenteil, der Himmel wie Schleier war, welche ein Tausend Madonnen von ihrem Haar hatten gleiten lassen; und das Gras flüchtete und dunkelte wie eine Schar junger Mädchen, die aus verzauberten Wäldern den Umarmungen behaarter Satyrn entflieht. »Auf mein Wort«, rief er aus (denn er hatte die schlechte Gewohnheit angenommen, laut mit sich selbst zu sprechen), »ich sehe nicht, daß das eine wahrer ist als das andere. Beides ist völlig falsch.« Und er verzweifelte daran, die Frage lösen zu können, was Dichtung und was Wahrheit sei, und versank in tiefe Niedergeschlagenheit.

Und hier können wir uns diese Pause in seinem Selbstgespräch zunutze machen, um zu bedenken, wie sonderbar es ist, Orlando an einem Junitag da auf den Ellbogen hingestreckt zu sehen, und wie verwunderlich, daß dieser prächtige junge Mensch, im Besitz aller seiner Fähigkeiten und eines gesunden Körpers, wessen seine Wangen und Gliedmaßen Zeugen waren, – ein Mannskerl, der nie zögerte, einen Reiterangriff anzuführen oder sich zu einem Zweikampf zu stellen, so sehr einer lähmenden Denksucht unterworfen und durch sie so empfindlich gemacht worden sein sollte, daß er, sobald es sich um eine Frage der Dichtkunst oder seiner eigenen Tüchtigkeit darin handelte, so scheu war wie ein kleines Mädchen hinter den Schürzenbändern der Mutter. Unserer Meinung nach hatte ihn Greenes Verhöhnung seiner Dichtung ebensosehr verletzt wie der Prinzessin Verhöhnung seiner Liebe. Aber, um zurückzukommen –

Orlando dachte weiter nach. Er blickte weiter auf das Gras und den Himmel und versuchte sich vorzustellen, was ein wirklicher Dichter, der seine Verse in London veröffentlichen lassen könnte, über sie sagen würde. Erinnerung, deren Gewohnheiten schon beschrieben worden sind, hielt ihm indes stetig das Gesicht Nicholas Greenes vor Augen, als wäre dieser hämische Mann mit seiner losen Zunge, so tückisch der sich ihm gegenüber auch gezeigt hatte, die Muse in Person und als solche müßte er ihn verehren. Darum legte ihm Orlando an diesem Sommermorgen die verschiedensten Wendungen, schlichte und verbrämte, vor, aber Nick Greene schüttelte immer wieder den Kopf und murmelte spöttisch etwas von Glaur und Cicero und dem Sterben der Poesie in unserer Zeit. Endlich sprang Orlando auf (es war mittlerweile Winter geworden und sehr kalt) und schwur einen der bemerkenswertesten Eide seines Lebens, der ihn einer Knechtschaft unterwarf, wie es keine härtere gibt. »Ich will verdammt sein«, rief er, »wenn ich je wieder ein Wort schreibe, oder das auch nur versuche, damit es einem Nick Greene oder der Muse gefalle! Ob schlecht oder gut oder mittelmäßig, ich will von heute an schreiben, damit es mir selbst gefalle!« Und dabei machte er eine Gebärde, als zerrisse er ein ganzes Bündel Papiere und schleuderte es diesem höhnischen, losezüngigen Mann ins Gesicht. Worauf ihm, wie ein Köter sich duckt, wenn man sich bückt, um einen Stein nach ihm zu werfen, Erinnerung das Bild Nick Greenes entrückte, und dann setzte sie an dessen Stelle – gar nichts.

Orlando jedoch dachte noch immer nach. Er hatte auch wirklich viel nachzudenken. Denn als er jenes Bündel zu zerreißen meinte, zerriß er damit auch die von Ranken und Wappen verzierte Pergamenturkunde, welche er in der Einsamkeit seines Arbeitszimmers zu seinen eigenen Gunsten aufgesetzt hatte, darin er sich, wie der König Gesandte bestellt, zum ersten Dichter seines Volks, zum ersten Schriftsteller seines Zeitalters ernannte, seiner Seele ewige Unsterblichkeit verlieh und seinem sterblich Teil für allezeit ein Grab inmitten von Lorbeer und unter den ungreifbaren Bannern der Verehrung einer ganzen Nation gewährte. So beredsam das alles war, er zerriß es nun und warf es in den Abfalleimer. »Berühmtheit«, sagte er, »ist wie ein« (und da kein Nick Greene zugegen war, ihm Einhalt zu tun, schwelgte er weiter in Bildern, von welchen wir nur ein oder zwei der gemäßigtsten wählen wollen), »wie ein bestickter Mantel, der die Gliedmaßen behindert; eine silberne Jacke, die das Herz beklemmt; ein bemalter Schild, der eine Vogelscheuche deckt«, usw., usw. Alle diese Phrasen wollten nur besagen, daß Berühmtheit hindert und hemmt, Unberühmtheit dagegen sich um einen Menschen hüllt wie ein Nebel; undurchsichtig, geräumig und befreiend ist; und den Geist unbehindert seinen Weg nehmen läßt. Über den Unberühmten ergießt sich barmherziges Dunkel; niemand weiß, woher er kommt, wohin er geht. Er darf die Wahrheit suchen und aussprechen; er allein ist frei; er allein ist wahrhaft; er allein hat Frieden. Und so geriet er in eine ruhigere Gemütsstimmung hier unter der Eiche, und die Härte ihrer oberirdischen Wurzeln schien ihm eher behaglich denn etwas anderes zu sein.

Lange blieb er tief in Gedanken über den Wert des Unbekanntseins und die Wonne, keinen Namen zu haben, sondern einer Welle zu gleichen, die in den tiefen Schoß der

See zurückkehrt; darüber, wie Unberühmtheit das Gemüt vom Jucken des Neids und der Bosheit befreit, wie sie die Säfte der Großmut und Freigebigkeit ungehemmt durch die Adern rinnen läßt; ein Geben und Nehmen gestattet, ohne daß dafür Dank oder Lob geboten wird; was die Art und Weise aller großen Dichter gewesen sein mußte, so vermutete er (wenngleich seine Kenntnis des Griechischen nicht genügte, um dies zu bestätigen), denn, so dachte er weiter, Shakespeare mußte so geschrieben und die Kirchenbaumeister mußten so gebaut haben: namenlos, ohne sich Dank oder Ruhm zu verlangen, sondern nur ihr Werk bei Tag und vielleicht eine Kanne Bier des Abends – »Was für ein bewundernswertes Leben!« dachte er und streckte die Glieder unter der Eiche. »Und warum sich seiner nicht auch und in diesem selben Augenblick erfreuen?« Der Gedanke traf ihn wie eine Kugel. Ehrgeiz fiel wie ein Senkblei. Ledig des Herzwehs verschmähter Liebe und verletzter Eitelkeit und aller der anderen Stichel und Stacheln, mit welchen das Nesselbeet des Lebens ihn, solange er ruhmsüchtig gewesen war, gebrannt hatte, das aber nicht länger einem Menschen antun konnte, der gleichgültig gegen Ruhm geworden ist, öffnete er die Augen – er hatte sie die ganze Zeit weit offen gehabt, aber nur Gedanken gesehen – und erblickte in der Mulde unten sein Haus.

Dort lag es im Sonnenschein des Frühlingsmorgens. Es sah eher wie eine Stadt denn ein Haus aus, aber eine Stadt, nicht in dieser und jener Richtung gebaut, wie dieser oder jener Mann es gewünscht hatte, sondern mit Umsicht, von einem einzigen Baumeister mit einem einzigen Plan im Kopf. Höfe und Gebäude lagen grau, rot und pflaumenfarben hübsch ordentlich und symmetrisch da; von den Höfen waren einige länglich und andere quadratisch; in diesem hier stand ein Brunnen, in jenem eine Statue; von den Gebäuden waren einige niedrig, andere spitzgiebelig; hier stand eine Kapelle, dort ein Turm; Flächen grünsten Grases lagen dazwischen und Gruppen von Zedern und Beete voll bunter Blumen; das alles umfaßte der Wulst einer dicken Mauer, doch so gut war alles angelegt, daß jeder Teil Raum genug zu haben schien, sich geziemend auszubreiten; indes Rauch aus unzähligen Schornsteinen sich unaufhörlich in die Luft ringelte. Dieses riesige und doch wohlgeordnete Bauwerk, das ein Tausend Menschen und vielleicht zwei Tausend Pferde behausen konnte, war, so sagte sich Orlando, von Handwerkern gebaut, deren Namen unbekannt waren. Hier hatten seit mehr Jahrhunderten, als er aufzählen konnte, die unberühmten Generationen seiner unberühmten Familie gehaust. Von allen diesen, ob Richard oder John, Anne oder Elizabeth Genannten, hatte keins ein Angedenken seiner selbst hinterlassen, doch alle miteinander hatten, zusammenwirkend mit ihren Spaten und Nadeln, ihrem Lieben und Kindergebären, das da hinterlassen.

Nie hatte das Haus edler und menschenwürdiger ausgesehen. Warum also hatte er gewünscht, sich über sie alle zu erheben? Es schien ihm höchst eitel und anmaßend zu sein, dieses namenlos geschaffene Werk verbessern zu wollen, die Mühen dieser verschwundenen Hände. Besser, unbekannt zu bleiben und einen Mauerbogen, einen Gartenschuppen, ein Pfirsichspalier zu hinterlassen, als gleich einem Meteor zu glühen, von dem kein Stäubchen verblieb. Denn schließlich, so sagte er sich, während er hinabblickte auf das große Haus auf dem Rasen unten und sich daran begeisterte, die unbekannten großen Herren und Damen, welche dort lebten, vergaßen nie, etwas für diejenigen beiseitezulegen, die nach ihnen kämen; für das Dach, das undicht werden könnte; für den Baum, der stürzen würde. Da war immer ein warmer Winkel in der Küche für den alten Schäfer; immer Speise für die Hungrigen; immer waren ihre Pokale frisch geglänzt, auch wenn sie krank darniederlagen; und ihre Fenster erhellt, auch wenn es mit ihnen ans Sterben ging. Waren sie auch große Herren, beschieden sie sich doch damit, in Unbekanntheit hinabzusinken, zusammen mit dem Maulwurfsfänger und dem Steinmetz. Unberühmte Adelige, vergessene Baumeister – so sprach er sie an, mit einer Wärme, die ganz und gar die Kritiker widerlegte, die ihn kalt, gleichgültig, träge nannten (denn die Wahrheit ist, daß eine Tugend oft grade dort drüben, auf der andern Seite der Mauer, liegt, wo wir sie hüben suchen), so sprach er sein Haus, seine Ahnen in Ausdrücken höchst bewegender Beredsamkeit an; als er aber zur Peroration, zum Abschluß seiner Ansprache, kam – und was ist die Redekunst, wenn sie der Peroration ermangelt? – wurde er unsicher. Er hätte gern mit einem Schnörkel geendet, des Inhalts, daß er in ihren Fußspuren nachfolgen und ihrem Gebäude noch einen Stein hinzufügen wolle. Da jedoch das Gebäude schon neun Joch bedeckte, schien es überflüssig zu sein, auch nur einen einzigen Stein hinzuzufügen. Konnte man des Hausrats in einer Peroration erwähnen? Konnte man von Stühlen und Tischen und von Matten reden, welche vor den Betten liegen sollten? Denn dieser Dinge bedurfte das Haus, was auch immer es für den Redeschluß brauchte. Er ließ seine Ansprache vorläufig unbeendet und schritt den Hügel wieder hinunter, entschlossen, sich von nun an der Ausstattung des großen Hauses zu widmen. Die Kunde davon und der Befehl, sich sogleich bei ihm einzufinden, brachte Tränen in die Augen der guten Mrs. Grimsditch, die nun schon einigermaßen alt geworden war. Miteinander durchschritten sie das ganze Haus.

Dem Handtuchständer im Königsschlafzimmer (»Und das war König Jamie, Mylord«, sagte sie und deutete damit an, daß es hübsch lange her war, seit ein König unter diesem

Dach geschlafen hatte; aber die verhaßte Parlamentszeit war vorbei und es gab nun wieder eine Krone in England) fehlte ein Bein; es waren keine Waschbecken zu den Krügen in der kleinen Kammer da, welche neben dem Warteraum für die Pagen der Herzogin lag; Nick Greene hatte mit seinem garstigen Pfeifenrauchen einen Fleck auf den Teppich gemacht, den sie und Judy, soviel sie auch schrubbten, niemals herauszuwaschen vermocht hatten. Wahrhaftig, als Orlando zusammenzuzählen begann, was nötig wäre, um mit Rosenholzstühlen und Zedernholzschränken, mit silbernen Becken und Porzellanvasen und persischen Teppichen jedes einzelne der dreihundertundfünfundsechzig Schlafzimmer, welche das Haus enthielt, auszustatten, da sah er, daß das keine leichte Aufgabe sein werde; und wenn einige tausend Pfund seines Vermögens übrigblieben, würden die für nicht viel mehr reichen, als einige Galerien mit Wandteppichen zu behängen, den Speisesaal mit schön geschnitzten hochlehnigen Sesseln zu versehen und Spiegel von massivem Silber und Schemel von demselben Metall (für welches er eine ungewöhnliche Leidenschaft hegte) zur Einrichtung der königlichen Schlafzimmer anzuschaffen.

Er machte sich nun im Ernst an die Arbeit, wie wir unbezweifelbar beweisen können, wenn wir einen Blick in seine Rechnungsbücher tun. Sehen wir uns einmal ein Verzeichnis dessen, was er zu jener Zeit kaufte, samt den am Rand ausgeworfenen Ausgaben an – aber diese lassen wir weg.

»Für fünfzig Paar spanischer Decken, ditto Bettvorhänge aus scharlachrotem und weißem Taffet, die Falbel zu ihnen von weißem Atlas und bestickt mit scharlachroter und weißer Seide . . .

Für siebzig mit gelbem Atlas überzogene Lehnsessel und sechzig ebensolche Stühle, samt den Schonern von Steifleinen zu allen ...

Für siebenundsechzig Tische von Walnußbaumholz ...

Für siebzehn Dutzend Kisten, ein jedes Dutzend enthaltend fünf Dutzend Venezianergläser ...

Für einhundertundzwei Matten, eine jede dreißig Ellen lang ...

Für siebenundneunzig Kissen von karmesinrotem Damast, belegt mit Silberpergamentspitze, und Fußschemel von Silberdamast und ebensolche Sessel ...

Für fünfzig Armleuchter, jeder zu einem Dutzend Lichter ...«

Schon beginnen wir – es ist dies eine Wirkung, welche solche Listen auf uns haben – zu gähnen. Aber wenn wir hier aufhören, geschieht das nur, weil die Aufzählung langweilig, nicht weil sie zu Ende ist. Es sind noch neunundneunzig Seiten von ihr vorhanden, und die ausbezahlte Gesamtsumme belief sich auf viele Tausende – das heißt Millionen unseres Gelds. Und wenn Lord Orlandos Tag auf diese Weise verbracht war, konnte man ihn abends dabei antreffen, wie er ausrechnete, was es kosten würde, eine Million Maulwurfshügel einzuebnen, falls die Arbeiter zehn Pence für die Stunde bezahlt bekämen; und wiederum, wieviele Zentner von Nägeln zu fünfeinhalb Pence das Gill nötig wären zur Ausbesserung des Zauns rings um den Park, welcher fünfzehn Meilen im Umfang maß. Und so weiter und so fort.

Die Aufzählung, so sagten wir schon, ist langweilig, denn ein Geschirrschrank gleicht so ziemlich jedem anderen und ein Maulwurfshügel unterscheidet sich nicht sehr von einer Million solcher. Das Ganze brachte ihm einige angenehme Reisen und etliche ungewöhnliche Erlebnisse. Wie zum

Beispiel, daß er einem ganzen Heim blinder Frauen in der Nähe von Brügge den Auftrag gab, Behänge für ein silbernes Himmelbett zu klöppeln; und das Abenteuer mit einem Mohren in Venedig, von welchem er (aber nur mit vorgehaltenem Degen) dessen Lackschränkchen zu kaufen vermochte, könnte sich in anderen denn in unseren Händen als des Erzählens wert erweisen. Auch fehlte es bei diesen Beschäftigungen nicht an Abwechslung; denn da kamen etwa, von Pferdegespannen gezogen, mächtige Baumstämme aus Sussex, um zersägt und in der Langen Galerie als Fußboden verwendet zu werden; und ein Kistchen aus Persien, mit Wolle und Sägespänen vollgestopft, aus welchem er endlich einen einzigen Teller oder einen einzigen Topasring hervorholen würde.

Zuletzt aber war in den Galerien kein Platz mehr für auch nur einen einzigen Tisch; auf den Tischen kein Platz für noch ein einziges Schränkchen; in dem Schränkchen kein Platz für noch eine Rosenschüssel; in der Schüssel kein Platz für noch eine Handvoll Potpourri; es war nirgends mehr Platz für noch irgend etwas; kurzum, das Haus war eingerichtet. Im Garten aber wuchsen Schneeglöckchen, Krokusse, Hyazinthen, Magnolien, Rosen, Lilien, Astern und Dahlien aller Arten und Birnbäume und Apfelbäume und Kirschbäume und Maulbeerbäume und auch eine Menge immergrüner Bäume, seltener blühender Sträucher und perennierender Pflanzen; alle so dicht mit den Wurzeln beieinander, daß kein Fleckchen Erde ohne seine Blütenzier und keine Fläche Rasens ohne ihren Schatten war. Dazu hatte er aus dem Ausland Wildvögel mit buntem Gefieder kommen lassen und zwei malaiische Bären, deren mürrisches Gehaben, dessen war er gewiß, vertrauenswürdige Herzen verbarg.

Alles war nun fertig; und wenn es Abend wurde und die unzähligen silbernen Wandleuchter angezündet waren und die leichten Lüftchen, welche immerzu die Galerien durchzogen, die blau und grünen Wandteppiche bewegten, so daß es aussah, als ritten die Jäger, und Daphne zu fliehen schien; wenn das Silber funkelte und der Lack glänzte und das Holz schimmerte; wenn die geschnitzten Sessel ihre Arme ausstreckten und Delphine mit Meerjungfern auf dem Rücken über die Wände schwammen, da schritt, nachdem das alles und noch viel mehr vollständig und nach seinem Gefallen war, Orlando mit seinen Elchhunden hinter sich durch das ganze Haus und fühlte sich zufrieden. Er hatte nun Stoff genug, dachte er, um seine Peroration zu füllen. Vielleicht wäre es gut, die Ansprache ganz von neuem zu beginnen? Doch als er die Galerien abschritt, fühlte er, daß noch immer etwas fehlte. Stühle und Tische, noch so reich geschnitzt und vergoldet, Sofas mit unter ihnen sich biegenden Schwanenhälsen, auf Löwentatzen ruhend, Betten, sogar von weichsten Eiderdaunen, sind allein noch nicht genug. Menschen, welche auf ihnen sitzen, Menschen, welche in ihnen liegen, verbessern sie erstaunlich. Demgemäß begann Orlando nun eine Reihe sehr prächtiger Bewirtungen der Adeligen und Edelleute aus der Nachbarschaft. Die dreihundertundfünfundsechzig Schlafzimmer waren jeweils einen Monat lang voll. Gäste drängten sich in den zweiundfünfzig Treppenhäusern; dreihundert Bedienstete waren in den Anrichteräumen geschäftig. Fast jeden Abend gab es ein Bankett. So hatte Orlando binnen sehr weniger Jahre den Flor von seinem Samt gewetzt und die Hälfte seines Vermögens ausgegeben. Er hatte sich aber die gute Meinung seiner Nachbarn erworben, hatte an die zwanzig Ämter in der Grafschaft inne, und es wurde ihm alljährlich von dankbaren Dichtern vielleicht ein Dutzend Seiner Lordschaft in recht schwülstigen Ausdrücken gewidmeter Bücher präsentiert. Denn übte er zu jener Zeit auch schon die Vorsicht, nicht mehr mit

Schriftstellern Umgang zu pflegen und sich von Damen ausländischen Bluts fernzuhalten, war er doch übermäßig freigebig zu Frauen wie zu Dichtern, und beide beteten ihn an.

Wenn dann aber das Fest auf dem Höhepunkt war und die Gäste sich erlustierten, begab er sich nicht selten hinweg und allein in sein eigenes Zimmer. Hier holte er, sobald die Tür geschlossen und er sicher war, ungestört zu bleiben, ein altes Schreibheft hervor, mit Seide, welche er einst aus dem Arbeitskorb seiner Mutter stibitzt hatte, zusammengeheftet und in einer runden Schulknabenschrift mit »Die Eiche, eine Dichtung« bezettelt. In dieses Heft schrieb er dann, bis es Mitternacht schlug, und oft noch lange nachher. Aber da er fast ebensoviele Zeilen ausstrich, wie er hineinschrieb, war ihre Summe am Ende des Jahres eher geringer als am Anfang, und es sah ganz danach aus, daß bei solcher Weise, diese Dichtung zu schreiben, sie zuletzt ungeschrieben sein werde. Denn an den Literaturhistorikern ist es nun, zu bemerken, daß er seinen Stil erstaunlich geändert hatte. Dessen Blumigkeit war gelichtet, dessen Überfülle gebändigt; das Zeitalter der Prosa hatte diese warmen Quellen zum Einfrieren gebracht. Sogar die Landschaft draußen war weniger mit Girlanden behängt, und die wilden Hecken selbst waren weniger bedornt und verwuchert. Vielleicht waren die Sinne ein wenig stumpfer und Honig und Rahm für den Gaumen weniger verführerisch geworden. Auch daß die bessere Kanalisierung der Straßen und die bessere Beleuchtung der Häuser ihre Wirkung auf seinen Stil hatten, kann kaum bezweifelt werden.

Eines Tags fügte er wieder mit ungeheurer Mühe einige wenige Zeilen der »Eiche, eine Dichtung« hinzu, als ein Schatten seinen Augenwinkel kreuzte. Es war, so sah er bald, kein Schatten sondern die Gestalt einer sehr hochgewachsenen Dame in Reitkapuze und Mantel, welche über das

Rasenviereck des Hofs schritt, auf den sein Zimmer blickte. Da dies der ganz ihm vorbehaltene seiner Höfe und die Dame ihm fremd war, wunderte sich Orlando, wie sie hierhergelangt sei. Drei Tage später ließ sich diese Erscheinung abermals blicken; und am Mittwoch, zu Mittag, noch einmal. Diesmal war Orlando entschlossen, ihr zu folgen; und sie fürchtete sich offenbar nicht, sich einholen zu lassen, denn sie verlangsamte ihren Schritt, als er herankam, und sah ihm voll ins Gesicht. Jedes andere weibliche Wesen, das so auf dem einem Lord höchstpersönlich vorbehaltenen Teil seines Besitzes ertappt worden wäre, hätte sich gefürchtet; jedes andere weibliche Wesen mit einem solchen Gesicht, Haaraufbau und Aussehen hätte sich die Mantille übergeworfen und sich darin verborgen. Denn diese Dame ähnelte nichts so sehr wie einer Häsin; einer erschrockenen, aber beharrlichen Häsin; einer Häsin, deren Schüchternheit von einer maßlosen und närrischen Kühnheit überwältigt wird; einer Häsin, die aufrecht sitzt und ihren Verfolger aus großen, vorgewölbten Augen anglotzt; einer Häsin mit aufgestellten, aber bebenden Ohren, mit vorgestreckter, aber zuckender Nase. Diese Häsin war überdies sechs Fuß hoch und trug obendrein einen Haaraufbau altertümlicher Art, welcher sie noch höhergewachsen aussehen ließ. Solcherweise nun gestellt, starrte sie Orlando mit einem Blick an, worin sich Schüchternheit und Kühnheit aufs seltsamste verbanden.

Zuerst einmal bat sie ihn, mit einem regelrechten aber einigermaßen unbeholfenen Hofknicks, ihr ihr Eindringen zu verzeihen. Dann richtete sie sich wieder zu ihrer vollen Höhe auf, welche etwas mehr als sechs Fuß und zwei Zoll gewesen sein muß, und sprach weiter – aber mit einem solchen Gegackel nervösen Lachens, so vielen Hihis und Hahas, daß Orlando glaubte, sie müsse einem Narrenturm entsprungen sein, – und sagte, sie sei die Großfürstin Henriette

Griselda von Finsteraarhorn und Skanderbum in den ruritanischen Landen. Sie wünsche, mehr als alles andere, seine Bekanntschaft zu machen, sagte sie. Darum habe sie über einem Bäckerladen vor dem Parktor Quartier genommen. Sie habe sein Konterfei gesehen, und es sei das wahre Abbild einer ihrer Schwestern, die – hier platzte sie lachend heraus – schon lange tot sei. Sie weile auf Besuch am englischen Hof. Die Königin sei eine Verwandte von ihr. Der König sei ein recht braver Mann, gehe aber selten nüchtern zu Bett. Hier folgten wieder einige Hihis und Hahas. Kurzum, es blieb Orlando nichts anderes übrig, als sie hineinzubitten und mit einem Glas Wein zu bewirten.

Einmal im Haus, gewannen ihre Manieren die einer ruritanischen Großfürstin ganz natürliche Hauteur wieder; und hätte sie nicht einige, bei einer Dame seltene Kennerschaft in Weinen gezeigt und einige ganz vernünftige Bemerkungen über Feuerwaffen und über die Jagdbräuche in ihrem Lande gemacht, dem Gespräch hätte es an Ungezwungenheit gefehlt. Endlich sprang sie auf und kündigte an, sie werde morgen wieder vorsprechen, vollführte abermals einen plump schwungvollen Knicks und entfernte sich. Am folgenden Tag ritt Orlando aus; am nächsten setzte er sich mit dem Rücken gegen das Fenster; am dritten zog er den Vorhang vor. Am vierten regnete es, und da er eine Dame nicht in der Nässe stehnlassen konnte und auch nicht ganz abgeneigt war, Gesellschaft zu haben, forderte er sie auf, einzutreten, und fragte sie, ob nach ihrer Meinung eine Rüstung, die einem seiner Vorfahren gehört hatte, das Werk Jacobis oder Jacob Topps sei. Er selbst neige Topp zu. Sie war anderer Ansicht – es kommt wenig darauf an, welcher. Aber es ist von einiger Bedeutung für den Verlauf unserer Geschichte, daß beim Veranschaulichen ihrer Beweisführung, welche etwas mit der Art, wie die Zwischenstücke gearbeitet waren, zu tun hatte, die Großfürstin Henriette die goldtauschierte Beinschiene nahm und sie an Orlandos Schienbein hielt. Daß er ein Paar der wohlgestaltesten Beine hatte, auf denen je ein hochadeliger Herr aufrecht stand, ist bereits gesagt worden.

Vielleicht lag es an der Art, wie sie die Knöchelschnalle befestigte; oder an ihrer gebückten Haltung; oder an Orlandos langer Abgeschlossenheit oder der natürlichen Sympathie, welche zwischen den Geschlechtern besteht, oder an dem Burgunder oder an dem Kaminfeuer – jede dieser Ursachen mag schuld gewesen sein; denn gewiß ist da etwas auf der einen oder anderen Seite die Schuld zu geben, wenn ein Adeliger von Orlandos Erziehung eine Dame in seinem Haus bewirtet und sie die um viele Jahre Ältere ist, mit einem ellenlangen Gesicht und Glotzaugen und, ein wenig lächerlich, trotz der warmen Jahreszeit in Reitmantel und Kapuze gekleidet, – irgend etwas muß ja schuld sein, wenn ein solcher hochedler Herr so plötzlich und so heftig von irgendwelcher Leidenschaft ergriffen wird, daß es ihn nicht im Zimmer duldet.

Aber was für eine Leidenschaft, so darf man wohl fragen, konnte das sein? Und die Antwort ist doppelgesichtig wie die Liebe selbst. Denn die Liebe – aber wenn wir die Liebe für den Augenblick außer Betracht lassen wollen, so war, was sich tatsächlich ereignete, dies:

Als die Großfürstin Henriette Griselda sich bückte, um die Schnalle zu schließen, vernahm Orlando plötzlich ganz von weither und unerklärlicherweise den Flügelschlag der Liebe. Das ferne Sichregen dieses weichen Gefieders erweckte in ihm tausend Erinnerungen an eilende Wasser, an Lieblichkeit im Schnee, an Treulosigkeit in den Fluten; und der Klang kam näher; Orlando errötete und erzitterte; und er war bewegt, wie er nie gedacht hätte, daß er es wieder sein könnte; und er war bereit, die Hände auszustrecken und den

Vogel der Schönheit sich auf seine Achsel setzen zu lassen, als – welcher Greuel! – ein knarrendes Geräusch, wie die Krähen es machen, wenn sie in die Bäume einfallen, zu widerhallen begann; die Luft schien von ruppigen schwarzen Flügeln verdunkelt zu sein; eine Stimme krächzte; Strohhalme, Zweiglein und Federn fielen herab; und da ließ sich auch schon flügelschlagend auf seine Schultern der plumpeste und abscheulichste aller Vögel nieder: der Geier. Darum stürzte er aus dem Zimmer und sandte einen Lakeien, damit er die Großfürstin Henriette zu ihrer Karosse geleite.

Denn die Liebe, zu welcher wir nun zurückkehren können, hat zweierlei Gesicht: das eine weiß, das andere schwarz; zweierlei Leib: der eine glatt, der andere zottig; zweierlei Hände, zweierlei Füße, zweierlei, fürwahr, von allem, und jedes ist das genaue Gegenteil des andern. Doch sind sie so fest zusammengefügt, daß eins vom andern nicht zu trennen ist. In diesem Fall begann die Liebe ihren Flug auf ihn zu, ihr weißes Gesicht ihm zugewendet und ihren glatten, lieblichen Leib auswärts gekehrt. Näher und näher kam sie und sandte Lüftchen reinen Entzückens vor sich her. Ganz plötzlich (beim Anblick der Großfürstin vermutlich) verkehrte sie sich; zeigte sich schwarz, zottelig, tierisch; und es war die Lustgier des Geiers, nicht die Liebeslust des Paradiesvogels, was da häßlich und abscheulich auf seinen Schultern hockte. Deshalb lief er aus dem Zimmer; deshalb schickte er den Lakaien.

Doch die Harpyie läßt sich nicht so leicht verbannen. Nicht nur blieb die Großfürstin über dem Bäckerladen wohnen, Orlando wurde tagtäglich und allnächtlich von den greulichsten Phantomen verfolgt. Vergeblich, so schien es, hatte er sein Haus mit Silber ausgestattet und die Wände mit gewirkten Teppichen behängt, wenn jeden Augenblick ein dungbeschmutztes Federvieh sich auf seinen Schreibtisch niederlassen konnte. Da war es und hopste dann zwischen den Stühlen umher; er sah es anmutlos durch die Galerien watscheln; und nun hockte es übergewichtig auf einem Kaminvorsatz. Wenn er es hinausjagte, kam es zurück und hieb mit dem Schnabel auf die Fensterscheibe, bis die zerbrach.

Weil er begriff, daß sein Haus unbewohnbar geworden war und er sogleich etwas tun müsse, um der Sache ein Ende zu machen, tat er, was jeder andere junge Mann an seiner Stelle getan hätte: er bat König Charles, ihn als außerordentlichen Gesandten nach Konstantinopel zu senden. Der König erging sich grade in Whitehall. Nell Gwynn hing an seinem Arm und bewarf ihn mit Haselnußschalen. Es sei jammerschade, seufzte diese liebeslustige Dame, daß ein Paar solcher Beine außer Landes gehn solle. Doch die Schicksalsschwestern waren unerbittlich; sie konnte nicht mehr tun, als über die Schulter Orlando eine Kußhand zuwerfen, bevor er sich einschiffte.

Drittes Kapitel

Es ist fürwahr ein höchst bedauerliches Mißgeschick, daß wir über diesen Abschnitt von Orlandos Laufbahn, als er eine sehr bedeutende Rolle im öffentlichen Leben seines Landes spielte, die wenigsten Berichte haben, an welche wir uns halten könnten. Wir wissen, daß er seine Pflichten bewundernswert erfüllte – wofür sein Badeorden und seine Herzogswürde Zeugnis sind. Wir wissen, daß er bei einigen der heikelsten Verhandlungen zwischen König Charles und dem Großtürken seine Hand im Spiel hatte – das bezeugen Verträge in den Gewölben des Staatsarchivs. Jedoch die Revolte, welche in Konstantinopel während seiner Amtszeit ausbrach, und später der große Brand von London haben alle die Urkunden, aus denen eine verläßliche Chronik hätte gezogen werden können, so beschädigt oder zerstört, daß, was wir zu geben vermögen, beklagenswert unvollständig ist. Oft war das Papier mitten im wichtigsten Satz zu einem tiefen Braun versengt. Grade als wir dachten, ein Geheimnis aufhellen zu können, welches seit hundert Jahren die Geschichtsforscher geplagt hat, war da ein Loch in dem Dokument, groß genug, den Finger hindurchzustecken. Wir haben unser möglichstes getan, aus den verbliebenen angekohlten Fragmenten ein mageres Summarium zusammenzustückeln; oft aber war es notwendig, Konjekturen zu wagen, Mutmaßungen anzustellen und sogar die Phantasie zu Hilfe zu nehmen.

Orlandos Tag ging, so will es scheinen, einigermaßen auf die folgende Weise hin. Ungefähr um sieben Uhr entstieg er seinem Bett, hüllte sich in einen langen türkischen Mantel, zündete sich einen Tabaksstumpen an und stützte die Ellbogen auf die Fensterbrüstung. So stand er dann und blickte anscheinend verzückt auf die große Stadt zu seinen Füßen. Um diese Stunde lag der Nebel gewöhnlich so dicht, daß die Kuppeln der Hagia Sophia und alle die anderen auf ihm zu schwimmen schienen; allmählich enthüllte sie der Nebel ganz; diese Blasen erzeigten sich als fest und unverrückbar; und dort kam der Fluß zum Vorschein; dort die Galata-Brücke; da waren die grünbeturbanten augen- und nasenlosen Pilger, welche um Almosen bettelten; die im Abfall stöbernden Pariahunde; die verschleierten Frauen; die unzähligen Esel; Männer auf Pferden, welche lange Stangen trugen. Bald war die ganze Stadt rege von Peitschenschnalzen, Gongschlägen, Rufen zum Gebet, Geschrei geprügelter Maultiere und Gerassel messingbereifter Räder; während saure Gerüche von gärendem Brot und scharfe von Weihrauch und Gewürzen sogar bis zu den Anhöhen von Pera aufstiegen und gradezu der Atem der lärmenden, vielfarbenen und barbarischen Bevölkerung zu sein schienen.

Nichts, so überlegte er beim Betrachten dieser Aussicht, die nun in der Sonne funkelte, konnte wohl weniger den Grafschaften Surrey und Kent oder den Städten London und Tunbridge Wells gleichen. Zur Rechten und Linken erhoben sich, dürr und steinig vorspringend, die unwirtlichen asiatischen Berge, an denen die kahlen Burgen eines und des anderen Räuberhauptmanns klebten; aber Pfarrhaus war da keins zu sehen, auch kein Herrensitz oder Gehöft; weder Eiche, Ulme, Veilchen, Efeu noch Heckenrose; auch kein Wald, an dessen Rändern Farnkräuter wachsen konnten, und keine Wiese, wo Schafe hätten weiden können. Die Häuser waren weiß wie Eierschalen und ebenso schmucklos. Daß er, der in Wurzel und Faser englisch war, von diesem wilden Rundblick bis in die Tiefe seines Herzens entzückt zu sein und immerzu nach diesen fernen Höhen und Pässen zu spähen vermochte und dabei dort, wo bisher nur Ziegen und Hirten gegangen waren, zu Fuß und allein zu wandern plante; daß er leidenschaftliche Zuneigung zu diesen bunten, unzeitigen Blumen empfand, diese verwahrlosten Pariahunde sogar mehr als seine Elchhunde daheim liebte und die stechend scharfen Gerüche der Straßen begierig in die Nase zog, war ihm selbst erstaunlich. Er fragte sich, ob nicht zur Zeit der Kreuzzüge einer seiner Vorfahren sich etwa mit einer zirkassischen Bäuerin eingelassen habe; hielt es für möglich; bildete sich eine gewisse dunkle Tönung seiner Hautfarbe ein; trat ins Zimmer zurück und begab sich in sein Bad.

Eine Stunde später, geziemend parfümiert, gekräuselt und pomadisiert, empfing er die Besuche von Sekretären und hohen Beamten, welche einer nach dem andern diese roten Schatullen brachten, die sich nur seinem eigenen goldenen Schlüssel öffneten. In ihnen lagen Schriftstücke von höchster Wichtigkeit, derer aber nun nur noch Restchen, hier ein Schnörkel, da ein fest an einem Stück versengter Seide haftendes Siegel, übrig sind. Von ihrem Inhalt können wir also nicht sprechen, sondern nur bezeugen, daß Orlando mit seinem Siegelwachs, seinen verschiedenfarbenen Bändern, welche auf verschiedene Weise angehängt werden mußten, dem Einsetzen von Namen und dem Verschnörkeln von Initialen beschäftigt blieb, bis es Zeit zum Mittagessen war – einem köstlichen Mahl von vielleicht dreißig Gängen.

Nach dem Mittagessen meldeten Lakaien, daß seine sechsspännige Karosse vor dem Haus warte, und er fuhr, mit den in Purpur gekleideten, vor ihm herlaufenden und große Straußfedernfächer über dem Kopf schwingenden Janitscharen, Besuche bei den anderen Gesandten und den Staatswürdenträgern machen. Die Zeremonie bei diesen Besuchen war immer dieselbe. Sobald der Vorhof erreicht war, schlugen die Janitscharen mit ihren Fächern an das Haupttor, das sich sogleich öffnete und einen großen, prächtig eingerichteten Raum sehen ließ. Hier saßen zwei Gestalten, gewöhnlich von jedem der beiden Geschlechter. Tiefe Verneigungen und Knickse wurden getauscht. In diesem ersten Raum war es nur erlaubt, des Wetters Erwähnung zu tun. Nachdem der Gesandte gesagt hatte, es sei schön oder regnerisch, heiß oder kalt, begab er sich in das nächste Zimmer, wo abermals zwei Gestalten sich erhoben, um ihn zu begrüßen. Hier war es nur erlaubt, Konstantinopel als Wohnort mit London zu vergleichen; und der Gesandte sagte selbstverständlich, er gebe Konstantinopel den Vorzug, und seine Gastgeber sagten ebenso selbstverständlich, obgleich sie es nie gesehen hatten, daß sie London vorzögen. Im nächsten Zimmer mußte König Charles' und des Sultans Gesundheitszustand des langen besprochen werden; im übernächsten, jedoch des kürzeren, das Befinden des Gesandten und das der Gemahlin seines Gastgebers. Im nächstfolgenden machte der Gesandte seinem Gastgeber Komplimente über dessen Mobiliar, und der Gastgeber sagte dem Gesandten Artigkeiten über dessen Kleidung. Im nächsten wurden Süßigkeiten gereicht, wobei der Gastgeber deren Schlechtigkeit beklagte, der Gesandte deren Güte belobte. Die Zeremonie endete schließlich mit dem Rauchen einer Huka und dem Trinken einer Tasse Kaffee; aber wurden die Bewegungen des Rauchens und des Trinkens auch mit peinlicher Genauigkeit ausgeführt, war doch weder Tabak in der Wasserpfeife noch Kaffee in den Tassen, denn wären diese wirklich darin gewesen, wäre die menschliche Konstitution unter dem Übermaß zusammengebrochen; mußte doch der Gesandte, kaum daß er einen solchen Besuch beendet hatte, schon den nächsten unternehmen. Dieselben Zeremonien wurden in genau derselben Reihenfolge noch sechs- oder siebenmal in den Häusern der anderen Großen abgewickelt, so daß es oft schon Nacht war, bis der Gesandte endlich heimkam.

Obgleich Orlando allen diesen Aufgaben bewundernswert gerecht wurde und nie leugnete, daß sie vielleicht der wichtigste Teil der Pflichten eines Diplomaten sind, fühlte er sich zweifellos von ihnen ermüdet und oft bis zu solcher Verdüsterung bedrückt, daß er es vorzog, sein Abendessen allein mit seinen Hunden einzunehmen. Mit ihnen konnte man ihn tatsächlich in seiner Muttersprache reden hören. Und manchmal, so heißt es, ging er noch spät nachts aus seinem Tor, so verkleidet, daß die Wachtposten ihn nicht erkannten. Da mischte er sich dann unter die Volksmenge auf der Galata-Brücke; oder schlenderte durch die Basare; oder legte seine Schuhe ab und schloß sich den Andächtigen in einer der Moscheen an. Einmal, als ausgegeben worden war, er sei an einem Fieber erkrankt, berichteten Hirten, welche ihre Ziegen zu Markt brachten, sie seien ganz oben auf einem Berg einem englischen Lord begegnet und hätten ihn zu seinem Gott beten hören. Dies, so vermutete man, sei Orlando selbst gewesen, und sein Gebet zweifellos ein laut hergesagtes Gedicht, denn man wußte, daß er noch immer in der inneren Leibrocktasche eine vieldurchstrichene Handschrift bei sich trug; und Diener, welche an der Tür lauschten, hörten den Gesandten manchmal, wenn er allein war, etwas in einem wunderlichen Singsang leiern.

Mit solchen Bruchstücken wie diesen müssen wir das Bestmögliche tun, um uns ein Bild von Orlandos Leben und Charakter zu jener Zeit zu machen. Es gibt sogar bis zum heutigen Tag umlaufende Gerüchte, Legenden und Anekdoten unverbürgter Art über Orlandos Leben in Konstantinopel (wir haben nur wenige von ihnen angeführt), welche zu beweisen scheinen, daß er nun, in der Vollkraft seiner Jahre, die Macht besaß, die Phantasie zu erregen und das Auge zu fesseln, was beides ein Angedenken lebendig erhält, lange nachdem alles vergessen ist, was dauerhaftere

Eigenschaften dazu tun können, es zu bewahren. Es ist dies eine rätselhafte Macht, zusammengesetzt aus Schönheit, vornehmer Geburt und einer selteneren Gabe, welche wir vielleicht die des Glanzverbreitens nennen und es dabei bewenden lassen können. »Ein Tausend Kerzen«, wie Sascha gesagt hatte, brannten in ihm, ohne daß er sich die Mühe genommen hatte, eine einzige anzuzünden. Er schritt wie ein Hirsch einher, ohne an seine Beine denken zu müssen. Er sprach mit seiner gewöhnlichen Stimme, und das Echo schlug an Silberglocken. Daher sammelten sich Gerüchte um ihn. Er wurde zum Abgott vieler Frauen und einiger Männer. Es war gar nicht nötig, daß sie mit ihm sprachen oder ihn auch nur sahen; sie riefen sich, besonders wenn die Landschaft romantisch oder die Sonne im Untergehn war, einfach die Gestalt eines adeligen Herrn in Seidenstrümpfen vor Augen.

Über die Armen und Ungebildeten besaß er dieselbe Macht wie über die Reichen. Hirten, Zigeuner, Eseltreiber singen noch immer Lieder von dem englischen Lord, »der seine Smaragde in den Brunnen fallen ließ«, und diese Lieder gelten zweifellos Orlando, der einmal, so scheint es, in einem Augenblick der Wut oder Berauschtheit, sich seine Schmuckstücke abriß und sie in ein Springbrunnenbecken warf; aus dem sie dann von einem Pagen herausgefischt wurden.

Solche romantische Macht ist aber bekanntlich oft mit einem äußerst zurückhaltenden Wesen verbunden. Orlando scheint sich keine Freunde gemacht zu haben. Soviel man weiß, faßte er keine Herzensneigungen. Eine gewisse hochedle Dame kam den ganzen weiten Weg von England her, um in seiner Nähe zu sein, und belästigte ihn mit ihren Aufmerksamkeiten. Er aber erfüllte auch weiterhin seine Pflichten so gewissenhaft und unermüdlich, daß er erst wenig mehr denn zwei Jahre Gesandter an der Hohen Pforte gewesen war, als König Charles seine Absicht andeutete, ihn in den höchsten Rang der Pairswürde zu erheben. Die Neidischen sagten, dies sei Nell Gwynns der Erinnerung an ein Paar schöner Beine gezollter Tribut. Da sie ihn aber nur ein einzigesmal gesehen hatte und damals emsig damit beschäftigt war, ihren königlichen Herrn mit Haselnußschalen zu bewerfen, ist anzunehmen, daß es Orlandos Verdienste, nicht seine Waden waren, was ihm den Herzogstitel eintrug.

Hier müssen wir wiederum innehalten, denn wir haben wieder einen Augenblick von großer Bedeutsamkeit in seiner Laufbahn erreicht. Die Verleihung der Herzogswürde wurde zur Gelegenheit für einen sehr berühmten und wahrhaftig auch sehr umstrittenen Vorfall, den wir nun beschreiben müssen, indem wir uns unseren Weg so gut wir können zwischen angekohlten Papieren und kleinen gummierten Streifchen suchen. Das große Fasten des Ramadans war soeben zu Ende, als der Bath-Orden und das Herzogspatent in einer Fregatte eintrafen, die von Sir Adrian Scrope befehligt wurde; und Orlando nahm das zum Anlaß für einen noch prächtigeren Empfang, als man je vorher oder seither in Konstantinopel einen zu sehen bekam.

Es war eine schöne Nacht; die Volksmenge war gewaltig, und die Fenster der Gesandtschaft waren blendend hell erleuchtet. Abermals fehlen Einzelheiten, denn das Feuer verfuhr ganz willkürlich mit allen solchen Aufzeichnungen und hat uns nur quälend rätselhafte Bruchstücke hinterlassen, welche keinen der wichtigsten Punkte erhellen. Dem Tagebuch des John Fenner Brigge, eines englischen Seeoffiziers, welcher unter den Anwesenden war, entnehmen wir jedoch, daß in dem großen Hof Leute von jeder Nationalität »wie Heringe in einem Faß gepackt waren«. Die Volksmenge drängte sich so unangenehm nahe heran, daß Brigge alsbald auf einen Judasbaum kletterte, um die Vorgänge besser beobachten zu können. Unter den Einheimischen war (und hier haben wir einen zusätzlichen Beweis für Orlandos geheimnisvolle Macht über die Einbildungskraft) das Gerücht in Umlauf gekommen, er werde irgendeine Art von Wunder vollbringen. »So herrschte denn«, schreibt Brigge (aber sein Manuskript ist voller Brandflecke und Löcher, und manche Sätze sind ganz unleserlich), »als die Raketen in die Luft zu steigen begannen, beträchtliche Besorgnis unter uns, daß die eingeborene Bevölkerung nicht am Ende ... barg unangenehme Folgen für alle ... englische Damen in der Gesellschaft ... gestehe, daß meine Hand an mein Entermesser griff. Glücklicherweise«, fährt er in seinem etwas langatmigen Stil fort, »schienen diese Befürchtungen für den Augenblick grundlos zu sein, und während ich weiter das Verhalten der Eingeborenen ... kam ich zu dem Schluß, daß diese Zurschaustellung unserer Geschicklichkeit in der Kunst der Pyrotechnik wertvoll sei, wäre es auch nur darum, daß sie ihnen ... und die Überlegenheit britischer ... In der Tat war der Anblick ein solcher von unbeschreiblicher Großartigkeit. Ich hörte mich abwechselnd den Herrgott preisen, daß er mir erlaubte ... und wünschen, daß meine liebe, gute Mutter ... Auf Befehl des Gesandten waren die hohen Fenster, welche ein so eindrucksvolles Merkmal östlicher Architektur sind, denn, wenngleich in vieler Hinsicht unwissend ... weit geöffnet worden; und innen konnten wir ein lebendes Bild oder theatralisches Tableau sehen, bei dem englische Damen und Herren ... und ein Singspiel darboten, das Werk eines gewissen ... die Worte nicht vernehmbar, aber der Anblick so vieler meiner männlichen und weiblichen Landsleute, mit höchster Eleganz und Erlesenheit gekleidet ... und rührte mich zu Gefühlen, deren ich mich gewiß nicht schäme, wenngleich außerstande ... Ich war ganz davon gebannt, das erstaunliche Benehmen Lady —'s zu beobachten, welches von einer Art war, die Augen aller auf sich zu ziehen und ihrem Geschlecht und ihrem Lande wenig Ehre zu machen, als – « unseligerweise der Ast des Judasbaums brach, Leutnant Brigge zu Boden stürzte und der Rest der Eintragung nur seinen Dank an die Vorsehung (welche eine sehr große Rolle in dem Tagebuch spielt) und die genaue Art seiner Verletzungen vermerkt.

Zum Glück sah Miss Penelope Hartopp, die Tochter des Generals dieses Namens, die Szene von innen und führte die Beschreibung in einem Brief weiter, einem ebenfalls sehr beschädigten, der aber damals eine Freundin in Tunbridge Wells heil erreichte. Miss Penelope war nicht weniger verschwenderisch mit ihrer Begeisterung als der tapfere Offizier. »Hinreißend«, ruft sie zehnmal auf jeder Seite aus, »wundervoll ... völlig unbeschreiblich ... goldenes Geschirr ... Kandelaber ... Neger in Plüschkniehosen ... Pyramiden von Eis ... Fontänen von Würzwein ... Gelees, welche Seiner Majestät Schiffe darstellten ... Schwäne ... welche Seerosen darstellten ... Vögel in goldenen Käfigen ... Herren in geschlitztem karmesinrotem Samt ... Kopfputz der Damen wenigstens sechs Fuß hoch ... Spieldosen ... Mr. Peregrine sagte, ich sähe *ganz* entzückend aus. Was ich Dir nur wiederhole, meine Liebe, weil ich weiß ... Oh, wie ich Euch alle herbeiwünschte ... alles übertraf, was wir in den Trinkhallen gesehen haben ... Ozeane von Getränken ... einige der Herren überwältigt ... Lady Betty hinreißend ... Die arme Lady Bonham beging die unglückselige Ungeschicklichkeit, sich hinzusetzen, ohne einen Sessel unter sich zu haben ... die Herren alle sehr galant ... wünschte mir tausendmal, Dich und die liebe Betsy hierzuhaben ... Aber der Anblick vor allen anderen, der Brennpunkt aller Augen ... wie jedermann zugab, denn niemand könnte so schnöde sein, es zu leugnen, war der Gesandte selbst. Solche Beine! Solche Haltung!! Solche fürstliche Manieren!!! Ihn einen Raum nur betreten zu sehen! Und ihn den wieder verlassen zu sehen ... und manchmal so interessant durch seinen Gesichtsausdruck, welcher einem, man weiß nicht recht wieso, das Gefühl gibt, daß er gelitten hat! *Gelitten*. Es heißt, eine Dame sei der Grund gewesen. Das herzlose Ungeheuer ... Wie kann eine unseres *angeblich zarten Geschlechts* diese Effronterie gehabt haben!!! Er ist unverheiratet, und die Hälfte aller Damen hier ist bis zur Tollheit in ihn verliebt ... Tausend, tausend Küsse für Tom, Gerry, Peter und die liebe Mew« (vermutlich ihre Katze).

Aus der »Gazette« jener Zeit entnehmen wir, daß, »als die Uhr zwölf schlug, der Gesandte auf dem mittleren Balkon erschien, welcher mit unschätzbaren Teppichen behangen war. Sechs Türken von der kaiserlichen Leibgarde, ein jeder mehr denn sechs Fuß hoch, hielten Fackeln zu seiner Rechten und Linken. Raketen stiegen bei seinem Erscheinen in die Luft, und laute Zurufe erhoben sich aus dem Volk, welche der Gesandte quittierte, indem er sich tief verneigte und ein paar Dankesworte in türkischer Sprache sagte, welche fließend zu sprechen eine seiner besonderen Fähigkeiten ist. Dann trat Sir Adrian Scrope in der Parade-Uniform eines britischen Admirals vor; der Gesandte ließ sich auf ein Knie nieder; der Admiral hängte ihm das Collare des höchstedlen Ordens vom Bade um den Hals und heftete ihm den Stern an die Brust; worauf ein Herr vom diplomatischen Corps auf feierliche Weise vortrat, ihm den Herzogsmantel um die Schultern legte und ihm auf einem roten Kissen die Herzogskrone darbot.«

Zuletzt nahm, mit außerordentlicher Majestät und Anmut, nachdem er sich vorher tief verneigt und sich dann stolz aufgerichtet hatte, Orlando den goldenen Reif von Erdbeerblättern und setzte sich ihn mit einer Gebärde, welche niemand, der sie sah, je vergessen könnte, auf die Stirn. Und in diesem Augenblick begann der erste Tumult. Entweder hatte das Volk ein Wunder – einige sagen, es sei prophezeit worden, daß ein Regen von Gold vom Himmel fallen werde, – erwartet, welches sich nicht ereignete, oder dies war das für den Beginn des Angriffs gewählte Signal; niemand scheint es zu wissen; aber als der Kronreif sich auf Orlandos Stirn senkte, erhob sich ein großer Aufruhr. Glokken begannen zu läuten; die heiseren Rufe der Propheten waren aus dem Geschrei des Volks zu hören; viele Türken fielen platt aufs Gesicht und berührten mit der Stirn den Boden. Eine Tür sprang auf. Die Eingeborenen drängten in die Festräume. Frauen kreischten. Eine gewisse Dame, von der es hieß, daß sie sterblich in Orlando verliebt sei, ergriff einen Armleuchter und schleuderte ihn zu Boden. Was nicht noch alles geschehen wäre ohne die Anwesenheit Sir Adrian Scropes und einer Abteilung britischer Blaujacken, vermag niemand zu sagen. Doch der Admiral befahl, die Trompeten zu blasen; ein Hundert Blaujacken stand sogleich kampfbereit; der Aufruhr wurde unterdrückt, und alles wurde, wenigstens für den Augenblick, wieder ruhig.

So weit befinden wir uns auf dem festen, wenngleich schmalen Boden ermittelter Wahrheit. Niemand aber hat je genau erfahren, was sich später in dieser Nacht zutrug. Das Zeugnis der Wachtposten und anderer scheint jedoch zu beweisen, daß um zwei Uhr morgens das Gebäude der Gesandtschaft sich von den Gästen geleert hatte und für die Nacht auf die übliche Weise verschlossen worden war. Der Gesandte wurde gesehen, wie er, noch immer mit den Insignien seines Rangs bekleidet, in sein Zimmer ging und die Tür hinter sich schloß. Einige sagen, er verschloß sie, was gegen seine Gewohnheit gewesen wäre. Andere behaupten, sie hörten eine ländliche Musik, wie die Schäfer sie spielen, später in der Nacht im Hof, unter dem Fenster des Gesandten.

Eine Waschfrau, die von einem Zahnweh wachgehalten wurde, sagte aus, sie habe die Gestalt eines Mannes, in einen Mantel oder einen Schlafrock gehüllt, auf den Balkon heraustreten gesehen. Dann, sagte sie, sei eine tief vermummte Frau, aber offensichtlich aus dem Bauernstand, an einem Seil, das der Mann hinabließ, auf den Balkon hinaufgezogen worden. Dort, sagte die Waschfrau, umarmten sie einander leidenschaftlich »wie ein Liebespaar«, gingen miteinander in das Zimmer und zogen die Vorhänge vor, so daß nichts weiter zu sehen war.

Am nächsten Morgen, das ist gut bezeugt, wurde der Herzog, wie wir ihn von nun an nennen müssen, von seinen Sekretären in tiefem Schlaf inmitten sehr zerwühlten Bettzeugs aufgefunden. Das Zimmer war in einiger Unordnung, die Herzogskrone war auf den Boden gerollt, und der Mantel und der Hosenbandorden lagen achtlos auf einen Sessel geworfen. Der Tisch war mit Schriftstücken bedeckt. Anfangs wurde kein Verdacht geschöpft, da die Anstrengungen des Abends und der Nacht groß gewesen waren. Als es aber Nachmittag wurde und er noch immer schlief, wurde ein Arzt gerufen. Dieser wandte Heilmittel an, welche schon bei der früheren Gelegenheit verwendet worden waren: Zugpflaster, Nesseln, Brechmittel und so weiter, aber ohne Erfolg. Orlando schlief noch immer. Seine Sekretäre hielten es dann für richtig, die Schriftstücke auf dem Tisch zu besehen. Viele waren mit Versen beschrieben, in welchen häufig einer Eiche Erwähnung getan wurde. Es lagen da auch verschiedene Staatsakten und andere von privater Art, welche die Verwaltung seiner Güter in England betrafen. Endlich aber stießen sie auf ein Dokument von weit größerer Bedeutung. Es war tatsächlich nichts Geringeres als ein Heiratskontrakt, regelrecht aufgesetzt, unterzeichnet und bezeugt, zwischen Seiner Lordschaft Orlando, Ritter des Hosenbandordens usw., und Rosina Pepita, einer Tänzerin, Vater unbekannt, aber angeblich Zigeuner, Mutter ebenfalls unbekannt, aber angeblich Alteisenhökerin auf dem Marktplatz gegenüber der Galata-Brücke. Die Sekretäre sahen einander entgeistert an, und Orlando schlief noch immer. Von morgens bis abends wachten sie bei ihm, aber abgesehen davon, daß sein Atem regelmäßig ging und seine Wangen noch immer von dem gewohnten gesunden Braunrot gefärbt waren, gab er kein Lebenszeichen. Was immer ärztliche Wissenschaft oder Findigkeit zu tun vermochte, um ihn zu wecken, das wurde getan. Doch er schlief noch immer.

Am siebenten Tag seines Trancezustands (am Donnerstag, dem 10. Mai) fiel der erste Schuß des schrecklichen und blutigen Aufstands, dessen erste Anzeichen Leutnant Brigge bemerkt hatte. Die Türken erhoben sich gegen ihren Sultan, steckten die Stadt in Brand und ließen jeden Fremden, dessen sie habhaft werden konnten, über die Klinge springen oder gaben ihm die Bastonade. Einigen wenigen Engländern gelang es, zu entkommen; aber wie zu erwarten war, zogen es die Herren von der britischen Gesandtschaft vor, bei der Verteidigung ihrer roten Schatullen zu sterben oder in äußersten Fällen lieber ganze Schlüsselbunde zu verschlucken, als sie in die Hände der Ungläubigen fallen zu lassen. Die Aufständischen brachen in Orlandos Zimmer ein, doch da sie ihn allem Anschein nach tot hingestreckt sahen, ließen sie ihn unangetastet und raubten ihm nur seine Herzogskrone und die Robe des Hosenbandordens.

Und nun senkt sich abermals das Dunkel, und wäre es nur ein noch tieferes! Wäre es nur, möchten wir am liebsten ausrufen, so tief, daß wir hinter seiner Undurchsichtigkeit gar nichts zu sehen vermöchten. Wäre es uns nur möglich, die Feder zu ergreifen und *Finis* unter unser Werk zu schreiben! Könnten wir dem Leser doch ersparen, was noch kommen muß, und ihm klipp und klar sagen, Orlando sei gestorben und begraben worden! Hier aber rufen Wahrheit, Aufrichtigkeit und Ehrlichkeit, diese hehren Gottheiten, die beim Tintenfaß des Biographen wachen: Nein! Ihre silbernen Trompeten an die Lippen gesetzt, fordern sie mit einer Fanfare die Wahrheit. Und abermals rufen sie: Wahrheit! Und noch ein drittesmal lassen sie miteinander den Ruf erschallen: Die Wahrheit und nichts als die Wahrheit!

Worauf – der Himmel sei gelobt, denn es gewährt uns eine Atempause! – die Türflügel sich leise öffnen, als hätte ein Hauch des sanftesten, göttlichsten Zephyrs sie auseinandergeweht, und drei Gestalten eintreten. Erst kommt Frau Reinheit, deren Stirn mit Haarbändern von weißester Lammswolle umwunden ist; deren Haare eine Drift von Schnee sind; und in deren Hand der weiße Kiel einer jungfräulichen Gans ruht. Ihr folgt, aber mit stattlicherem Schritt, Frau Keuschheit, auf deren Stirn wie ein Turm von brennendem aber sich nie verzehrendem Feuer ein Diadem von Eiszapfen ruht; ihre Augen sind klare Sterne, und ihre Finger, wenn sie dich berühren, lassen dich bis auf die Knochen gefrieren. Dicht hinter ihr, sich im Schatten ihrer stattlicheren Schwestern bergend, kommt Frau Schamhaftigkeit, die zarteste und schönste der drei; deren Antlitz sich nur zeigt wie der junge Mond, wenn er schmal und sichelförmig halb in Wolken verborgen ist. Eine jede schreitet bis in die Mitte des Zimmers vor, worin Orlando noch immer im Schlaf liegt, und mit zugleich flehender und befehlender Gebärde spricht Frau Reinheit als erste:

»Ich bin die Hüterin des schlafenden Rehleins; der Schnee ist mir teuer; und der aufgehende Mond; und die silberne See. Mit meinen Gewändern bedecke ich die Eier der gesprenkelten Henne und die gebänderte Meermuschel; ich bedecke Laster und Armut. Über alles Gebrechliche oder

Dunkle oder Zweifelhafte senkt sich mein Schleier. Darum sprich nicht! Enthülle nicht!«

Hier erschallen die Trompeten: »Reinheit, weiche von hier! Hebe dich hinweg, Reinheit!«

Dann spricht Frau Keuschheit:

»Ich bin sie, deren Berührung gefrieren macht und deren Blick zu Stein werden läßt. Ich halte den Stern in seinem Tanz auf und die Welle in ihrem Sturz. Die höchsten Alpen sind mein Aufenthalt; und wenn ich schreite, zucken Blitze durch mein Haar; wo mein Blick hinfällt, tötet er. Lieber, als Orlando erwachen zu lassen, will ich ihn bis auf die Knochen gefrieren machen. Darum sprich nicht! Enthülle nicht!«

Hier erschallen die Trompeten abermals: »Keuschheit, weiche von hier! Hebe dich hinweg, Keuschheit!«

Dann spricht Frau Schamhaftigkeit, und so leise, daß sie kaum zu hören ist:

»Ich bin sie, die von den Menschen Schamhaftigkeit genannt wird. Eine Jungfrau bin ich und werde es immer sein. Nicht für mich die fruchtbaren Felder und der tragende Weinberg. Vermehrung ist mir verhaßt. Und wenn der Apfel schwillt und die Herde kreißt, fliehe ich, fliehe ich; und lasse meinen Mantel fallen. Meine Haare bedecken mir die Augen, und ich sehe nichts. Sprich nicht! Enthülle nicht!«

Nochmals erschallen die Trompeten: »Schamhaftigkeit, weiche von hier! Hebe dich hinweg, Schamhaftigkeit!«

Mit Gebärden des Kummers und Klagens reichen die drei einander nun die Hände, und in langsamem Tanz schwingen sie ihre Schleier und singen dabei:

»Wahrheit, komm nicht aus deiner gräßlichen Höhle! Verbirg dich tiefer, furchtbare Wahrheit! Denn du brüstest dich im brutalen Licht der Sonne mit Dingen, die besser unbekannt und unbenannt blieben; du enthüllst das Beschämende; du erhellst das Dunkle. Verbirg dich! Verbirg dich!«

Hier tun sie, als wollten sie Orlando mit ihren Gewändern bedecken. Die Trompeten ertönen mittlerweile noch immer:

»Die Wahrheit und nichts als die Wahrheit!«

Darauf versuchen die Schwestern, ihre Schleier über die Mündungen der Trompeten zu werfen, um deren Schall zu dämpfen, aber vergebens, denn nun schmettern alle Trompeten auf einmal:

»Fort mit euch, abscheuliche Schwestern! Fort!«

Die drei Schwestern ergreift Verzweiflung; sie jammern im Verein und kreisen und schwenken dabei noch immer ihre Schleier auf und nieder:

»Es war nicht immer so! Aber die Männer wollen nichts mehr von uns wissen, und die Frauen verabscheuen uns. Darum gehn wir, wir gehn! Ich (dies sagt Reinheit) ins Hennenhaus. Ich (dies sagt Keuschheit) auf die noch unentweihten Höhen von Surrey. Ich (dies sagt Schamhaftigkeit) in irgendeinen heimlichen Winkel, wo es Efeu und Vorhänge die Menge gibt.

Denn dort, nicht hier (alle sprechen sie gleichzeitig, reichen einander die Hand und machen mit der andern Gebärden des Abschieds und der Verzweiflung gegen das Bett hin, auf dem Orlando im Schlaf liegt) weilen noch immer in Nest und Boudoir, Amt und Gerichtshof diejenigen, die uns lieben; die uns ehren: Jungfrauen und Bankiers; Juristen und Ärzte; alle, welche verbieten, alle, welche untersagen, alle, welche verehren, ohne zu wissen warum; alle, welche loben, ohne zu verstehn; und die noch immer (der Himmel sei gelobt) sehr zahlreichen vom Schlag der Achtbaren; welche es vorziehen, nichts zu sehen; welche wünschen, nichts zu wissen; welche die Dunkelheit lieben und uns noch immer und mit gutem Grund verehren; denn wir haben ihnen Reichtum, Wohlsein und Behagen verliehen. Zu ihnen gehn wir, dich verlassen wir. Kommt, Schwestern, kommt! Hier ist nicht der Ort für uns.«

Sie ziehen sich hastig zurück, schwenken dabei ihre Schleier über dem Kopf, als wollten sie etwas abwehren, das anzusehen sie sich scheuen, und schließen die Tür hinter sich.

Wir sind daher nun mit dem schlafenden Orlando und den Trompetern ganz allein in dem Raum. Die Trompeter stellen sich nebeneinander in einer Reihe auf und blasen einen gewaltigen Tusch:

»Die Wahrheit!«

– bei welchem Orlando erwacht.

Er streckt sich, erhebt sich. Er steht aufrecht in völliger Nacktheit vor uns, und während die Trompeten ihr »Wahrheit! Wahrheit! Wahrheit!« schmettern, bleibt uns nichts andres übrig, als zu gestehn – er war ein Weib.

★

Der Schall der Trompeten verklang, und Orlando stand splitternackt da. Kein menschliches Wesen hatte seit Anbeginn der Welt je hinreißender ausgesehen. Seine Gestalt vereinte die Kräftigkeit eines Mannes mit der Anmut eines Weibes. Während er so stand, verlängerten die silbernen Trompeten ihr Tönen, als zögerten sie, von dem lieblichen Anblick zu lassen, welchen ihr Tusch hervorgerufen hatte. Und Reinheit, Keuschheit und Schamhaftigkeit, zweifellos von Neugier getrieben, lugten zur Tür herein und warfen der nackten Gestalt Kleidungsstück wie ein Handtuch zu, das aber leider mehrere Zoll zu früh zu Boden fiel. Orlando besah sich in einem langen Spiegel von Kopf bis Fuß, ohne sich auch nur im geringsten fassungslos zu zeigen, und ging dann vermutlich in sein Bad.

Wir können diese Pause in der Erzählung dazu nutzen, gewisse Feststellungen zu machen. Orlando war ein Weib geworden – das ist nicht zu leugnen. Aber in jeder anderen

Hinsicht blieb Orlando genau, wie er gewesen war. Der Wechsel des Geschlechts änderte zwar die Zukunft der beiden, bewirkte aber nichts, was ihre Identität geändert hätte. Ihre Gesichter blieben, wie ihre Porträts beweisen, so gut wie dieselben. Sein Gedächtnis – aber der Konvention zuliebe müssen wir in Zukunft »ihr« statt »sein« und »sie« statt »er« sagen – ihr Gedächtnis also reichte durch alle Ereignisse des bisherigen Lebens zurück, ohne einem Hindernis zu begegnen. Eine leichte Verschwommenheit mag da wohl gewesen sein, als wären ein paar dunkle Tropfen in den klaren Teich der Erinnerung gefallen; gewisse Dinge darin waren ein wenig matt geworden, aber das war auch alles. Der Wechsel schien sich schmerzlos und restlos vollzogen zu haben, auf eine solche Weise, daß Orlando selbst keine Überraschung zeigte. Viele Leute, welche das bedachten und der Meinung waren, ein solcher Wechsel des Geschlechts sei wider die Natur, haben sich große Mühe gegeben, zu beweisen, (1) daß Orlando schon immer ein Weib gewesen sei, (2) daß Orlando auch noch im gegenwärtigen Augenblick ein Mann sei. Mögen Biologen und Psychologen das entscheiden. Uns genügt die schlichte Tatsache: Orlando war ein Mann, bis er dreißig Jahre alt war, und wurde dann ein Weib und ist das seitdem geblieben.

Mögen also andere Federn sich mit Geschlecht und Geschlechtlichkeit befassen; wir lassen lieber, sobald wir können, von solch odiosen Themen. Orlando also hatte sich gewaschen und in das türkische Jäckchen und die weite Hose gekleidet, welche unterschiedslos von beiden Geschlechtern getragen werden können, und war nun gezwungen, ihre Lage zu überdenken. Daß diese in höchstem Grad gefährdet und peinlich war, muß wohl der erste Gedanke jedes Lesers sein, der dem Bericht bis hierher mit Anteilnahme gefolgt ist. Jung, schön und von Adel, war sie erwacht und sah sich in einer Lage, wie wir uns keine heiklere für eine junge Dame von Stand denken können. Wir dürften sie nicht tadeln, hätte sie ihre Handglocke geschüttelt, gekreischt oder das Bewußtsein verloren. Orlando aber ließ keinerlei solche Zeichen von Verstörtheit merken. Alle ihre Handlungen waren äußerst zweckvoll und hätten wahrhaftig den Eindruck von Vorbedacht machen können. Zuerst einmal besah sie sorgfältig die Papiere auf dem Tisch; nahm solche, die mit Versen beschrieben zu sein schienen, und verbarg sie an ihrem Busen; danach rief sie ihren Seleukidenhund, welcher während aller dieser Tage, obgleich halb verhungert, nicht von ihrem Bett gewichen war, und fütterte und kämmte ihn; dann wand sie mehrere Ketten von Smaragden und Perlen vom schönsten Wasser, welche einen Teil ihrer ambassadorialen Garderobe gebildet hatten, um ihren Leib, und schließlich steckte sie ein Paar Pistolen in den Gürtel. Dies getan, beugte sie sich aus dem Fenster, ließ einen leisen Pfiff ertönen, stieg dann die zerschmetterte, blutbefleckte Treppe hinab, welche nun mit dem Inhalt von Papierkörben, mit Verträgen, Depeschen, Siegeln und Siegelwachs usw. überstreut war, und trat in den Hof hinaus. Hier wartete im Schatten eines riesigen Feigenbaums ein alter Zigeuner auf einem Esel. Einen zweiten führte er am Zügel. Orlando schwang das Bein über diesen, und so, von einem mageren Hund begleitet, auf einem Esel reitend und in Begleitung eines Zigeuners, verließ der Gesandte Großbritanniens am Hof des Sultans Konstantinopel.

Die beiden ritten mehrere Tage und Nächte und erlebten mancherlei Abenteuer, einige von Menschenhand, andere von der Unbill der Natur, welche alle Orlando mutig bestand. Binnen einer Woche erreichten sie die Höhen oberhalb Brussas, welche damals der Hauptlagerplatz des Zigeunerstamms waren, dem Orlando sich anschloß. Oft hatte sie von ihrem Balkon in der Gesandtschaft auf diese Berge geblickt, hatte sich oft dorthin gesehnt; und sich da zu befinden, wohin man sich immer gesehnt hat, gibt einem zur Meditation neigenden Geist Stoff zum Denken. Für einige Zeit jedoch gefiel ihr die Veränderung zu gut, um sie sich mit Gedanken zu verderben. Die Freude darüber, keine Dokumente mehr siegeln und unterschreiben, keine Schnörkel ziehen und keine Besuche mehr abstatten zu müssen, war allein schon genug. Die Zigeuner folgten dem Gras; wenn es abgeweidet war, zogen sie weiter. Orlando wusch sich in Bächen, wenn sie sich überhaupt wusch; keine Schatullen, weder rote, blaue noch grüne, wurden ihr überbracht; es gab keinen Schlüssel, geschweige denn einen goldenen in dem ganzen Lager; was das »Besuchmachen« betraf, so war das unbekannt. Sie molk die Ziegen; sie sammelte Reisig; sie stahl gelegentlich ein paar Hühnereier, legte aber immer eine Münze oder eine Perle an deren Stelle; sie hütete Vieh; sie plünderte Weinstöcke; sie trat die Trauben; sie füllte den Ziegenschlauch und trank daraus; und wenn sie sich erinnerte, wie sie um diese Tageszeit die Gesten des Trinkens und Rauchens über einer leeren Kaffeetasse und einer Wasserpfeife, in welcher kein Tabak war, gemacht hätte, lachte sie laut heraus, schnitt sich noch einen Ranken Brot ab und bat um einen Zug aus des alten Rustum Pfeife, wenn die auch bloß mit gedörrtem Kuhmist gefüllt war.

Die Zigeuner, mit welchen sie ganz offenbar schon vor der Revolte in geheimer Verbindung gestanden haben muß, scheinen sie als eine der Ihren betrachtet zu haben (was stets das höchste Kompliment ist, das ein Volk zollen kann), und ihr dunkles Haar und ihre dunkle Hautfarbe bestätigten den Glauben, daß sie von Geburt eine Zigeunerin und noch als kleines Kind von einem englischen Herzog aus einem Nußbaum heruntergestohlen und in jenes barbarische Land gebracht worden sei, wo die Menschen in Häusern leben, weil sie zu schwächlich und kränklich sind, um die frische Luft zu ertragen. So waren sie denn, obgleich Orlando ihnen in vielem nachstand, bereit, ihr zu helfen, ihnen ähnlicher zu werden; lehrten sie ihre Künste des Käsens und Korbflechtens, ihre Wissenschaften des Stehlens und Vogelschlingenlegens und waren sogar geneigt, ihre Heirat mit einem der Ihren zu erwägen.

Orlando aber hatte sich in England eine der Gewohnheiten oder Krankheiten (wofür immer man sie halten will) zugezogen, die sich, so scheint es, nicht austreiben lassen. Eines Abends, als sie alle um das Lagerfeuer saßen und der Sonnenuntergang über den thessalischen Bergen lohte, rief Orlando aus:

»Wie gut das schmeckt!«

(Die Zigeuner haben kein Wort für »schön«. Dies ist das nächste dazu.)

Alle die jungen Männer und Weibspersonen brachen in ein lautes Gelächter aus. Der Himmel schmecke gut, wahrhaftig! Die Stammesältesten jedoch, welche mehr von Fremden gesehen hatten, wurden mißtrauisch. Sie gewahrten, daß Orlando oft stundenlang dasaß, ohne etwas anderes zu tun als hierhin und dorthin zu schauen; sie trafen sie manchmal auf einer Berghöhe an, wie sie geradeaus vor sich hinstarrte, gleichgültig, ob die Ziegen weideten oder sich verliefen. Sie begannen zu argwöhnen, sie glaube an anderes, als an was sie selbst glaubten, und die älteren Männer und Frauen hielten es für wahrscheinlich, daß sie in die Klauen der schnödesten und grausamsten aller Gottheiten, nämlich der Natur, geraten war. Und darin irrten sie sehr wenig. Diese englische Krankheit, die Liebe zur Natur, war ihr angeboren, und hier, wo die Natur um so viel größer und mächtiger war als in England, fiel sie ihr in die Hände wie nie zuvor. Diese Krankheit ist zu gut bekannt und ist leider schon zu oft beschrieben worden, um eine neuerliche Beschreibung, es sei denn in aller Kürze, nötig zu haben. Da waren Berge; da waren Täler; da waren Bäche. Orlando erstieg die Berge; durchstreifte die Täler; saß an den Ufern der Bäche. Sie verglich die Berge mit Burgwällen, Taubenbrüsten und Kuhflanken. Sie verglich die Blumen Emailarbeiten und den Rasen abgetretenen türkischen Teppichen. Dürre Bäume waren verhutzelte Hexen, und Schafe waren graue Felsblöcke. Alles war tatsächlich etwas anderes. Sie entdeckte das kleine Meerauge auf der Berghöhe und stürzte sich fast hinein, um die Weisheit zu suchen, die, wie sie glaubte, darin verborgen sein mußte; und wenn sie vom Gipfel sehr fern, jenseits des Marmarameers, die Ebenen Griechenlands und (denn sie hatte vortreffliche Augen) die Akropolis samt ein paar weißen Strichen wahrnahm, welche, so dachte sie, der Parthenon sein mußten, weitete sich ihre Seele zugleich mit ihren Augen, und sie betete darum, der Majestät jener Berge teilhaftig zu werden, die Heiterkeit jener Ebenen kennenzulernen und so weiter und so fort, wie das alle solche Gläubige tun. Wenn sie dann auf die roten Hyazinthen, die violetten Schwertlilien niederblickte, entrang sich ihr ein ekstatischer Ausruf über die Schönheit, die Güte der Natur; hob sie die Augen wieder, sah sie den Adler sich in die Lüfte schwingen und stellte sich seine Verzückung vor und machte sie zu ihrer eigenen. Heimkehrend grüßte sie jeden Stern, jeden Gipfel, jedes Lagerfeuer, als wären sie eigens für sie allein bestimmte Zeichen; und zuletzt, wenn sie sich auf ihre Matte in dem Zigeunerzelt hinwarf, konnte sie sich nicht zurückhalten, wieder in Worte auszubrechen: »Wie gut es schmeckt! Wie gut es schmeckt!« (Denn es ist eine sonderbare Tatsache, daß Menschen zwar nur so unvollkommene Mittel haben, sich einander mitzuteilen, daß sie nur »es schmeckt gut« sagen können, wenn sie meinen, »es ist schön«, und umgekehrt, aber es doch lieber ertragen, lächerlich gefunden und mißverstanden zu werden, als irgendein Erlebnis für sich zu behalten.) Alle die jungen Zigeuner lachten. Rustum-el-Sadi aber, der Alte, der Orlando auf seinem Esel aus Konstantinopel hergebracht hatte, saß schweigend da. Er hatte eine Nase gleich einem Krummsäbel; seine Wangen waren gefurcht, als hätte es sein Leben lang Stahl auf sie herabgehagelt; er war tief gebräunt und hatte scharfe Augen, und als er so, an seiner Wasserpfeife saugend, dasaß, beobachtete er Orlando genau. Er hegte den stärksten Verdacht, daß Orlandos Gottheit die Natur sei. Eines Tags fand er sie in Tränen. Da er das so auslegte, daß ihre Gottheit sie bestraft habe, sagte er ihr, er wundere sich nicht darüber. Er wies ihr die Finger seiner linken Hand, welche der Frost hatte schrumpfen lassen; er wies ihr an seinem rechten Fuß die Stelle, wo ein Felsbrocken ihn zerschmettert hatte. Dies, sagte er, sei, was ihre Gottheit den Menschen antue. Als sie erwiderte: »Aber so schön«, und dabei das Wort ihrer eigenen Sprache gebrauchte, schüttelte er den Kopf; und als sie es wiederholte, wurde er zornig. Er sah, daß sie nicht glaubte, was er glaubte, und das genügte, ihn, so weise und alt er war, zu erbosen.

Diese Meinungsverschiedenheit beunruhigte Orlando, die bisher völlig glücklich gewesen war. Sie begann darüber nachzudenken, ob die Natur schön oder grausam sei; und dann fragte sie sich, worin diese Schönheit bestehe; ob sie in den Dingen liege oder nur in ihr selbst; und so kam sie von der Natur auf die Wirklichkeit, und die brachte sie auf die Wahrheit, welche sie dann auf Liebe, Freundschaft und Poesie brachte (wie in jenen Tagen daheim auf dem hohen Bühel); und diese Gedanken weckten in ihr, da sie kein Wort von ihnen jemand mitteilen konnte, ein Verlangen nach Feder und Tinte wie nie zuvor.

»Oh, wenn ich nur schreiben könnte!« rief sie aus (denn sie hegte die wunderliche Einbildung derer, die schreiben, daß geschriebene Worte mitgeteilte Worte seien). Sie hatte keine Tinte und nur wenig Papier. Aber sie bereitete sich Tinte aus wilden Beeren und Wein; und da sie ein paar freie Ränder und leere Stellen in dem Manuskript der »Eiche« fand, brachte sie es mittels einer Art von Kurzschrift zuwege, die Landschaft in einem langen Gedicht in fünffüßigen Jamben zu schildern und auch ein Zwiegespräch mit sich selbst über Schönheit und Wahrheit eng genug niederzuschreiben. Das machte sie stets für Stunden äußerst glücklich. Die Zigeuner aber wurden immer argwöhnischer. Zuerst merkten sie, daß sie sich beim Melken und beim Käsen weniger geschickt anstellte; dann, daß sie oft zögerte, bevor sie antwortete; und einmal erwachte ein Zigeunerjunge, der ruhig geschlafen hatte, in hellem Schrecken, weil er ihre Augen auf sich fühlte. Manchmal wurde dieser zwanghafte Einfluß von dem ganzen Stamm empfunden, welcher einige Dutzend erwachsener Männer und Frauen zählte. Es entsprang das einem Gefühl (ihre Sinne sind sehr scharf und ihrem Wortschatz weit voraus), alles, was sie taten, zerfalle ihnen unter den Händen zu Asche. Eine alte Frau etwa, die an einem Korb flocht, ein Junge, der ein Schaf abhäutete, sang oder summte bei der Arbeit zufrieden vor sich hin. Und da kam Orlando ins Lager zurück, warf sich am Feuer nieder und starrte in die Flammen. Sie brauchte die beiden gar nicht anzusehen, und doch spürten die, da sei nun jemand, der zweifelte (wir geben hier eine ungefähre, rohe Übersetzung); jemand, der eine Sache nicht um der Sache selbst willen tat; und auch nicht um des Schauens willen schaute; jemand, der weder an Schaffell noch Korb glaubte; sondern (hier sahen sie sich ängstlich besorgt im Zelt um) etwas anderes sah. Da begann dann ein unbestimmtes, aber höchst unangenehmes

Gefühl in dem Jungen oder der alten Frau zu wirken. Die Weidenruten zerbrachen ihr, oder er schnitt sich in den Finger. Ein großer Zorn stieg in der einen wie in dem andern auf. Sie wünschten, Orlando verließe das Zelt und käme ihnen nie wieder in die Nähe. Doch alle gaben sie zu, daß Orlando von munterer und williger Veranlagung sei; und eine von Orlandos Perlen hatte genügt, die schönste Ziegenherde in Brussa zu kaufen.

Allmählich begann Orlando zu fühlen, daß zwischen ihr und den Zigeunern ein Unterschied bestand, der sie manchmal zögern ließ, sich mit einem von ihnen zu verheiraten und sich für immer unter ihnen niederzulassen. Zuerst versuchte sie, sich das zu erklären, indem sie sich sagte, sie sei aus einem uralten und zivilisierten Volk, wogegen diese Zigeuner eine unwissende Rasse und nicht viel besser als Wilde seien. Und eines Abends, als sie sie über England ausfragten, konnte sie es sich nicht versagen, mit einigem Stolz das Haus, wo sie geboren war, zu beschreiben, wie es dreihundertundfünfundsechzig Schlafzimmer habe und seit vier- oder fünfhundert Jahren im Besitz ihrer Familie sei. Ihre Vorfahren seien Grafen oder sogar Herzöge gewesen, fügte sie hinzu. Dabei gewahrte sie abermals, daß die Zigeuner unruhig wurden, aber nicht zornig wie damals, als sie die Schönheiten der Natur gepriesen hatte. Nun waren sie zwar höflich, schienen aber doch unangenehm berührt zu sein wie Leute von guter Erziehung, wenn ein Fremder veranlaßt worden ist, seine niedere Geburt oder seine Armut zu enthüllen. Rustum folgte ihr aus dem Zelt und sagte ihr, sie brauche es sich nicht zu Herzen zu nehmen, daß ihr Vater ein Herzog gewesen sei und alle diese vielen Schlafzimmer und Möbel besessen habe, die sie beschrieben hatte. Er selbst und sein Stamm würden deshalb nicht schlechter von ihr denken. Da wurde sie von einer Scham ergriffen, wie sie sie nie vorher empfunden hatte. Es wurde ihr klar, daß Rustum und die anderen Zigeuner einen Stammbaum von vier- oder fünfhundert Jahren nur für den denkbar geringsten hielten. Ihre eigenen Familien gingen auf wenigstens zwei- oder dreitausend Jahre zurück. Für einen Zigeuner, dessen Vorfahren Jahrhunderte vor Christi Geburt die Pyramiden gebaut hatten, war die Genealogie der Howard und Plantagenet nicht besser und nicht schlechter als die der Smith oder Jones: beide waren sie unbeträchtlich. Überdies war, wo jeder Hirtenjunge einen Stammbaum von so hohem Alter hatte, nichts besonders Merkwürdiges oder Wünschenswertes an alter Abstammung; Vagabunden und Bettler, alle besaßen die. Und ferner wurde ihr klar, daß der alte Zigeuner, obgleich er zu höflich war, um das offen auszusprechen, dachte, es gebe keinen vulgäreren Ehrgeiz als den, Schlafzimmer zu Hunderten zu besitzen (sie standen bei diesem Gespräch auf einer Bergkuppe, und es war Nacht und Berge ragten rings um sie auf), da doch die ganze Erde unser sei. Vom Standpunkt des Zigeuners besehen, war ein Herzog, so begriff Orlando, nichts anderes als ein Ausbeuter oder Räuber, der Land und Geld Menschen wegnahm, welche diesen Dingen wenig Wert beimaßen, und sich nichts Besseres auszudenken vermochte, als dreihundertfünfundsechzig Schlafzimmer zu bauen, wenn doch eines genügte und keines zu haben besser als eines war. Orlando konnte nicht leugnen, daß ihre eigenen Vorfahren Feld nach Feld angesammelt hatten, Haus nach Haus; Ehren auf Ehren; und doch kein einziger von ihnen ein Heiliger oder Held oder großer Wohltäter der Menschheit gewesen war. Auch konnte sie nichts dem Einwand (Rustum war zu sehr Kavalier, um ihn zu betonen, aber sie begriff ihn) entgegenhalten, daß jeder Mann, der jetzt täte, was ihre Vorfahren vor drei- oder vierhundert Jahren getan hatten, beschuldigt würde – und dies am lautesten von ihrer eigenen Familie – ein gewöhnlicher Emporkömmling, ein Abenteurer, ein Neureicher zu sein.

Sie suchte solchen Argumenten durch die wohlvertraute, wenn auch umwegige Methode zu begegnen, das Zigeunerleben roh und barbarisch zu finden; und so entstand binnen kurzer Zeit viel böses Blut zwischen ihnen. Tatsächlich genügen solche Meinungsverschiedenheiten oft, um Blutvergießen und Revolution zu verursachen. Städte wurden um Geringeres geplündert, und eine Million Märtyrer hat lieber auf dem Scheiterhaufen gelitten, als einen Zollbreit in einem der hier umstrittenen Punkte nachzugeben. Keine Leidenschaft ist stärker in der Menschenbrust als das Verlangen, andere glauben zu machen, was man selbst glaubt. Nichts greift dem Glücklichsein des Menschen so an die Wurzel und füllt ihn so sehr mit Wut wie das Gefühl, daß ein anderer niedrig bewerte, was er selbst hochschätzt. Whigs und Tories, Liberale und Sozialisten, worum streiten sie, wenn nicht um ihr eigenes Ansehen? Es ist nicht Wahrheitsliebe sondern Geltungsbedürfnis, was ein Stadtviertel gegen ein anderes hetzt und einen Pfarrsprengel den Niedergang eines anderen wünschen läßt. Alle trachten sie lieber nach Gemütsruhe und dem Zweckdienlichen als nach dem Triumph der Wahrheit und dem Sieg der Tugend – aber solches Moralisieren geziemt dem Historiker und sollte besser ihm überlassen bleiben, denn es ist sterbenslangweilig.

»Dreihundertundfünfundsechzig Schlafzimmer bedeuten ihnen nichts«, seufzte Orlando.

»Sie zieht einen Sonnenuntergang einer Ziegenherde vor«, sagten kopfschüttelnd die Zigeuner.

Was da zu tun sei, konnte Orlando sich nicht denken. Die Zigeuner zu verlassen und abermals ein Gesandter zu werden, schien ihr unerträglich. Aber es war ebenso unmöglich, für immer zu bleiben, wo es weder Tinte noch Schreibpapier gab, weder Ehrfurcht vor den Howard noch Achtung vor einer Vielzahl von Schlafzimmern. So sann sie eines Morgens, während sie auf den Abhängen des Berges Athos die Ziegen hütete. Und da spielte ihr die Natur, welcher sie so sehr vertraute, entweder einen Streich oder sie wirkte ein Wunder – abermals gehn die Meinungen zu weit auseinander, als daß wir das entscheiden könnten. Orlando blickte recht trübsinnig auf den steilen Berghang ihr gegenüber. Es war nun Mittsommer, und wenn wir eine Landschaft mit irgend etwas vergleichen müssen, wäre diese wie ein dürrer Knochen gewesen; ein Schafsgerippe; ein riesiger Schädel, kahlgepickt von einem Tausend Geier. Die Hitze war sengend, und der kleine Feigenbaum, unter welchem Orlando lag, diente nur dazu, Muster von Feigenblättern auf ihren hellen Burnus zu zeichnen.

Plötzlich erschien, wenngleich nichts dort war, was einen Schatten werfen konnte, ein Schatten auf dem gegenüberliegenden öden Berghang. Er verstärkte sich schnell, und bald zeigte sich eine grüne Mulde, wo nur kahler Fels gewesen war. Während Orlando hinsah, vertiefte und verbreiterte sich die Mulde immer mehr, und eine große, parkähnliche Weite öffnete sich in der Bergflanke. Darin konnte sie welligen grünen Rasen erblicken und da und dort verstreute Eichen; konnte die Drosseln im Gezweig hüpfen sehen. Sie konnte auch sehen, wie das Wild zierlich von einem Schattenfleck zum andern wechselte, und konnte sogar das Summen von Insekten und das sanfte Seufzen und Schauern eines Sommertags in England hören. Nachdem sie eine Weile wie verzückt hingeschaut hatte, begann es dort zu schneien; bald war die ganze Landschaft bedeckt und von violetten Schatten statt von gelbem Sonnenlicht gezeichnet. Nun sah sie schwere Karren die Straße entlangkommen, mit Baumstämmen beladen, welche, wie sie wußte, zu Brettern zersägt werden sollten; und dann erschienen dort die Dächer und Giebel und Türme und Höfe ihres eigenen Heims. Der Schnee fiel stetig, und sie konnte nun das Schlittern und Plumpsen hören, mit welchem er von den Dächern herabglitt und zu Boden fiel. Aus hundert Rauchfängen stieg Rauch auf. Alles war so klar und bis ins Kleinste deutlich, daß sie eine Dohle im Schnee nach Würmern suchen sah. Dann wurden allmählich die violetten Schatten dunkler und schlossen sich über den Karren und den Rasenflächen und dem großen Haus selbst zusammen. Alles wurde von ihnen verschlungen. Nun war nichts mehr übrig von der begrünten Mulde, und an der Stelle der Rasenflächen war dort wieder nur der grelle Berghang, den ein Tausend Geier kahlgepickt zu haben schienen. Bei diesem Anblick brach sie in leidenschaftliche Tränen aus, und als sie schnell in das Lager der Zigeuner zurückgegangen war, sagte sie ihnen, sie müsse sich schon nächsten Tags nach England einschiffen.

Es war ein Glück für sie, daß sie das sagte. Schon hatten die jungen Männer ihren Tod geplant. Die Ehre, sagten sie, fordere den, denn sie denke nicht so wie sie alle. Doch es hätte ihnen leid getan, ihr den Hals abzuschneiden, und sie begrüßten daher die Nachricht von ihrer Abreise. Ein englischer Kauffahrer lag, wie es sich günstig traf, schon unter Segel im Hafen, bereit zur Rückkehr nach England; und Orlando brach noch eine Perle aus ihrem Halsband und zahlte damit nicht nur für ihre Überfahrt, sondern hatte auch noch in ihrer Brieftasche einige Banknoten übrig. Diese hätte sie gern den Zigeunern geschenkt, aber sie wußte, daß sie Reichtum verachteten; und so mußte sie sich mit Umarmungen begnügen, welche ihrerseits aufrichtig waren.

Viertes Kapitel

Mit einigen der Guineen, die Orlando vom Verkauf der zehnten Perle ihrer Kette übriggeblieben waren, hatte sie sich eine vollständige Ausstattung solcher Kleider gekauft, wie Frauen sie damals trugen. Und nun saß sie, gleich einer jungen Engländerin von Stand gekleidet, auf dem Deck der »Verliebten Lady«. Es ist seltsam aber wahr, daß sie bis zu diesem Augenblick sich kaum Gedanken über ihr jetziges Geschlecht gemacht hatte. Vielleicht hatten die türkischen Hosen, welche sie bisher angehabt, dazu beigetragen, ihre Gedanken abzulenken; und die Zigeunerinnen unterscheiden sich in ihrer Kleidung, bis auf einige wenige wichtige Einzelheiten, kaum von den Zigeunern. Jedenfalls geschah es erst, als sie Weiberröcke sich um ihre Beine wickeln fühlte und als der Kapitän sich mit größter Höflichkeit erbötig machte, ein Sonnendach für sie über dem Deck spannen zu lassen, daß sie mit einem Aufschrecken sich der Nachteile und Vorteile ihrer Lage bewußt wurde. Aber dieses Aufschrecken war nicht von der Art, die man hätte erwarten mögen; es war nicht, heißt das, einfach und allein durch den Gedanken an ihre Keuschheit und daran, wie sie die bewahren solle, verursacht. Unter gewöhnlichen Umständen hätte ein alleinreisendes, anmutiges junges Frauenzimmer an nichts anderes gedacht; das ganze Gebäude weiblicher Herrschaft ruht auf diesem Grundstein; Keuschheit ist der Weiber Kleinod, ihr Hauptschmuck, den sie bis zum Wahnsinn verteidigen, und wenn sie seiner beraubt werden, können sie sogar sterben. Ist man aber ungefähr dreißig Jahre lang ein Mann gewesen, und ein Gesandter obendrein; hat man eine Königin in den Armen gehalten und, falls die Gerüchte wahr sind, auch einige andere Damen von weniger erhabenem Rang; hat man eine Rosina Pepita geheiratet und so weiter – dann fährt man wegen so etwas nicht gar so erschrocken auf. Orlandos Aufschrecken war von sehr komplizierter Art und läßt sich nicht so im Nu zusammenfassen. Niemand kann ihr wohl vorwerfen, zu diesen Scharfsinnigen zu gehören, die schon nach einer Minute mit einer Sache zu Ende gelangen. Sie brauchte die ganze lange Reise dazu, die Moral aus der Bedeutung ihres Aufschreckens zu ziehen, und so wollen wir ihr denn im gleichen Zeitmaß folgen.

»Du lieber Gott«, dachte sie, als sie sich von ihrem Erschrecken erholt hatte und sich unter dem Sonnenzelt ausstreckte, »dies ist eine angenehme, lässige Lebensweise, ganz gewiß. Aber«, dachte sie, mit den Beinen schnellend, »diese Röcke sind lästige Dinger, wenn sie sich einem um die Absätze wickeln; doch der Stoff (er war geblümte Paduaseide) ist der schönste von der Welt. Noch nie habe ich meine Haut (hier legte sie die Hand aufs Knie) sich so vorteilhaft von etwas abheben gesehen. Könnte ich jedoch über Bord springen und schwimmen in solchen Kleidern? Nein! Darum müßte ich mich dem Schutz einer Blaujacke anvertrauen. Habe ich etwas dagegen? Also, habe ich . . . ?« fragte sie sich und stieß hier auf den ersten Knoten in dem glatten Strähn ihrer Gedanken.

Es wurde Essenszeit, bevor sie ihn gelöst hatte, und dann war es der Kapitän selbst – Kapitän Nicholas Benedict Bartolus, ein Schiffshauptmann von vornehmem Aussehen – welcher das für sie besorgte, als er ihr zu einer Schnitte Pökelfleisch verhalf.

»Auch ein wenig vom Fett, Ma'am?« fragte er. »Lassen Sie mich Ihnen grade nur ein kleinwinziges Stückchen abschneiden, nur so groß wie Ihr Daumennagel.« Bei diesen Worten durchlief sie ein köstliches Erbeben. Vögel sangen; Wildbäche rauschten. Es rief ihr das Gefühl unbeschreiblichen Vergnügens ins Gedächtnis, mit dem sie vor Hunderten von Jahren Sascha zum erstenmal erblickt hatte. Damals hatte sie verfolgt; jetzt flüchtete sie. Welches war die größere Wonne? Die des Mannes oder die des Weibes? Und waren sie nicht vielleicht gleich groß? Nein, dachte sie und dankte dabei dem Kapitän, lehnte jedoch ab, diese ist die köstlichste: sich zu weigern und ihn die Stirn runzeln zu sehen. Nun, sie wolle, wenn er es wünsche, grade nur das kleinste, dünnste Scheibchen von der Welt nehmen. Dies war das Allerköstlichste: nachzugeben und ihn lächeln zu sehen. »Denn nichts«, dachte sie, als sie dann wiederum ihr Ruhelager auf Deck aufsuchte und ihre Gedanken weiterspann, »ist himmlischer, als sich zu weigern und nachzugeben; nachzugeben und sich zu weigern; ganz gewiß, es versetzt die Seele in eine solche Verzückung, wie nichts anderes das vermag. So daß ich nicht weiß, ob ich mich nicht doch über Bord stürzen werde, um des bloßen Vergnügens willen, schließlich von einer Blaujacke gerettet zu werden.«

(Man muß bedenken, daß sie wie ein Kind war, das in den Besitz eines Lustgartens oder eines Schranks voller Spielzeug gerät; ihre Beweisgründe würden sich reifen Frauen, welche ihr Leben lang über dergleichen verfügt haben, nicht empfehlen.)

»Aber wie pflegten wir junge Kerle in der Cockpit der ›Marie-Rose‹ ein Frauenzimmer zu nennen, das bloß um des Vergnügens willen, sich von einer Blaujacke retten zu lassen, über Bord spränge?« fragte sie sich. »Wir hatten doch ein Wort für so eine? Ah, jetzt hab ich's . . .« (Aber wir müssen dieses Wort weglassen; es war äußerst respektlos und aus dem Mund einer Dame mehr als befremdlich.)

»Du lieber Gott!« rief sie abermals, am Abschluß ihres Gedankengangs. »Muß ich also die Meinung des anderen Geschlechts zu achten beginnen, für so ungeheuerlich ich sie auch halte? Da ich Weiberröcke trage, da ich nicht schwimmen kann, da mir nichts anderes übrig bleibt, als mich von einer Blaujacke retten zu lassen – bei Gott!« rief sie, »so muß ich das wohl.« Worauf etwas wie Trübsinn sie überkam. Von Natur aufrichtig und jeder Art von Doppelzüngigkeit abgeneigt, langweilte es sie, zu lügen. Es schien ihr das ein sehr umwegiges Vorgehn zu sein. Geblümte Paduaseide jedoch oder das Vergnügen, von einer Blaujacke gerettet zu werden – wenn solches nur auf Umwegen zu erlangen war, dann mußte man, so vermutete sie, eben Umwege einschlagen. Sie erinnerte sich, wie sie als junger Mann beharrlich gefordert hatte, Damen sollten folgsam, keusch, parfümiert und exquisit herausgeputzt sein. »Nun werde ich in eigener Person für diese Forderungen büßen müssen«, überlegte sie; »denn Weiber sind, nach meiner eigenen kurzen Erfahrung in diesem Geschlecht, von Natur weder folgsam, keusch, parfümiert noch exquisit herausgeputzt. Sie können diese Reize, ohne welche sie sich keines der Genüsse des Lebens erfreuen dürfen, nur durch die ödeste Selbstzucht erwerben. Da ist einmal das Frisieren«, dachte sie, »das allein eine Stunde meines Vormittags beanspruchen wird. Dann das Sichbesehen im Spiegel; noch eine Stunde. Das Miederschnüren; das Waschen und Pudern; das Umkleiden aus Atlas in Spitzen und aus Spitzen in Paduaseide; das Keuschsein jahraus, jahrein . . .« Hier schnellte sie ungeduldig mit dem Fuß und ließ dabei ein paar Zoll ihrer Wade sehen. Ein Matrose auf dem Mast, der in ebendiesem Augenblick hinuntersah, fuhr so heftig zusammen, daß er den Tritt verfehlte und sich nur mit knapper Not noch retten konnte. »Wenn der Anblick meiner Knöchel den Tod für einen ehrlichen Kerl bedeutet, der zweifellos Frau und Kind zu ernähren hat, dann muß ich sie schon aus reiner Menschlichkeit bedeckt halten«, dachte Orlando. Doch ihre Beine zählten zu ihren vorzüglichsten Schönheiten. Und sie verfiel in Nachdenken darüber, wohin es mit uns gekommen sei, wenn ein weibliches Wesen alle Schönheiten verdeckt halten müsse, damit nicht am Ende ein Matrose aus dem Mastkorb falle. »Die Pest auf sie!« sagte sie und begriff zum erstenmal, was sie unter anderen Umständen als Kind gelehrt worden wäre: die geheiligten Verantwortlichkeiten des Weibseins.

»Und das ist der letzte Fluch, den ich wohl werde ausstoßen dürfen«, dachte sie, »sobald ich einmal den Fuß auf englischen Boden gesetzt habe. Und mir wird nie wieder erlaubt sein, einem Mann eins über den Kopf zu geben oder ihm ins Gesicht zu sagen, er lüge, oder meinen Degen zu ziehen und ihn ihm durch den Leib zu rennen oder im Haus der Lords zu sitzen oder eine Herzogskrone zu tragen oder in feierlichen Aufzügen zu schreiten oder einen Mann zum Tode zu verurteilen oder ein Heer anzuführen oder mein Pferd durch Whitehall tänzeln zu lassen oder zweiundsiebzig verschiedene Medaillen an der Brust zu tragen. Ich werde, sobald ich einmal englischen Boden betreten habe, nichts anderes mehr tun können, als den Tee einzuschenken und meine Herren und Gebieter zu fragen, wie sie ihn gern trinken. Nehmen Sie Zucker? Nehmen Sie Sahne?« Und die Worte hervorlispelnd, war sie entsetzt zu gewahren, was für eine niedere Meinung sie sich über das andere Geschlecht bildete, das männliche, welchem anzugehören früher ihr Stolz gewesen war. »Aus einem Mastkorb zu fallen«, dachte sie, »weil man die Fußknöchel einer Frau erblickt! Sich auszustaffieren wie einen Guy Fawkes und auf den Straßen zu paradieren, damit die Weiber einen bewundern; eine Frau nichts lernen zu lassen, damit sie einen nicht auslacht; der

Sklave des schmächtigsten Dings in Unterröcken zu sein und doch einherzustolzieren, als wären sie die Herren der Schöpfung – Himmel!« dachte sie, »was für Narren sie aus uns machen – was für Narren wir sind!«

Und hier könnte es durch eine gewisse Zweideutigkeit ihrer Worte den Anschein haben, sie tadelte beide Geschlechter gleichermaßen, als gehörte sie keinem von ihnen an; und tatsächlich schien sie vorläufig zu schwanken; sie war ein Mann; sie war ein Weib; sie wußte die Geheimnisse, kannte die Schwächen beider. Es war höchst verwirrend und machte einen ganz wirbelig, sich in einem solchen Gemütszustand zu befinden. Die Annehmlichkeiten des Nichtwissens schienen ihr völlig versagt zu sein. Sie war eine vom Sturmwind dahingetriebene Flaumfeder. Und so ist es denn kein großes Wunder, wenn sie, das eine Geschlecht dem anderen gegenüberstellend und abwechselnd jedes voll der beklagenswertesten Schwächen findend und ungewiß, welchem sie selbst angehörte, – wenn sie da nahe daran war, aufzuschreien, sie wolle lieber in die Türkei zurück und wieder eine Zigeunerin sein, – als mit einem lauten Aufklatschen der Anker ins Meer fiel; die Segel auf Deck heruntergerauscht kamen; und sie erst jetzt gewahrte (denn so in Gedanken versunken war sie gewesen: sie hatte seit Tagen nichts mehr wahrgenommen), daß das Schiff vor der Küste Italiens Anker warf. Der Kapitän sandte ihr sogleich die Aufforderung, ihm in der Pinasse und dann an Land die Ehre ihrer Gesellschaft zu gewähren.

Als sie am nächsten Morgen zurückkehrte, streckte sie sich auf ihrem Ruhebett unter der Sonnenblache aus und breitete ihre Gewänder mit der größten Schicklichkeit um die Knöchel.

»So unwissend und arm wir auch sind, verglichen mit dem anderen Geschlecht«, dachte sie, den Satz fortsetzend, den sie tags zuvor unvollendet gelassen hatte, »ausgerüstet mit jeder Waffe, wie die Männer dagegen sind, während sie uns sogar von der Kenntnis des Alphabets ausschließen (und schon aus diesen einleitenden Worten ist es klar, daß über Nacht etwas vorgefallen war, was ihr einen Stoß zum weiblichen Geschlecht hin versetzt hatte, denn sie sprach nun mehr wie ein Weib als wie ein Mann, jedoch alles in allem mit einer gewissen Zufriedenheit), und dennoch – sie fallen aus dem Mastkorb.« Hier gähnte sie mächtig und schlief ein. Als sie erwachte, segelte das Schiff vor einer guten Brise so nahe der Küste dahin, daß Ortschaften auf dem Klippenrand vor dem Herabgleiten ins Wasser nur durch die Dazwischenkunft eines großen Felsens oder der knorrigen Wurzeln eines uralten Ölbaums bewahrt zu sein schienen. Der von tausenden, schwer mit Früchten behangenen Bäumen herwehende Duft der Orangen erreichte sie auf dem Deck. Ein Dutzend blauer Delphine sprang, mit den Schwänzen schlagend, dann und wann hoch in die Luft. Die Arme emporstreckend (Arme, das hatte sie schon gelernt, haben keine so fatalen Wirkungen wie Beine) dankte sie dem Himmel, daß sie nicht auf einem Kriegsroß durch Whitehall sprengen noch auch einen Mann zum Tode verurteilen mußte. »Es ist besser«, dachte sie, »mit Armut und Unwissenheit, diesen dunkeln Gewändern des weiblichen Geschlechts, bekleidet zu sein; besser, die Herrschaft und Zucht der Welt anderen zu überlassen; besser, kriegerischen Ehrgeiz, die Liebe zur Macht und alle übrigen männlichen Begierden los zu sein, wenn eins auf diese Weise die höchsten, der Menschenseele bekannten Wonnen voller genießen kann, nämlich«, sagte sie laut, wie es ihre Gewohnheit, wenn sie tief bewegt war, »stille Betrachtung, Einsamkeit und Liebe.«

»Gott sei Dank, daß ich ein Weib bin!« rief sie aus und wollte sich schon in diese äußerste Torheit – die weder bei

Mann noch Weib von einer betrüblicheren übertroffen wird – stürzen, stolz auf ihr Geschlecht zu sein, als sie über dem einzigartigen Wort innehielt, welches sich, was immer wir tun mochten, um es an seinen Platz zu verweisen, am Schluß ihres letzten Satzes eingeschlichen hat. »Liebe«, sagte Orlando. Sogleich – so groß ist ihr Ungestüm – nahm Liebe menschliche Gestalt an – so groß ist ihr Stolz. Denn während andere Begriffe es zufrieden sind, abstrakt zu bleiben, will diesen einen nichts anderes befriedigen, als Fleisch und Blut zu werden; Mantilla und Weiberröcke oder Strumpfhosen und Männerwams anzulegen. Und da alle Geliebten Orlandos weiblich gewesen waren, war nun, durch die schuldhafte Trägheit der Menschennatur, sich Herkömmlichkeiten anzupassen, noch immer, obgleich sie selbst jetzt ein Weib war, wen sie liebte, ein Weib; und wenn das Bewußtsein, vom selben Geschlecht zu sein, überhaupt irgendeine Wirkung hatte, war es die, die Gefühle, die sie als Mann empfunden hatte, zu beleben und zu vertiefen. Denn nun wurden ihr tausend Andeutungen und Geheimnisse klar, welche ihr unverständlich gewesen waren. Nun war die Undurchsichtigkeit, welche die Geschlechter trennt und in ihrem Dunkel unzählige Unlauterkeiten verweilen läßt, beseitigt, und wenn irgend etwas daran ist, was der Dichter über Wahrheit und Schönheit sagt, gewann diese Zuneigung soviel an Schönheit, wie sie an Trügerischem verlor. Endlich, so rief Orlando aus, kenne sie Sascha, wie sie wirklich sei. Und vom Eifer dieser Entdeckung und der Jagd nach allen den Schätzen, die sich nun enthüllten, war sie so entrückt und wie verzaubert, daß sie meinte, eine Kanonenkugel berste an ihrem Ohr, als nun plötzlich eine Männerstimme sagte: »Gestatten Sie mir, Ma'am«, eine Männerhand sie auf die Füße zog und die Finger eines Mannes, auf deren mittlerem ein Dreimaster tätowiert war, zum Himmelsrand wiesen.

»Die Uferklippen Englands, Ma'am«, sagte der Kapitän, und er hob die Hand, die auf den Himmelsrand gewiesen hatte, zum Salut. Orlando schrak ein zweites Mal auf, noch heftiger als das erste Mal.

»Herrjesus!« rief sie aus.

Zum Glück entschuldigte der Anblick ihres Geburtslandes nach langer Abwesenheit das Aufschrecken wie den Ausruf, oder es wäre ihr schwergefallen, Kapitän Bartolus die nun in ihrem Inneren tobenden und einander widersprechenden Gefühle zu erklären. Wie ihm begreiflich machen, daß sie, die nun an seinem Arm erbebte, ein Herzog und ein Gesandter gewesen war? Wie ihm erklären, daß sie, die wie eine Lilie in Falten von Paduaseide gehüllt war, Köpfe abgeschlagen und mit losen Weibern zwischen Säcken voller Schätze im Laderaum von Piratenschiffen gelegen hatte, vor der Alten Treppe von Wapping, an lauen Abenden, wann die Tulpen blühten und die Bienen summten? Nicht einmal sich selbst vermochte sie diesen Riesenschreck zu erklären, der sie durchzuckt hatte, als die resolute Rechte des Kapitäns auf die Klippenküste der Britischen Inseln wies.

»Sich zu weigern und nachzugeben«, murmelte sie, »wie köstlich; zu verfolgen und zu besiegen, wie herrlich; wahrzunehmen und zu ergründen, wie erhaben!« Kein einziges dieser so miteinander verbundenen Wörter schien ihr unangemessen zu sein; dennoch fühlte sie sich, als die Kreideklippen immer näher aufragten, schuldbewußt; entehrt; unkeusch; und das war bei jemand, der nie einen Gedanken darauf gewendet hatte, sehr seltsam. Näher und näher kamen sie, bis die Meerfenchelsammler, welche sich bis zur halben Höhe der Felsen herabgelassen hatten, mit freiem Auge sichtbar waren. Und während Orlando sie beobachtete, fühlte sie in sich, gleich einer spöttischen Geistererscheinung, die im nächsten Augenblick ihre Gewänder raffen und entschweben wird, Sascha, die ihr Verlorene, Sascha, die ihr in Erinnerung Gekommene, deren Wirklichkeit sie soeben so überraschend erfahren hatte, auf- und niederhüpfen und zu den Klippen und den Meerfenchelsammlern hin Gesichter schneiden und Mäulchen und alle möglichen unehrerbietigen Gesten machen. Und als die Matrosen nun ihren Singsang anstimmten: »So lebt denn wohl und Gott befohlen, ihr Schönen im Hispanierland«, da hallten diese Worte in Orlandos traurigem Herzen nach, und sie hatte das Gefühl, wenn hier zu landen auch noch so viel Behaglichkeit und Wohlstand und Geltung und Rang bedeutete (denn sie würde sicherlich irgendeinen Hochadeligen aufgabeln und als seine Gemahlin über halb Yorkshire herrschen), aber auch Unterwerfung unters Herkömmliche, Sklaverei und Täuschung und ein Verwehrtsein von Liebe, eine Fesselung ihrer Gliedmaßen, ein Zusammenpressen der Lippen und Imzaumhalten der Zunge – da würde sie lieber mit dem Schiff umkehren und abermals, zu den Zigeunern hin, die Segel hissen.

Inmitten dieser hastenden Gedanken jedoch erhob sich nun wie eine Kuppel glatten weißen Marmors etwas, das, ob Wirklichkeit oder Wahn, solchen Eindruck auf ihre fieberische Phantasie machte, daß sie sich darauf niederließ, wie man einen Schwarm schwirrender Libellen sich mit offenkundiger Befriedigung auf einen Glassturz hat niederlassen sehen, welcher eine zarte Pflanze beschützt. Die Form rief ihr durch eine Laune der Einbildung jene ganz frühe, beharrlichste Erinnerung ins Gedächtnis – den Mann mit der mächtigen Stirn in Twitchetts Zimmer, den Mann, der schreibend oder vielmehr vor sich hin und gewiß nicht auf sie selbst blickend dort saß, denn er schien sie gar nicht zu sehen, wie sie da in all ihrem Staat in der Tür stand, ein so schöner Junge sie, das konnte sie nicht leugnen, auch gewesen sein mußte, – und wann immer sie an den Mann dachte, breitete dieser Gedanke, wie der aufgegangene Mond auf turbulente Gewässer, ein Tuch von Ruhe um sie her. Dann hob sich ihre Hand (die andere war noch immer in des Kapitäns Obhut) zu ihrem Busen, wo die Blätter ihrer Dichtung sicher verborgen lagen; als wäre die ein Talisman, den sie da aufbewahrte. Und sogleich legte sich die ablenkende geschlechtliche Unruhe – eine solche nämlich war die ihre – und was die bedeutete; sie dachte nun nur noch an die Herrlichkeit der Poesie; und die erhabenen Verse Marlowes und Shakespeares, Ben Jonsons und Miltons begannen zu hallen und zu widerhallen, als schlüge ein goldener Klöppel an eine goldene Glocke in dem Kathedralenturm, der ihr Geist war. Tatsächlich aber war diese Vision einer Marmorkuppel, die ihre Augen zuerst nur so undeutlich wahrgenommen hatten, daß sie sie an eine Dichterstirn gemahnt und somit einen Schwarm unzugehöriger Gedanken aufgescheucht hatte, keine Ausgeburt ihrer Phantasie sondern Wirklichkeit. Und als das Schiff vor einem günstigen starken Wind die Themse hinauffuhr, wich diese Vision mit allen ihren Gedankenverbindungen der Wahrheit und enthüllte sich als nicht mehr und nicht weniger denn die Kuppel eines gewaltigen Doms, die sich aus einem Filigran weißer Spitztürme erhob.

»St. Paul«, sagte Kapitän Bartolus, der neben ihr stand. »Der Tower von London«, setzte er fort. »Das Hospital in Greenwich, errichtet zum Gedächtnis Königin Marys von ihrem Gemahl, weiland Seiner Majestät William III. Die Westminsterabtei. Die beiden Häuser des Parlaments.« Und während er es nannte, kam jedes dieser berühmten Bauwerke in Sicht. Es war ein schöner Septembermorgen. Eine Unzahl kleiner Boote besorgte den Verkehr von Ufer zu Ufer. Selten kann sich dem staunenden Blick eines zurückgekehrten Reisenden ein fesselnderes, heitereres Schauspiel dargeboten haben. Orlando lehnte, in Bewunderung versunken, über den

Bug. Ihre Augen waren zu lange an wildes Volk und die Natur gewöhnt gewesen, um von diesen städtischen Herrlichkeiten nicht benommen zu sein. Das also war die Kuppel der Paulskathedrale, welche Mr. Wren während ihrer Abwesenheit gebaut hatte! Nahebei brach ein Schopf goldener Haare aus einer Säule hervor – Kapitän Bartolus stand noch neben Orlando, um ihr zu berichten, dies sei das »Monument«; während ihrer Abwesenheit habe es eine Pestseuche und eine Feuersbrunst gegeben, erklärte er dazu. Sie mochte sich noch so sehr bemühen, sie zurückzuhalten, aber die Tränen kamen ihr in die Augen, bis sie sich erinnerte, daß es einer Frauensperson ja gezieme zu weinen, und sie fließen ließ. Hier, dachte sie, hatte der große Karneval stattgefunden; hier, wo jetzt die Wellen kräftig anschlugen, hatte der königliche Pavillon gestanden. Und hier war sie zum erstenmal Sascha begegnet. Ungefähr hier (sie blickte hinunter in das funkelnde Wasser) hatte man gewöhnlich die eingefrorene Bumbootfrau mit ihren Äpfeln auf dem Schoß sehen können. Diese ganze Pracht und Verderblichkeit war dahin. Dahin war auch jene finstere Nacht, der ungeheuerliche Regenguß, der wilde Schwall der Überschwemmung. Hier, wo gelbliche Eisschollen vorübergerast waren und sich mit einer Bemannung bedauernswerter, von Entsetzen gepackter Unglücklicher um sich selbst gedreht hatten, glitt nun ein Völkchen Schwäne dahin, stolz, sanft schaukelnd, prächtig anzusehen. London selbst hatte sich völlig verändert, seit sie es zuletzt erblickt hatte. Damals, so erinnerte sie sich, war es ein zusammengedrängter Haufen kleiner schwärzlicher Häuser mit vorspringenden Obergeschossen gewesen. Rebellenköpfe hatten auf Spießen vom Tor der Temple-Barre herabgegrinst. Das Katzenkopfpflaster hatte von dunstendem Kehricht und Unrat gestunken. Nun, seit das Schiff an Wapping vorüber war, fiel ihr Blick auf breite und sauber gehaltene durchlaufende Straßen. Stattliche Kutschen mit Gespannen gut gefütterter Pferde standen vor den Türen von Häusern, deren Runderker, deren Fensterscheiben aus Spiegelglas, deren Türklopfer aus polierter Bronze den Reichtum und die schlichte Würde ihrer Bewohner bezeugten. Damen in geblümter Seide (Orlando hatte das Fernrohr des Kapitäns vors Auge gehoben) wandelten auf erhöhten Gehsteigen. Bürger in bestickten Leibröcken nahmen an Straßenecken unter Laternenpfählen eine Prise. Orlandos Blick erhaschte eine Vielfalt im leichten Wind schaukelnder Ladenschilder, und sie vermochte sich danach, was auf ihnen abgebildet war, einen schnellen Begriff zu machen von dem Tabak, den Tuchen, den Seiden, den Gold- und Silberschmiedarbeiten, den Handschuhen, den Parfüms und einem Tausend anderer Waren, welche im Inneren verkauft wurden. Auch konnte sie, als das Schiff sich seinem Ankerplatz bei der London-Brücke näherte, nicht mehr als einen flüchtigen Blick auf Kaffeehausfenster werfen, vor welchen bei dem schönsten Wetter auf den Balkonen behaglich ehrsame Bürger in großer Zahl saßen, Porzellantassen vor sich, Tonpfeifen neben sich, während einer von ihnen aus einem Nachrichtenblatt vorlas und oft vom Gelächter und den Bemerkungen der anderen unterbrochen wurde. Seien dies Tavernen? Seien dies Leute von Geist? Seien dies Dichter? wollte sie von Kapitän Bartolus wissen, der ihr gefällig Auskunft gab, daß sie soeben – wenn sie den Kopf ein wenig nach links wenden und seinem Zeigefinger entlangblicken wolle – so! – am »Kakaobaum« vorüberkämen, wo man oft – ja, dort sitze er – Mr. Addison den Kaffee zu sich nehmen sehen könne; die beiden anderen Herren – »dort, Ma'am, ein wenig zur Rechten des Laternenpfahls, der eine buckelig, der andere ganz so wie Sie oder ich« – das seien Mr. Dryden und Mr. Pope*. »Traurige Patrone«, sagte der Kapitän, womit er meinte, daß sie Papisten seien, »aber Männer von Begabung, nichtsdestoweniger«, fügte er hinzu und eilte dann nach achtern, um das Landungsmanöver zu überwachen.

»Addison, Dryden, Pope«, sprach Orlando ihm nach, als wären die Worte eine Beschwörung. Einen Augenblick lang sah sie die hohen Berge oberhalb Brussas, im nächsten hatte sie den Fuß aufs Gestade ihres Geburtslandes gesetzt.

Da jedoch mußte Orlando erfahren, wie wenig das stürmischeste Pochen freudiger Erregung gegen das eherne Antlitz des Gesetzes vermag; um wieviel härter dieses ist als die Steine der London-Brücke und um wieviel drohender als die Mündung einer Kanone. Kaum war sie wieder in ihrem Haus in Blackfriars, als ihr von einander auf dem Fuße folgenden Bütteln aus der Bow Street und von gravitätischen Emissären der Gerichtshöfe kundgetan wurde, sie sei Partei in drei größeren Prozessen, welche während ihrer Abwesenheit gegen sie angestrengt worden waren, und ebenso in einer Unzahl kleinerer Streitfälle, von welchen einige sich aus jenen ergaben, andere von ihnen abhingen. Die Hauptklagen gegen sie waren: (1) daß sie tot sei und daher keinerlei wie immer geartetes Eigentum besitzen könne; (2) daß sie ein Weib sei, was auf dasselbe hinauslaufe; (3) daß sie ein englischer Herzog sei, der eine gewisse Rosina Pepita, eine Tänzerin, geehelicht und von dieser drei Söhne habe, welche nun erklärten, ihr Vater sei verstorben, und daher forderten, daß seine ganze bewegliche und unbewegliche Habe auf sie übergehe. Solche schwere Beschuldigungen zu entkräften, würde selbstverständlich viel Zeit und Geld erfordern. Ihre sämtlichen Liegenschaften waren unter Sequester gestellt und

* Der Kapitän muß sich geirrt haben, wie ein Nachschlagen in irgendeiner Literaturgeschichte sogleich zeigt; aber der Irrtum war wohlgemeint und darum lassen wir ihn stehn.

ihre Titel auf die Dauer der Prozesse für suspendiert erklärt. So befand sie sich denn in einem höchst zweideutigen Zustand, ungewiß, ob sie lebendig oder tot, Mann oder Weib, ein Herzog oder ein Nichts sei, als sie in Eile auf ihren Landsitz fuhr, wo sie, solange die Prozesse schwebten, mit Gerichtserlaubnis Aufenthalt nehmen durfte, und zwar *incognito* oder *incognita*, je nachdem der Fall es erweisen würde.

Es war ein schöner Dezemberabend, als sie ankam, und Schnee fiel und die violetten Schatten lagen schräg, fast genau so, wie sie es von der Berghöhe über Brussa gesehen hatte. Das große Haus stand, mehr wie eine Stadt denn ein Haus, braun und blau, rosig und purpurn da im Schnee, und seine Schornsteine rauchten geschäftig und wie von eigenem Leben befeuert. Sie konnte einen Ausruf nicht unterdrücken, als sie es so geruhig und massig da vor sich auf die Grasflächen gebettet sah. Sobald die gelbe Kutsche in den Park einfuhr und den Zufahrtsweg zwischen den Bäumen entlanggerollt kam, hob das Rotwild wie erwartungsvoll die Köpfe, und es wurde beobachtet, daß es, statt die seiner Art natürliche Furchtsamkeit zu zeigen, der Kutsche folgte und umherstand, als diese hielt. Einige warfen das Geweih zurück, andere scharrten den Boden, während die Wagenstufen herabgelassen wurden und Orlando ausstieg. Eines der Tiere, so heißt es, kniete tatsächlich im Schnee vor ihr nieder. Sie hatte gar nicht die Zeit, die Hand nach dem Klopfer auszustrecken, bevor beide Flügel des großen Tors aufgerissen wurden, und da, mit über den Kopf erhobenen Laternen und Fackeln, waren sie alle: Mrs. Grimsditch, Mr. Dupper und ein ganzer Schwarm von Gesinde, alle gekommen, um sie zu begrüßen. Aber der wohlgeordnete Aufzug wurde unterbrochen, erst durch den Ungestüm Knuts, des Elchhunds, welcher mit so heftigem Eifer an seiner Herrin emporsprang, daß er sie fast umwarf; danach durch die Aufregung der guten Mrs. Grimsditch, die, als sie knicksen wollte, von ihren Gefühlen überwältigt wurde und nicht mehr zu tun vermochte, als »Milord! Milady! Milady! Milord!« zu stammeln, bis Orlando sie mit einem herzlichen Kuß auf jede Wange beruhigte. Danach begann Mr. Dupper etwas von einem Pergament abzulesen, aber da die Hunde bellten, die Jäger ihre Hörner bliesen und die Hirsche, welche in dem allgemeinen Durcheinander in den Hof hereingekommen waren, den Mond anröhrten, gelangte er nicht recht weiter damit, und die ganze Schar zerstreute sich, nachdem sie sich um ihre Herrin gedrängt und auf jede Weise die größte Freude über deren Rückkunft bekundet hatte.

Niemand zeigte auch nur einen Augenblick lang irgendwelchen Verdacht, daß Orlando nicht der Orlando sei, den sie alle gekannt hatten. Wäre irgendein Zweifel in Menschengemütern gewesen, das Verhalten des Wilds und der Hunde hätte genügt, ihn zu zerstreuen, denn die unvernünftigen Geschöpfe sind, wie bekannt, viel bessere Beurteiler von Identität und Charakter, als wir selbst das sind. Außerdem, so sagte Mrs. Grimsditch über ihrer Tasse chinesischen Tees zu Mr. Dupper, wenn ihr Herr nun eine Herrin sei, habe sie nie eine lieblichere gesehen, und es sei eins dem andern um kein Jota vorzuziehen; die eine sehe genau so gut aus wie der andere; sie glichen einander wie zwei Pfirsiche an ein und demselben Zweig; und das, sagte Mrs. Grimsditch und wurde dabei vertraulich, sei für sie, denn sie habe immer ihren Verdacht gehabt (hier nickte sie sehr geheimnisvoll mit dem Kopf), das sei für sie keine Überraschung (hier nickte sie sehr wissend) und für ihr Teil ein sehr großer Trost; denn was da an Handtüchern das Stopfen nötig habe und wie die Vorhänge im Wohnzimmer des Kaplans rund um die Ränder von Motten zerfressen seien, sei es höchste Zeit, es wäre eine Herrin im Haus.

»Und ein paar kleine Herrchen und Dämchen für die Nachfolge«, fügte Mr. Dupper hinzu, der kraft seines heiligen Amtes bevorrechtet war, offen seine Meinung über so delikate Dinge wie diese auszusprechen.

Während so die alten Dienstleute am Gesindetisch ihren Schwatz hatten, ergriff Orlando einen silbernen Leuchter und streifte wieder wie einst durch die Säle, die Galerien, die Höfe, die Schlafzimmer; spähte wiederum in das auf sie herabblickende gedunkelte Antlitz dieses Lord-Siegelbewahrers, jenes Lord-Kämmerers unter ihren Ahnen; saß nun hier in diesem Prunksessel und nun zurückgelehnt dort auf jenem Himmelbett; betrachtete den Wandteppich, wie er leise schwankte; sah die Jäger reiten und Daphne fliehen; badete ihre Hand, wie sie das als Kind gern getan hatte, in dem gelben Tümpel von Licht, welchen der Mondschein machte, wie er so durch den heraldischen Leoparden im Fenster einfiel; glitt über die gewachsten Dielen der Langen Galerie, welche auf der unteren Seite rohes Holz waren; berührte hier diese Seide, dort jenen Satin; stellte sich vor, die geschnitzten Delphine schwämmen; bürstete sich das Haar mit König James' silberner Bürste; vergrub ihr Gesicht in dem Potpourri, welches zubereitet war, wie Wilhelm der Eroberer es vor vielen hundert Jahren ihre Vorfahren gelehrt hatte, und aus denselben Rosen; blickte auf den Garten hinaus und dachte an die schlafenden Krokusse, die schlummernden Dahlien; sah die zierlichen Nymphen weiß wie Schnee schimmern und die Eibenhecken, dick wie ein Haus, schwarz hinter ihnen aufragen; sah die Orangerie und die Riesenmispeln – das alles nahm sie wahr, und jeder dieser Anblicke, jeder dieser Klänge, so vergröbert wir sie hier auch niederschreiben, erfüllte ihr Herz mit solcher Lust, solchem Balsam von Freude, daß sie zuletzt völlig ermattet die Kapelle betrat und in das alte geschnitzte Gestühl sank, darin ihre Vorfahren dem Gottesdienst beizuwohnen pflegten. Hier zündete sie sich einen indischen Stumpen an (sie hatte diese Gewohnheit aus dem Orient mitgebracht) und öffnete das auf dem Pult liegende Gebetbuch.

Es war ein kleines Büchlein, in goldbestickten Samt gebunden, das Königin Mary von Schottland auf dem Schafott in der Hand gehalten hatte, und ein gläubiges Auge konnte einen bräunlichen Fleck entdecken, von dem es hieß, daß er von einem Tropfen des königlichen Bluts herrühre. Aber welch fromme Gedanken er in Orlando erweckte, welch böse Leidenschaften er einschläferte, wer würde das zu sagen wagen, da doch von allen Zwiesprachen diese mit der Gottheit die allerunerforschlichste ist? Romanschreiber, Dichter, Historiker, alle werden sie unsicher, sobald sie die Hand auf der Klinke dieser Tür haben; noch auch klärt uns der Gläubige selbst auf, denn ist er etwa bereiter zu sterben als andere Menschen oder begieriger, seine weltlichen Güter mit jemand zu teilen? Hält er sich denn nicht ebensoviele Dienstmägde und Kutschierpferde wie andere auch? Und hegt doch bei alledem, so behauptet er, einen Glauben, der weltlichen Besitz eitel und den Tod erwünscht machen sollte!

In dem Gebetbuch der Königin fanden sich nebst dem Blutfleck eine Haarlocke und auch ein Krümchen Kuchen; Orlando fügte nun diesen Andenken ein Schüppchen Tabak hinzu und wurde, wie sie so las und rauchte, von dem menschlichen Mischmasch aller dieser Dinge – der Haarlocke, des Kuchenkrümchens, des Blutflecks, des Tabakschüppchens – in eine solche besinnliche Stimmung versetzt, daß diese ihr eine den Umständen angemessene ehrfürchtige Miene verlieh, wenngleich sie selbst, so heißt es, keinen Umgang mit dem üblichen Gott hatte. Nichts jedoch könnte anmaßender sein, obzwar nichts gewohnter ist, als anzunehmen, es gebe von Göttern nur einen und von Religionen nur die des Sprechenden. Orlando, so scheint es, besaß ihren eigenen Glauben. Mit denkbar größter frommer Inbrunst erwog sie nun ihre Sünden und die Mäkel, die sich in ihren Seelenzustand eingeschlichen hatten. Der Buchstabe S, so überlegte sie, ist die Schlange im Paradies des Dichters. Sie mochte tun, was sie wollte, es fanden sich noch immer zuviele dieser sündigen Reptile in den ersten Strophen der »Eiche«. Aber »S« war, ihrer Ansicht nach, gar nichts, verglichen mit der Endung »end«. Das Mittelwort der Gegenwart ist der leibhaftige Teufel, dachte sie (nun, da wir uns am richtigen Ort für den Teufelsglauben befinden). Solchen Versuchungen auszuweichen ist daher die oberste Pflicht des Dichters, schloß sie, denn da das Ohr der Vorraum der Seele ist, kann Dichtung gewißlicher verfälschen und vernichten, als Lustgier und Schießpulver. Des Dichters Amt ist demzufolge das höchste Amt von allen, so dachte sie weiter. Seine Worte treffen, wo andere zu kurz gehn. Ein einfältiges Liedchen Shakespeares hat mehr für die Armen und die Bösen getan als alle Philanthropen der Welt. Kein Zeitaufwand, keine Hingabe können darum zu groß sein, welche die Überbringer unserer Botschaft diese weniger entstellen lassen. Wir müssen unsere Worte zurechtschnitzen, bis sie eine ganz dünne Hülle um unsere Gedanken sind. Gedanken sind göttlich, usw., usw. Demnach ist es unverkennbar, daß Orlando wieder zurückgefunden hatte in die Grenzen ihrer eigenen Religion, welche während ihrer Abwesenheit mit der Zeit nur verstärkt worden war und nun gar schnell die Unduldsamkeit eines Glaubensbekenntnisses annahm.

»Ich werde erwachsen«, dachte sie und griff endlich wieder nach ihrer Kerze. »Ich verliere einige Illusionen«, sagte sie sich, das Gebetbuch Mary Stuarts schließend, »vielleicht nur, um andere zu erwerben.« Und damit stieg sie in die Gruft hinab, wo die Gebeine ihrer Ahnen lagen.

Aber sogar die Gebeine ihrer Ahnen, eines Sir Miles, eines Sir Gervase und der übrigen, hatten etwas von ihrem Geheiligtsein verloren seit Rustum-el-Sadis Handbewegung damals in jener Nacht auf den asiatischen Bergen. Es erfüllte sie mit reuiger Scham, daß vor kaum drei- oder vierhundert Jahren diese Gerippe da Männer gewesen waren, welche ihren Weg in der Welt zu machen hatten wie irgendein Emporkömmling der Gegenwart, und ihn dadurch gemacht hatten, daß sie Häuser und Ämter, Ordenssterne und -bänder errafften, wie das irgendein anderer Emporkömmling tut, während Dichter, vielleicht, und Männer von hohem Geist und großer Bildung ländliche Stille vorgezogen hatten, für welche Wahl sie mit äußerster Armut büßten und nun Flugblätter auf den Straßen Londons feilboten oder auf den Weiden Schafe hüteten. Sie dachte, während sie hier in der Krypta stand, an die ägyptischen Pyramiden und daran, welche Gebeine unter ihnen liegen; und die riesigen öden Berge, die über dem Marmara-Meer aufragen, schienen ihr im Augenblick eine schönere Wohnstatt zu sein als dieser vielräumige Herrschaftssitz, in dem keinem Bett seine Daunendecke und keiner Silberschüssel ihr Deckel fehlte.

»Ich werde erwachsen, ich verliere meine Illusionen, vielleicht um neue zu erwerben«, sagte sie sich abermals, als sie, die Kerze in der Hand, zuletzt die Lange Galerie zu ihrem Schlafzimmer durchschritt. Es war ein unangenehmer Vorgang, und ein lästiger, aber auch ein interessanter, ein erstaunlich interessanter, dachte sie, die Beine zum Holzfeuer des Kamins streckend (denn es war kein Matrose anwesend), und sie überblickte wie in einer perspektivischen Sicht zwischen großen Gebäuden die Wanderung ihres Ichs durch die eigene Vergangenheit.

Wie sehr hatte sie, als sie ein Knabe war, Klänge geliebt und hatte das tumultuarische Hervorprasseln von Silben zwischen den Lippen für die schönste Poesie gehalten. Und dann war – vielleicht aus Enttäuschung über Sascha – in diese erhabene Raserei ein schwarzer Tropfen gefallen, der rhapsodisches Strömen in stockendes Sickern verwandelte. Langsam hatte sich da in ihr etwas Labyrinthisches und Vielkammeriges geöffnet, zu dessen Erforschung, in Prosa, nicht in Versen, man eine Fackel nehmen mußte; und sie erinnerte sich, wie leidenschaftlich eifrig sie damals diesen Doktor Browne aus Norwich studiert hatte, dessen Werke ihr stets zur Hand gewesen waren. Sie hatte so, nach der Geschichte mit Greene, in Einsamkeit einen Geist geformt – oder zu formen versucht, denn, wahrhaftig, solche Gewächse brauchen ein Lebensalter zu ihrem Hervorkommen! – einen Geist, der des Widerstands fähig wäre. »Ich will schreiben«, hatte sie sich gesagt, »was zu schreiben mich freut«, und hatte so sechsundzwanzig dicke Hefte vollgeschrieben. Und doch befand sie sich trotz allen Reisen und Abenteuern und allem tiefem Nachdenken und Überlegen erst im Wachsen. Was die Zukunft brächte, das mochte allein der Himmel wissen. Veränderung war etwas Unaufhörliches und würde vielleicht nie enden. Hohe Zinnen der Gedanken, Denkgewohnheiten, welche so dauerhaft wie Stein zu sein schienen, zergingen wie Schatten bei der Berührung mit einem anderen Geist und ließen den Himmel blank und dann neue Sterne daran funkeln.

Hier trat sie ans Fenster und konnte es trotz der Kälte nicht unterlassen, es zu öffnen. Sie beugte sich hinaus in die feuchte Nachtluft. Sie hörte einen Fuchs im Wald bellen und einen Fasan knatternd durchs Gezweig flattern. Sie hörte den Schnee vom Dach rutschen und zu Boden plumpsen. »Bei meinem Leben«, rief sie aus, »dies ist tausendmal besser als die Türkei! – Rustum«, rief sie, als stritte sie mit dem Zigeuner (und in dieser neuen Fähigkeit, eine Auseinandersetzung im Gedächtnis zu behalten und sie mit jemand weiterzuführen, der gar nicht anwesend war, um ihr zu widersprechen, zeigte sich abermals ihre innere Entwicklung), »Rustum, du hast unrecht gehabt! Dies ist besser als die Türkei! Haarlocken, Kuchenkrümel, Tabakschüppchen – aus was für Splittern und Scherben sind wir doch zusammengesetzt!« sagte sie, an Mary Stuart denkend. »Was für eine Phantasmagorie doch der Geist ist, was für ein Treffpunkt von Verschiedenartigstem! Den einen Augenblick beklagen wir unsere Geburt, unseren Stand und erstreben asketische Ekstase; im nächsten sind wir überwältigt von den Düften eines alten Gartenwegs und weinen beim Gesang einer Drossel.« Und so verwirrt wie gewöhnlich durch die Vielzahl der Dinge, die nach einer Erklärung verlangen und ihre Botschaft dem Geist einprägen, ohne eine Andeutung ihres Sinns zu hinterlassen, warf sie das Ende ihres Tabakstumpens aus dem Fenster und ging zu Bett.

Am nächsten Morgen griff sie im Verfolg dieser Gedanken nach ihrer Kielfeder und machte sich von neuem an die »Eiche«, denn Tinte und Papier im Überfluß zu haben, wenn man sich mit wilden Beeren und mit Seitenrändern hat behelfen müssen, ist ein unvorstellbarer Genuß. So strich sie denn nun in tiefster Verzweiflung hier einen Satz aus und schrieb da in höchster Verzückung einen hinein, als plötzlich ein Schatten die Seite vor ihr verdunkelte. Hastig verbarg sie ihr Manuskript.

Weil das Fenster auf den innersten der Höfe ging, weil sie Befehl gegeben hatte, niemand vorzulassen, und weil sie niemand kannte und rechtlich ungekannt war, fühlte sie sich zuerst über den Schatten erstaunt, dann entrüstet und zuletzt (als sie aufblickte und sah, wer ihn verursachte) höchlichst belustigt. Denn es war ein wohlvertrauter Schatten, ein grotesker Schatten, der Schatten keiner geringeren Persönlichkeit als der Großfürstin Henriette Griselda von Finsteraarhorn und Skanderbum in den ruritanischen Landen. Sie hoppelte wie ehemals in ihrem alten schwarzen Reitkleid und Mantel über den Hof. Kein Haar auf ihrem Haupt hatte sich verändert. Dies also war das Weibsstück, das sie aus England vertrieben hatte! Dies war die Brut jenes Geiers der Unzucht – nein, das fatale Federvieh selbst! Bei dem Gedanken, daß sie bis in die Türkei geflohen war, um den Verführungsversuchen dieses Wesens (welche nun äußerst harmlos geworden waren) zu entgehn, lachte Orlando laut heraus. Es war etwas unaussprechlich Komisches an dem Anblick. Sie ähnelte, wie Orlando schon damals gefunden hatte, nichts so sehr wie einem monströsen Hasen. Sie hatte die glotzenden Augen, die langen Backen, die hohe Kopfzier dieses Tiers. Nun hielt sie inne, ganz wie ein Hase im Korn aufrecht sitzt, wenn er sich unbeobachtet glaubt, und blickte Orlando an, die aus dem Fenster zurückblickte. Nachdem sie einander so eine gewisse Zeit angestarrt hatten, blieb nichts anderes übrig, als die Großfürstin hereinzubitten, und alsbald, während diese den Schnee von ihrem Mantel schnippte, tauschten die beiden Damen Komplimente.

»Die Pest auf alle Weiber!« sagte Orlando im stillen, während sie zur Kredenz ging, um Gläser und Wein zu holen. »Keinen Augenblick lassen sie einen in Ruhe. Einen frettchenhafteren, neugierigeren, eitler geschäftigen Menschenschlag kann es gar nicht geben. Um dieser Hopfenstange zu entkommen, habe ich England verlassen, und jetzt« – hier wandte sie sich um und wollte der Großfürstin das Tablett präsentieren – aber, siehe da! an ihrer Stelle stand ein hochgewachsener Herr in Schwarz. Ein Haufen Kleider lag hinter dem Kaminvorsatz. Orlando war allein mit einem Mann.

So plötzlich zu einem Bewußtsein ihres Geschlechts zurückgerufen, welches sie völlig vergessen hatte, und des seinen, welches nun von dem ihren verschieden genug war, um ebenso beunruhigend zu sein, fühlte sich Orlando von einer Schwäche überkommen.

»Ach!« rief sie, sich ans Herz greifend, »wie Ihr mich erschreckt habt!«

»Holdes Geschöpf«, rief die Großfürstin, auf ein Knie sinkend und dabei einen Herzstärker Orlando an die Lippen haltend, »verzeiht mir die Täuschung, die ich an Euch verübt habe!«

Orlando nippte von dem Kräuterwein, und der Großfürst küßte kniend ihr die Hand.

Kurz gesagt, sie agierten die Rollen von Mann und Weib zehn Minuten lang mit großer Lebhaftigkeit und gingen dann auf ein natürliches Gespräch über. Die Großfürstin (aber sie muß nun wohl der Großfürst genannt werden) erzählte seine Geschichte – daß er ein Mann sei und immer einer gewesen sei; daß er ein Porträt Orlandos gesehen und sich hoffnungslos darein verliebt habe; daß er sich, um seine Absicht zu erreichen, als Frau verkleidet und bei dem Bäcker Logis genommen habe; daß er untröstlich gewesen sei, als Orlando nach der Türkei floh; daß er von der Verwandlung gehört habe und herbeigeeilt sei, um seine Dienste anzubieten (hier hi-hite und ha-hate er unerträglich), denn für ihn, sagte Großfürst Heini, sei sie und werde sie immer die Koralle, das Kleinod, die Krone ihres Geschlechts sein. Die drei K hätten größere Überzeugungskraft gehabt, wären sie nicht von Hi-his und Ha-has der seltsamsten Art unterbrochen gewesen.

»Wenn das Liebe ist«, sagte sich Orlando, zu dem Großfürsten auf der anderen Seite des Kamins hinblickend, und nun vom weiblichen Gesichtspunkt, »dann hat sie etwas recht Lächerliches.«

Großfürst Heini fiel auf die Knie und brachte eine äußerst leidenschaftliche Werbung vor. Er sagte ihr, er habe an die zwanzig Millionen Dukaten in einer diebssicheren Truhe auf seinem Schloß. Er besitze mehr Joch Landes als irgendwer vom englischen Hochadel. Die Jagd dort sei vorzüglich; er könne ihr eine gemischte Strecke von Ptarmiganen und Heidehühnern versprechen, mit welcher es kein englisches Revier, und auch kein schottisches, aufnehmen könne. Allerdings hätten in seiner Abwesenheit die Fasane an der Schnabelsperre gelitten und die Hirschkühe verworfen, aber das könne und werde mit ihrer Hilfe sicherlich in Ordnung gebracht werden, sobald sie erst einmal miteinander in Ruritanien lebten.

Während er sprach, bildeten sich riesige Tränen in seinen stark vorquellenden Augen und liefen über die sandigen Strecken seiner langen, schmalen Wangen herab.

Daß Männer ebenso häufig und grundlos weinen wie Frauen, wußte Orlando aus ihrer eigenen Erfahrung als Mann; aber sie begann sich bewußt zu werden, daß Frauen schockiert zu sein haben, wenn Männer in ihrer Gegenwart Gemütsbewegung zeigen, und so war sie denn nun schockiert.

Der Großfürst entschuldigte sich. Alsbald beherrschte er sich genügend, um zu sagen, daß er sie nun verlassen, aber am nächsten Tag wiederkommen werde, sich ihre Antwort zu holen.

Das war an einem Dienstag. Am Mittwoch kam er; er kam am Donnerstag; er kam am Freitag; und er kam am Samstag. Es ist wahr, daß jeder dieser Besuche mit einer Liebeserklärung begann und endete, aber dazwischen war viel Platz für Schweigen. Sie saßen zu beiden Seiten des Kamins, und manchmal warf der Großfürst die Kamingeräte um und Orlando stellte sie wieder auf. Dann fiel dem Großfürsten etwa ein, wie er einmal in Schweden einen Elch geschossen hatte, und Orlando fragte, ob es ein sehr großer Elch gewesen sei, und der Großfürst sagte, er sei nicht ganz so groß gewesen wie das Renntier, das er in Norwegen geschossen habe; und Orlando fragte dann, ob er jemals einen Tiger erlegt habe, und der Großfürst antwortete, er habe einmal einen Albatros geschossen, und Orlando fragte (und halb verbarg sie ein Gähnen dabei), ob ein Albatros so groß wie ein Elefant sei, und der Großfürst antwortete – etwas sehr Vernünftiges unbezweifelbar, aber Orlando hörte es nicht, denn sie blickte auf ihren Schreibtisch oder zum Fenster hinaus oder zur Tür. Worauf der Großfürst »Ich bete Euch an«, sagte, genau im selben Augenblick, als Orlando sagte: »Seht nur, es hat zu regnen begonnen«, worauf sie beide sehr verlegen wurden und tief erröteten und keins von ihnen wußte, was als nächstes sagen. Orlando fiel wahrhaftig nichts mehr ein, wovon sie hätte reden können, und hätte sie sich nicht auf ein Spiel besonnen, Fliegen-Lotto genannt, bei welchem man große Summen Geldes mit sehr geringem Einsatz von Geist verlieren konnte, wäre ihr nichts anderes übrig geblieben, als ihn zu heiraten, so vermutete sie, denn wie anders ihn loswerden, das wußte sie nicht. Durch jenes Mittel jedoch, und es war höchst einfach, da es nur dreier Würfel Zucker und einer genügenden Zahl von Fliegen bedurfte, wurde die Verlegenheit eines Gesprächs überwunden und die Notwendigkeit einer Heirat vermieden. Denn nun wettete der Großfürst mit ihr fünfhundert Pfund gegen einen Heinrichsschilling, daß eine Fliege sich auf diesen und nicht auf jenen Zuckerwürfel niederlassen werde. So hatten sie also für einen ganzen Vormittag Beschäftigung mit dem Beobachten der Fliegen (welche um diese Jahreszeit von Natur träge waren und oft eine ganze Stunde oder mehr damit verbrachten, an der Zimmerdecke zu kreisen), bis endlich eine prächtige Brummfliege ihre Wahl traf und die Wette entschieden war. Viele hundert Pfund wechselten den Besitzer bei diesem Spiel, das, wie der Großfürst, ein geborener Spieler, schwur, genau so gut sei, wie auf Pferde zu setzen, und das ewiglich spielen zu können er beteuerte. Orlando aber begann dessen bald überdrüssig zu werden.

»Was habe ich davon, ein schönes junges Weibsbild in der Blüte der Jahre zu sein«, fragte sie sich, »wenn ich alle meine Vormittage damit verbringen muß, in Gesellschaft eines Großfürsten den Fliegen zuzusehen?«

Sie begann den Anblick von Zucker zu verabscheuen; Fliegen machten sie schwindelig. Irgendeinen Ausweg aus dieser Schwierigkeit mußte es wohl geben, vermutete sie. Aber sie war noch immer ungeübt in den Künsten ihres Geschlechts, und da sie nun nicht mehr einem Mann eins über den Kopf geben oder ihm ein Rapier durch den Leib rennen konnte, fiel ihr kein besseres Mittel als das folgende ein. Sie fing eine Fliege, quetschte der (sie war freilich schon halb tot, oder ihr gutes Herz für alle stumme Kreatur hätte ihr das nicht erlaubt) sanft das Leben aus dem Leib und befestigte sie mittels eines Tropfens Gummiarabicum auf einem Zuckerwürfel. Während der Großfürst zur Zimmerdecke hinaufstarrte, tat sie geschickt diesen Würfel an die Stelle desjenigen, auf den sie ihr Geld gesetzt hatte, und erklärte mit dem Ausruf: »Lotto! Lotto!«, die Wette gewonnen zu haben. Sie rechnete dabei damit, der Großfürst werde bei seiner vielen Erfahrung in Wetten und Pferderennen den Betrug entdecken, und da beim Fliegen-Lotto zu betrügen das abscheulichste Verbrechen ist und seinetwegen schon so manche auf immer aus der Gesellschaft von Menschen in die von Affen in die Tropen verbannt worden waren, zählte sie darauf, er werde Manns genug sein, sich zu weigern, noch irgend etwas mit ihr zu tun zu haben. Allein sie unterschätzte die Arglosigkeit dieses liebenswürdigen Aristokraten. Er war kein guter Fliegenkenner. Eine tote Fliege sah für ihn kaum anders aus als eine lebende. Orlando spielte ihm den Streich wohl an die zwanzig Mal, und er zahlte ihr mehr als 17250 Pfund (was ungefähr 40885 Pfund, 6 Schilling und 8 Pence unseres heutigen Geldes entspricht), bevor sie so gröblich mogelte, daß sogar er nicht mehr zu täuschen war. Als er endlich die Wahrheit begriff, folgte eine peinliche Szene. Der Großfürst erhob sich zu seiner vollen Höhe. Scharlachröte überzog sein Gesicht. Tränen rollten ihm eine nach der andern über die Wangen. Daß sie ihm ein Vermögen abgenommen habe, sei nichts – es sei ihr gerne gegönnt; daß sie ihn getäuscht habe, sei schon etwas – es tue ihm weh, zu denken, sie sei dessen fähig; daß sie aber beim Fliegen-Lotto betrogen habe, sei zuviel! Ein Weib zu lieben, das beim Spiel betrüge, sei unmöglich, sagte er. Und hier brach er völlig zusammen. Zum Glück, so sagte er, als er sich ein wenig gefaßt hatte, seien keine Zeugen dabeigewesen. Sie sei, sagte er, schließlich doch nur ein Weib. Kurzum, er traf in der Ritterlichkeit seines Herzens Anstalten, ihr zu verzeihen, und hatte sich schon über ihre Hand geneigt, um Vergebung für die Heftigkeit seiner Sprache zu erbitten, da machte sie, während er sein stolzes Haupt geneigt hielt, kurzen Prozeß, indem sie ihm eine kleine Kröte zwischen Haut und Hemd gleiten ließ.

Um ihr gerecht zu werden, muß man freilich sagen, daß sie ein Rapier unendlich vorgezogen hätte. Kröten sind gar zu feuchtkalte Dinger, um sie einen ganzen Vormittag lang am eigenen Leib zu verbergen. Aber wenn sich Rapiere verbieten, muß man sich an Kröten halten. Überdies sind Kröten und Lachen manchmal miteinander imstande, was kalter Stahl nicht vermag. Sie lachte. Der Großfürst errötete. Sie lachte. Der Großfürst fluchte. Sie lachte. Der Großfürst warf die Tür hinter sich ins Schloß.

»Der Himmel sei gelobt!« rief Orlando, noch immer lachend, aus. Sie hörte das Räderrollen des in wütender Hast zum Hof hinauskutschierten Wagens. Sie hörte ihn die Straße dahinrattern. Das Rattern wurde schwächer. Nun war es verstummt.

»Ich bin endlich allein!« sagte Orlando laut, da niemand in Hörweite war.

Daß Stille nach Lärm größer ist, bedarf noch immer der Bestätigung durch die Wissenschaft. Daß aber Einsamkeit auffälliger ist, nachdem man soeben mit Liebe umworben wurde, darauf würden viele Frauen einen Eid ablegen. Als das Räderrollen der großfürstlichen Kutsche verklang, fühlte Orlando, daß sich immer weiter von ihr weg ein Großfürst entfernte (woraus sie sich nichts machte), ein Vermögen (woraus sie sich auch nichts machte), ein Titel (aus dem machte sie sich ebenfalls nichts), die Geborgenheit und Würde des Ehestands (und aus diesem machte sie sich schon gar nichts) – aber sie hörte, wie sich das Leben und ein Liebhaber von ihr entfernten. »Das Leben und ein Liebhaber«, murmelte sie, trat an ihren Schreibtisch, tauchte die Feder in die Tinte und schrieb:

»Das Leben und ein Liebhaber« – eine Zeile, die sich nicht skandieren ließ und keinen Zusammenhang mit der vorhergehenden ergab – über die richtige Art, Schafe zu baden, um der Räude vorzubeugen. Als sie die Zeile überlas, errötete sie und wiederholte:

»Das Leben und ein Liebhaber!« Dann legte sie die Feder hin, ging in ihr Schlafzimmer, stellte sich vor den Spiegel und schlang sich ihre Perlen um den Hals. Und dann vertauschte sie, weil Perlen nicht sehr vorteilhaft wirken zu einem Morgenkleid aus geblümtem Kattun, dieses mit taubengrauem Taffet; dann mit einem Kleid von pfirsichfarbenem; danach mit einem von weinfarbenem Brokat.

Vielleicht war ein Tupf Puder nötig, und wenn ihr Haar – so – um ihre Stirn gelegt wäre, bekäme es ihr besser. Hierauf fuhr sie mit den Füßen in spitze Schühlein und steckte sich ihren Smaragdring an den Finger. »Nun also!« sagte sie, als alles so weit war, und entzündete die silbernen Wandleuchter zu beiden Seiten des Spiegels. Welche Frau hätte sich nicht entflammt beim Anblick dessen, was Orlando nun im Schnee brennen sah – denn rings um den Spiegel war schneeweißer Batist gekräuselt, und sie war ein in Brand stehender See, ein lodernder Busch, und die Kerzenflammen um ihren Kopf waren goldene Blätter; oder das Spiegelglas war grünes Wasser und sie eine Meerjungfer, von Perlenketten umwunden, eine Sirene in einer Grotte, eine singende, sodaß Ruderer sich aus ihren Booten neigten und hinabfielen, hinab, um sie zu umarmen; so dunkel, so hell, so hart, so weich war sie, so erstaunlich verführerisch – es schien tausendfach schade zu sein, daß niemand da war, es auf gut Englisch auszudrücken und geradeheraus zu sagen: »Verflucht, Madam, Sie ist die leibhaftige Lieblichkeit!« Was nur wahr war. Sogar Orlando (die sich auf ihre Person nichts zugute tat) wußte es, denn sie lächelte dieses unwillkürliche Lächeln, das Frauen zeigen, wenn ihre Schönheit, welche nicht ihre eigene zu sein scheint, sich zu einem fallenden Tropfen formt oder zu einer aufsteigenden Fontäne und ihnen auf einmal aus dem Spiegel entgegensieht, – dieses Lächeln lächelte sie nun und lauschte dann für einen Augenblick, hörte aber nur die Blätter säuseln und die Spatzen zwitschern und seufzte: »Das Leben und ein Liebhaber!«, und dann wandte sie sich mit außerordentlicher Geschwindigkeit auf dem Absatz herum, riß sich die Perlen vom Hals und die Seide vom Rücken; stand aufrecht in den schmucken schwarzseidenen Kniehosen eines gewöhnlichen Adeligen da und schwang die Handglocke. Als der Kammerdiener kam, sagte sie ihm, daß ein

Sechsspänner sogleich bereit zu sein habe; sie sei in dringenden Angelegenheiten nach London gerufen worden. Innerhalb einer Stunde nach der Abfahrt des Großfürsten fuhr auch sie schon davon.

Und während ihrer Fahrt können wir, da die Landschaft von der gewöhnlichen englischen Art war, welche keiner Beschreibung bedarf, die Gelegenheit ergreifen, um die Aufmerksamkeit des Lesers mehr im besonderen auf ein paar Beobachtungen zu lenken, welche sich hier und da im Verlauf der Erzählung eingeschlichen haben. Zum Beispiel ist ihm vielleicht nicht entgangen, daß Orlando, wenn sie unterbrochen wurde, ihr Manuskript verbarg; ferner, daß sie oft lange und aufmerksam in den Spiegel sah; und nun, als sie nach London fuhr, konnte man gewahren, daß sie aufschrak und einen Schrei unterdrückte, wenn die Pferde schneller galoppierten, als ihr lieb war. Ihre Schamhaftigkeit, was ihr Schreiben, ihre Eitelkeit, was ihre Person, ihre Ängstlichkeit, was ihre Sicherheit betraf, sie alle scheinen darauf hinzudeuten, es sei, was vor einiger Zeit darüber gesagt worden ist, daß keine Veränderung vom Mann zum Weib in Orlando vorging, nun nicht mehr ganz wahr. Sie wurde, wie Frauen das sind, ein wenig bescheidener, was ihren Geist betraf, und, wie Frauen das sind, ein wenig eitler, was ihr Äußeres betraf. Gewisse Empfindlichkeiten machten sich geltend und andere verringerten sich. Der Wechsel der Kleidung hatte, so werden einige Philosophen behaupten, viel damit zu tun. So eitle Nichtigkeiten Kleider auch zu sein scheinen, haben diese, so sagen sie, wichtigere Aufgaben, als bloß uns warmzuhalten. Sie verändern unsere Weltanschauung und die Anschauung der Welt von uns. Zum Beispiel hatte Kapitän Bartolus, als er Orlandos Frauenröcke erblickte, sogleich ein

Sonnendach für sie aufspannen lassen, ihr noch eine Schnitte Pökelfleisch aufgenötigt und sie aufgefordert, mit ihm in der Schaluppe an Land zu fahren. Diese Komplimente wären ihr gewiß nicht gezollt worden, wäre ihr Rock, statt lose zu fallen, nach der Art von Hosen eng um ihre Beine geschnitten gewesen. Und wenn uns Komplimente gezollt werden, geziemt uns irgendeine Erwiderung. Orlando hatte geknickst; sie hatte willfahrt; sie hatte der Laune des guten Mannes geschmeichelt, wie sie es nicht getan hätte, wären seine schmucken Kniehosen ein Weiberrock gewesen und sein betreßter Leibrock das Atlasleibchen einer Frau. Demnach es viel zur Stützung der Ansicht gibt, daß Kleider uns tragen, und nicht wir sie; wir mögen sie zwingen, die Form unserer Arme und unserer Brust anzunehmen, sie aber werden unser Herz, unseren Geist, unsere Zunge nach ihrem Belieben formen. So war denn auch, nachdem Orlando eine beträchtliche Zeit Frauenröcke getragen hatte, eine gewisse Veränderung an ihr merkbar, die sich sogar, wenn der Leser auf Seite 137 nachsehen will, auch in ihrem Gesicht fand. Sobald wir das Bild Orlandos als Mann mit dem Orlandos als Weib vergleichen, werden wir sehen, daß sich da, obzwar beide unbezweifelbar ein und dieselbe Person sind, gewisse Veränderungen finden. Der Mann hat die Rechte frei, um ans Schwert greifen zu können. Die Frau muß die ihre dazu verwenden, die Seide am Herabgleiten von ihren Schultern zu hindern. Der Mann blickt der Welt voll ins Gesicht, als wäre die zu seinem Gebrauch gemacht und nach seinem Gefallen gestaltet. Die Frau wirft einen Seitenblick auf sie, voller Verschlagenheit, sogar voller Verdacht. Trügen sie beide die gleiche Kleidung, wären ihre Anschauungen vielleicht die gleichen.

Das ist die Meinung einiger Philosophen, und sogar weiser, aber im ganzen neigen wir einer anderen zu. Der

Unterschied zwischen den Geschlechtern ist glücklicherweise ein sehr gründlicher. Kleidung ist bloß ein Symbol für etwas tief darunter Verborgenes. Es war eine Veränderung in Orlando selbst, was ihr die Wahl der Kleidung und des Geschlechts eines Weibes diktierte. Und vielleicht drückte sie darin etwas nur offener – Offenheit war in der Tat der Kern ihres Wesens – aus, als das üblich ist, etwas, das den meisten Menschen widerfährt, ohne daß es so deutlich ausgedrückt wird. Denn hier stoßen wir wieder auf etwas Zwiespältiges. So verschieden die Geschlechter auch sind – sie mischen sich. In jedem Menschen vollzieht sich ein Schwanken zwischen dem einen Geschlecht und dem anderen, und oft bewahrt nur die Kleidung das männliche oder weibliche Aussehen, während darunter das Geschlecht das gerade Gegenteil dessen ist, was die Oberfläche anzeigt. Von den Verwicklungen und Verwirrungen, welche daraus entstehn, hat jeder Mensch sein Teil Erfahrung gehabt; hier aber wollen wir die allgemeine Frage sein lassen und nur die wunderliche Wirkung vermerken, die sich in dem besonderen Fall Orlandos ergab.

Denn es war diese Mischung des Männlichen und Weiblichen in ihr, von denen bald das eine, bald das andere an die Oberfläche kam, was ihrem Betragen oft eine unerwartete Wendung gab. Die Neugierigen ihres eigenen Geschlechts könnten zum Beispiel fragen, wie es, wenn Orlando ein Weib sei, komme, daß sie nie länger als zehn Minuten zum Ankleiden brauche. Und seien nicht ihre Kleider aufs Geratewohl gewählt und manchmal schon recht abgetragen? Und dann würden sie hinzufügen, Orlando habe nichts von der Förmlichkeit eines Mannes oder von seiner Machtliebe. Sie sei außerordentlich zartfühlend. Sie könne es nicht ertragen, einen Esel geschlagen oder ein Kätzchen ertränkt zu sehen. Doch würden sie andererseits hinzusetzen, daß sie Haushaltsangelegenheiten verabscheute, bei Morgengrauen auf und im Sommer auf den Feldern draußen war, bevor die Sonne aufging. Kein Landwirt verstehe mehr von Saaten und Ernten als sie. Sie nehme es im Trinken mit den Besten auf und liebe Glücksspiele. Sie reite gut und kutschiere sechsspännig im Galopp über die London-Brücke. Doch so kühn und tätig sie als Mann war, es wurde hinwieder bemerkt, daß der Anblick eines in Gefahr befindlichen Menschen das weiblichste Herzklopfen in ihr hervorrief. Sie brach bei dem geringsten Anlaß in Tränen aus. Sie war der Geographie unkundig, fand die Mathematik unerträglich und hegte einige Kapricen, welche unter Frauen verbreiteter sind als unter Männern: wie, zum Beispiel, daß südwärts zu reisen ein Bergabreisen sei. Ob also Orlando mehr Mann oder mehr Weib war, das läßt sich schwer sagen und kann nicht jetzt entschieden werden, denn ihre Kutsche rumpelte nun schon über die Pflastersteine Londons. Sie hatte alsbald ihr Stadthaus erreicht. Die Wagenstufen wurden herabgelassen. Das eiserne Gittertor wurde geöffnet. Sie betrat das Haus ihrer Vorväter in Blackfriars, welches, wenngleich die modische Welt diesen Stadtteil immer schneller verließ, doch noch ein behaglicher, geräumiger Wohnsitz war, mit einem Garten, der sich zum Fluß hinabzog, und einem Hain von Nußbäumen zu angenehmem Lustwandeln.

Hier nahm sie nun Aufenthalt und begann sich sogleich danach umzusehen, was zu suchen sie gekommen war – das Leben und einen Liebhaber. Über das erste mag einiger Zweifel bestehn; das zweite fand sie ohne die geringste Schwierigkeit zwei Tage nach ihrer Ankunft. Es war ein Dienstag, an dem sie in die Stadt kam. Am Donnerstag unternahm sie einen Spaziergang in der Mall, wie das die Gewohnheit der Personen von Stand war. Sie war noch keine zwei Male die Allee auf- und abgeschritten, als sie schon von einem kleinen Knäuel gemeinen Volks beobachtet wurde, welches sich dorthin begibt, um die vornehme Welt zu bespähen. Als sie vorbeikam, trat ein gewöhnliches Weib, das ein Kind an der Brust trug, vor, guckte Orlando vertraulich ins Gesicht und rief: »Der Herrgott lach mich aus, wenn's nicht die Lady Orlando ist!« Ihre Gefährten kamen herbeigedrängt, und Orlando sah sich augenblicks im Mittelpunkt eines Haufens glotzender Bürger und Handwerkersfrauen, welche alle begierig waren, einen Blick auf die Heldin des berühmten Prozesses zu tun. So groß war die neugierige Anteilnahme, die der Fall in den Gemütern des gemeinen Volks erregte. Orlando hätte sich wahrhaftig durch dieses Gedränge ernstlich inkommodiert sehen können – sie hatte vergessen, daß von Damen nicht angenommen wurde, sie gingen an öffentlichen Orten allein spazieren, – wäre nicht ein hochgewachsener Herr sogleich herbeigekommen und hätte ihr den Schutz seines Arms angeboten. Es war der Großfürst. Bei seinem Anblick empfand sie Pein und doch auch einige Belustigung. Dieser großmütige Ehrenmann hatte ihr nicht nur verziehen, er hatte sich auch, um ihr zu zeigen, daß er ihr den leichtfertigen Streich mit der Kröte nicht nachtrage, ein Schmuckstück in Gestalt dieses Reptils beschafft, welches er ihr nun, als er ihr in die Kutsche half, mit einer Wiederholung seines Heiratsantrags aufdrängte.

War's der Volkshaufe, war's der Großfürst oder das Schmuckstück oder alles zusammen, sie fuhr in denkbar schlechtester Laune nach Hause. War es also unmöglich, ein wenig spazieren zu gehn, ohne vom Pöbel halb erdrückt, von einem Großfürsten mit einer Kröte aus Smaragden beschenkt und obendrein von ihm mit einem Heiratsantrag bedacht zu werden? Sie faßte eine freundlichere Ansicht darüber, als sie am nächsten Morgen, auf ihrem Frühstückstisch, ein halbes Dutzend Briefchen von den höchsten Damen des Landes vorfand – von Lady Suffolk, Lady Salisbury, Lady Chesterfield, Lady Tavistock und anderen, welche alle sie auf die höflichste Weise an alte Bande zwischen ihrer Familie und den eigenen erinnerten und die Ehre ihrer Bekanntschaft erbaten. Am nächsten Tag, der ein Samstag war, machten viele dieser großen Damen ihr persönlich Visite. Am Dienstag, gegen Mittag, überbrachten ihr Ausläufer Einladungskarten zu verschiedenen Empfängen, Gastmählern und Abendgesellschaften für die nächste Zeit; sodaß Orlando ohne Verzug und mit einigem Geklatsch und Geschäum in die Gewässer der Londoner Gesellschaft vom Stapel gelassen war.

Einen wahrheitsgetreuen Bericht über die Londoner Gesellschaft jener oder wahrhaftig auch irgendeiner anderen Zeit zu geben, übersteigt die Kräfte des Biographen oder Historikers. Nur denjenigen, die der Wahrheit recht wenig bedürfen und keine Achtung vor ihr haben, den Dichtern und Romanschreibern, kann zugetraut werden, das zu vollbringen, denn dies ist einer der Fälle, in denen die Wahrheit nicht existiert. Nichts existiert da. Das Ganze ist ein blauer Dunst – eine Fatamorgana. Um, was wir meinen, deutlich zu machen: Orlando kam gewöhnlich von einem dieser Empfänge um drei oder vier Uhr morgens heim, mit Wangen wie ein Weihnachtsbaum und Augen wie Sterne. Da löste sie dann ein Schnürband, ging zwanzigmal im Zimmer auf und ab, löste ein zweites Schnürband, blieb stehn und ging abermals auf und ab. Oft strahlte schon die Sonne über den Schornsteinen von Southwark, bevor sie sich überreden konnte, zu Bett zu gehn, und da lag sie dann und warf sich lachend und seufzend eine Stunde lang oder länger hin und her, bevor sie endlich einschlief. Und wem galt alle diese Erregung? Der Gesellschaft. Und was hatte die Gesellschaft gesagt oder getan, um eine vernünftige Dame in solche Erregung zu versetzen? Offen gestanden, gar nichts. Orlando mochte ihr Gedächtnis foltern, wie sie wollte, am nächsten Tag konnte sie sich nicht eines einzigen Worts erinnern, das sich zu einem Etwas vergrößern ließ. Lord A. war galant gewesen; Lord B. artig, der Marquis von C. bezaubernd, Mr. M. amüsant. Wenn sie sich aber zu erinnern trachtete, worin alle diese Galanterie, diese Artigkeit, dieser Zauber oder Witz bestanden hatte, mußte sie annehmen, ihr Gedächtnis lasse sie im Stich, denn sie wußte nichts davon zu nennen. So war es immer. Nichts blieb am nächsten Tag davon übrig, und doch war die Erregung im Augenblick immer sehr heftig. Daher wir denn zu dem Schluß gezwungen sind, die Gesellschaft sei ein solches Gebräu, wie geübte Haushälterinnen es um die Weihnachtszeit heiß auftischen, ein Gebräu, dessen Aroma von dem richtigen Mischen und Rühren eines Dutzends verschiedener Ingredienzien abhängt. Fische eins davon heraus, und es ist an sich fade. Nimm Lord A., Lord B., Lord C. oder Mr. M. beiseite, und jeder für sich ist nichts. Quirle sie alle miteinander, und sie verbinden sich dazu, die berauschendsten Aromen, die verführerischsten Düfte auszuströmen. Doch dieses Berauschende, dieses Verführerische entzieht sich völlig unserer Untersuchung. Zu ein und derselben Zeit ist somit die Gesellschaft alles und nichts. Die Gesellschaft ist das stärkste Elixier auf der Welt, und die Gesellschaft hat überhaupt kein Dasein. Mit einem solchen Ungeheuer können nur die Dichter und die Romanschreiber umgehn; mit einem solchen Etwasnichts sind ihre Werke zu erstaunlichem Umfang ausgestopft; und wir sind es ganz zufrieden, ihnen das mit dem besten Willen von der Welt zu überlassen.

Dem Beispiel unserer Vorgänger folgend, wollen wir also nur sagen, daß die Gesellschaft während der Regierungszeit

Königin Annes von einer Brillanz ohnegleichen war. Zu ihr Zutritt zu haben, war das Ziel einer jeden wohlgeborenen Person. Die Anmut war unerreicht. Väter unterwiesen ihre Söhne, Mütter ihre Töchter. Keine Erziehung des einen wie des anderen Geschlechts war vollständig, wenn sie nicht die Wissenschaft vom Benehmen einschloß, die Kunst des Sichverneigens und des Knicksens, die Handhabung des Degens und des Fächers, die Pflege der Zähne, die Haltung des Beins, das Biegen des Knies, die richtige Art und Weise, ein Zimmer zu betreten und es zu verlassen, und dazu ein Tausend Etceteras, wie sie sogleich einem jeden einfallen, der selber sich in der Gesellschaft bewegt hat. Da Orlando das Lob Königin Elizabeths dafür geerntet hatte, wie sie als Knabe ein Becken Rosenwasser darbot, muß angenommen werden, daß sie genügend geschult war, um die Aufnahmeprüfung zu bestehn. Und doch ist es wahr, daß sich bei ihr eine Geistesabwesenheit zeigte, welche sie manchmal ungeschickt machte; sie war imstande, an Poesie zu denken, wenn sie an Taffet hätte denken sollen; ihr Gang hatte für ein weibliches Wesen vielleicht etwas zuviel vom Schreiten; und ihre Gebärden konnten, da sie ein wenig jäh waren, gelegentlich eine Teetasse gefährden.

Ob nun dieses geringe Gebrechen genügte, den Glanz ihres Auftretens zu verdüstern, oder ob Orlando einen Tropfen zuviel jenes schwarzen Safts geerbt hatte, der in ihrer ganzen Rasse fließt, – gewiß ist, daß sie keine zwanzigmal in der großen Welt gewesen war, bevor man sie, wenn jemand anders als bloß Pippin, ihre Spanielhündin, dabeigewesen wäre, hätte hören können, wie sie sich fragte: »Was, zum Teufel, ist nur los mit mir?« Der Anlaß ergab sich am 16. Juni 1712, einem Dienstag. Sie war soeben von einem großen Ball in Arlington House zurückgekommen; der Morgen dämmerte schon am Himmel, und sie war eben dabei, ihre Strümpfe abzustreifen. »Es ist mir gleich, ob ich je wieder einer Menschenseele begegne, solange ich lebe!« rief sie und brach in Tränen aus. Liebhaber hatte sie die Menge, doch das Leben, welches schließlich auf seine Weise von einiger Wichtigkeit ist, entzog sich ihr. »Ist dies«, fragte sie – aber es war niemand da, ihr Antwort zu geben, – »ist dies«, beendete sie dennoch ihren Satz, »was die Leute Leben nennen?« Die Spanielhündin hob zum Zeichen des Mitgefühls die Vorderpfote; sie leckte Orlando das Gesicht. Orlando streichelte ihr den Kopf. Orlando küßte die Spanielhündin auf die Nase. Kurzum, es bestand die echteste Sympathie zwischen ihnen, die zwischen Hund und Herrin bestehn kann, und doch läßt sich nicht leugnen, daß die Stummheit der Tiere ein großes Hindernis für die Verfeinerung des Umgangs mit ihnen ist. Sie wedeln mit dem Schwanz; sie senken ihren Körper vorn und strekken ihn mit hohlem Rücken hinten hoch; sie wälzen sich; sie hüpfen; sie bepfoten einen; sie winseln; sie bellen; sie schlabbern; sie haben allerlei eigene Zeremonien und Kunstfertigkeiten. Doch das alles hilft nicht viel, da sie nicht sprechen können. Das ist es auch, dachte Orlando, die Hündin sanft auf den Boden setzend, was ich gegen die großen Leute von Arlington House habe. Auch sie wedeln, buckeln, wälzen sich, hüpfen, bepfoten einen und schlabbern, aber sprechen können sie nicht. »Alle diese Monate, seitdem ich mich in der großen Welt bewege«, sagte Orlando, einen Strumpf durchs Zimmer schleudernd, »habe ich nichts gehört, was nicht auch Pippin hätte sagen können. ›Mir ist kalt. Ich bin glücklich. Ich bin hungrig. Ich habe eine Maus gefangen. Ich habe einen Knochen vergraben. Bitte, küß mich auf die Nase!‹ Aber das ist nicht genug.«

Wie sie in so kurzer Zeit von Rausch zu Ekel gelangt war, das wollen wir nur durch die Annahme zu erklären suchen, daß dieses rätselhafte Kompositum, das wir »die Gesellschaft«

nennen, an sich nicht absolut gut oder schlecht ist, sondern einen sich verflüchtigenden, aber sehr wirksamen Sprit enthält, der einen entweder trunken macht, wenn man, wie Orlando, die Gesellschaft für entzückend hält, oder einem übel macht, wenn man sie, wie Orlando, abstoßend findet. Daß die Fähigkeit, zu sprechen, auf die eine wie die andere Weise viel damit zu tun hat, erlauben wir uns zu bezweifeln. Oft ist eine wortlose Stunde die bezauberndste von allen; brillanter Witz kann unbeschreiblich anödend sein. Doch wir wollen das alles den Dichtern überlassen, und somit weiter in unserer Geschichte!

Orlando warf den zweiten Strumpf dem ersten nach und ging niedergeschlagen genug zu Bett, entschlossen, der Gesellschaft auf ewig zu entsagen. Abermals jedoch war sie, wie sich erwies, voreilig zu ihren Schlußfolgerungen gelangt. Denn schon am nächsten Morgen fand sie beim Erwachen unter den gewohnten Einladungskarten auf ihrem Tischchen auch eine von einer gewissen großen Dame, der Gräfin von R. Da Orlando über Nacht beschlossen hatte, nie wieder in der Gesellschaft zu erscheinen, können wir ihr Verhalten – sie sandte einen Läufer in größter Eile ins Palais R. und ließ sagen, sie werde sich bei Ihrer Ladyschaft mit allem Vergnügen von der Welt einfinden, – nur dadurch erklären, daß sie noch immer unter der Nachwirkung dreier honigsüßer Wörter litt, welche ihr auf dem Deck der »Verliebten Lady« von Kapitän Nicholas Benedict Bartolus, als sie die Themse hinaufsegelten, ins Ohr geträufelt worden waren. »Addison, Dryden, Pope«, hatte er gesagt und dabei auf den »Kakaobaum« gewiesen, und »Addison, Dryden, Pope« hatte es ihr seitdem wie eine Zauberformel im Ohr geklungen. Wer vermöchte solche Torheit zu glauben? Aber es war so. Ihre ganze Erfahrung mit Nick Greene hatte sie nichts gelehrt. Von solchen Namen war sie noch immer im höchsten Grad gebannt. An irgend etwas müssen wir vielleicht glauben, und da Orlando, wie wir schon sagten, an keine der üblichen Gottheiten glaubte, wandte sie ihr Glaubensbedürfnis auf große Männer – jedoch mit einem Unterschied. Admirale, Feldherren, Staatsmänner ließen sie völlig kalt. Doch schon der bloße Gedanke an einen großen Schriftsteller erregte in ihr einen solchen Grad von Gläubigkeit, daß sie ihn selbst fast für unsichtbar hielt. Ihr Instinkt war ein ganz gesunder. Man kann völlig vielleicht nur an das glauben, was man nicht sehen kann. Der flüchtige Anblick dieser großen Männer, welchen sie vom Verdeck des Schiffs gehabt hatte, war wie eine Vision gewesen. Daß die Teetassen Porzellan oder die Gazette Papier gewesen seien, bezweifelte sie. Als Lord O. eines Tags sagte, er habe gestern mit Mr. Dryden zur Nacht gegessen, glaubte sie ihm einfach nicht. Nun hatten aber die Empfangsräume Lady R.'s den Ruf, der Vorraum zum Thronsaal der Genialität zu sein; sie waren die Stätte, wo Männer und Frauen zusammenkamen, um vor einer Wandnische der Büste des Genies Weihrauch zu streuen und Hymnen zu singen. Manchmal gewährte sogar der Gott selbst seine Anwesenheit für einen Augenblick. Einzig der Intellekt verschaffte dem Aufnahmesuchenden Einlaß, und nichts, so ging das Gerücht, werde dort drin gesagt, was nicht über die Maßen geistreich sei.

Fast verzagt betrat darum Orlando den Empfangssalon. Sie fand eine bereits im Halbkreis um das Kaminfeuer versammelte Gesellschaft vor. Lady R., eine ältliche Dame von dunkler Hautfarbe, eine schwarze Spitzenmantille um den Kopf, saß in einem großen Armsessel in der Mitte. So konnte sie, die ein wenig schwerhörig war, das Gespräch beiderseits lenken. Beiderseits ihrer saßen Männer und Frauen von höchster Distinktion. Jeder der Männer, so hieß es, sei ein Premierminister gewesen, und jede Frau, so flüsterte man, die Mätresse eines Königs. Sicher ist, daß alle brillant und alle berühmt waren. Orlando nahm nach einem tiefen Knicks ihren Sitz ein ... Nach drei Stunden knickste sie tief und ging.

Aber was, so mag der Leser mit einiger Ungeduld wohl fragen, ereignete sich dazwischen? Im Verlauf dreier Stunden mußten in einer solchen Gesellschaft doch die denkbar geistreichsten, tiefsinnigsten, interessantesten Aussprüche getan worden sein. So möchte man wahrhaftig meinen. Tatsache aber scheint zu sein, daß keine getan wurden. Es ist ein wunderliches Merkmal, das diese Gesellschaft mit allen den glänzendsten, die die Welt je gesehen hat, teilt. Mme. du Deffand und ihr Freundeskreis redeten fünfzig Jahre lang ohne Unterlaß. Und was ist davon geblieben? Vielleicht drei geistreiche Aussprüche. Sodaß uns also die Annahme freisteht, es sei nichts gesprochen oder nichts Geistreiches gesagt worden oder das Bruchteil von drei geistreichen Aussprüchen reichte für achtzehntausendzweihundertundfünfzig Abende, was keine sehr reichliche Dotierung irgendeines derselben erlaubt.

Die Wahrheit – wenn wir ein solches Wort in einem solchen Zusammenhang zu gebrauchen wagen – scheint zu sein, daß alle solche Zirkel oder Grüppchen einer Verzauberung erliegen. Die Dame des Hauses ist unsere moderne Sibylle. Sie ist eine Hexe, die ihre Gäste einem Zauberbann unterwirft. In dem einen Haus halten sie sich für glücklich; in einem anderen für witzig; in einem dritten für tiefsinnig. Es ist alles Illusion (was nichts dagegen besagt, denn Illusionen gehören zu den allerwertvollsten und notwendigsten Dingen und sie, die eine zu schaffen vermag, zu den größten Wohltätern der Welt), aber da es notorisch ist, daß Illusionen beim Zusammenstoß mit der Wirklichkeit in Scherben gehn, wird, wo Illusionen vorherrschen, kein wirkliches Glücklichsein, kein wirklicher Geistesreichtum, kein wirklicher Tiefsinn geduldet. Das vermag zu erklären, warum Mme. du Deffand nicht mehr als drei witzige Aussprüche im Laufe von fünfzig Jahren tat. Hätte sie mehr getan, wäre ihr Zirkel zerstört gewesen. Der witzige Ausspruch warf, als er ihre Lippen verließ, das im Gang befindliche Gespräch um, wie eine Kanonenkugel die Veilchen und Gänseblümchen plattdrückt. Als sie ihr berühmtes *mot de Saint Denis* abschoß, wurde sogar das Gras versengt. Desillusion und Desolation folgten. Kein einziges Wort wurde zunächst geäußert. »Verschonen Sie uns, um Himmels willen, mit noch einem solchen, Madame!« riefen ihre Freunde dann wie aus einem Mund. Und sie willfahrte. Fast siebzehn Jahre lang sagte sie nichts Denkwürdiges mehr. Und alles ging gut. Der schöne Überwurf der Illusion lag unzerrissen über ihrem Kreis, wie er unzerrissen über dem Zirkel Lady R.'s lag. Die Gäste glaubten, sie seien glücklich, sie glaubten, sie seien geistreich, sie glaubten, sie seien tiefsinnig. Und da sie selbst es glaubten, glaubten es andere Leute noch viel fester; und so kam in Umlauf, daß es nichts Köstlicheres gebe als eine von Lady R.'s Assembleen. Jedermann beneidete diejenigen, die zugelassen waren; die Zugelassenen beneideten sich selbst, weil andere sie beneideten; und so schien des kein Ende zu sein – ausgenommen dieses, das wir nun zu erzählen haben.

Als Orlando ungefähr zum drittenmal hinging, ereignete sich ein gewisser Vorfall. Sie stand noch immer unter der Illusion, den blendendsten Epigrammen der Welt zu lauschen, obzwar tatsächlich der alte General G. bloß des längeren erzählte, wie die Gicht sein linkes Bein verlassen und sich in sein rechtes verzogen habe, und Mr. L. unterbrach, sobald irgendeines Namens Erwähnung getan wurde: »R.? Oh, ich kannte Billy R. so gut, wie ich mich selbst kenne. –

S.? Mein bester Freund. – T.? Bin zwei Wochen bei ihm in Yorkshire zu Gast gewesen« – was, so groß ist die Stärke der Illusion, wie die witzigste Entgegnung, der eindringlichste Kommentar zum menschlichen Leben klang und die Gesellschaft fast in Lachkrämpfe versetzte; indes sich die Tür öffnete und ein kleiner Herr eintrat, dessen Namen Orlando nicht erhaschte. Alsbald überfiel sie eine wunderlich unangenehme Empfindung. Nach den Gesichtern zu urteilen, begannen auch die übrigen sie zu verspüren. Einer der Herren sagte, es ziehe. Die Marquise von C. fürchtete, es müsse eine Katze unter dem Sofa sein. Es war so, als würden sich ihrer aller Augen wie nach einem angenehmen Traum öffnen und diesen nichts begegnen außer einem billigen eisernen Waschtisch und einer unsauberen Bettdecke; als würden die Duftschwaden eines köstlichen Weins sie allmählich verlassen. Noch immer redete der General und noch immer erinnerte sich Mr. L. Es wurde aber immer unverkennbarer, wie rot des Generals Genick und wie kahl Mr. L.'s Kopf war. Und was das, was sie sagten, anlangt, so ließ sich nichts Langweiligeres und Platteres vorstellen. Jedermann rückte unruhig hin und her, und wer einen Fächer hatte, gähnte dahinter. Endlich klopfte Lady R. mit dem ihren auf die Armlehne ihres großen Sessels. Beide Herren verstummten.

Dann sagte der kleine Herr ...

Er sagte als nächstes ...

Er sagte zum Schluß ...*

Hier, das ließ sich nicht leugnen, war echter Witz, echte Weisheit, echter Tiefsinn. Die Gesellschaft sah sich in völlige Verzagtheit gestürzt. *Ein* solcher Ausspruch war schlimm

* Diese Aussprüche sind zu gut bekannt, um einer Wiederholung zu bedürfen, und überdies sind sie alle in seinen veröffentlichten Werken zu finden.

genug; aber drei hintereinander an einem und demselben Abend! – das konnte keine Gesellschaft überleben.

»Mr. Pope«, sagte die alte Lady R. mit einer vor sarkastischer Wut bebenden Stimme, »Sie belieben witzig zu sein.« Mr. Pope wurde rot. Niemand sprach ein Wort. Alle saßen sie einige zwanzig Minuten in völligem Schweigen da. Dann erhoben sie sich eins nach dem andern und schlichen aus dem Zimmer. Daß sie nach einem solchen Erlebnis jemals wiederkämen, war zweifelhaft. Man konnte in der ganzen South Audley Street Fackelträger die Kutscher rufen hören. Wagentüren wurden zugeschlagen und Wagen fuhren weg. Orlando sah sich auf der Treppe plötzlich in der Nähe Mr. Popes. Dessen hagerer und mißgestalter Körper wurde von einer Vielfalt von Gemütsbewegungen geschüttelt. Seine Augen schossen Pfeile von Bosheit, Wut, Triumph, Witz und Entsetzen (er zitterte wie Espenlaub). Er sah aus wie ein Reptil mit einem glühenden Topas in der Stirn. Gleichzeitig ergriff der seltsamste Sturm von Gefühlen die unglückselige Orlando. Eine so völlige Desillusion wie die ihr vor weniger als einer Stunde widerfahrene bringt den Geist in heftiges Schwanken. Alles erscheint zehnmal kahler und krasser als zuvor. Es ist ein höchst gefahrvoller Augenblick für das menschliche Gemüt. Aus Frauen werden in solchen Augenblicken Nonnen, aus Männern Priester. In solchen Augenblicken schenken Reiche ihren Reichtum weg, und Glückliche durchschneiden sich die Kehle mit dem Küchenmesser. Orlando hätte das alles willig getan, aber es gab noch etwas Unbesonneneres für sie zu tun, und das tat sie. Sie lud Mr. Pope ein, mit ihr nach Hause zu kommen.

Denn wenn es unbesonnen ist, waffenlos in eine Löwenhöhle zu gehn, unbesonnen, den Ozean in einem Ruderboot zu überschiffen, unbesonnen, auf einem Bein auf der Laterne der Pauls-Kathedrale zu stehn, ist es noch viel unbesonnener, mit einem Dichter allein heimzugehn. Ein Dichter ist Ozean und Löwe in einem. Während der eine uns ertränkt, zerfleischt uns der andere. Überleben wir die Zähne, unterliegen wir den Wellen. Ein Mensch, der Illusionen zerstören kann, ist beides, reißendes Tier und reißende Flut. Illusionen sind für die Seele, was die Atmosphäre für die Erde ist. Rolle diese zarte Decke von Luft ein, und die Pflanze stirbt, die Farbe verblaßt; die Erde unter unseren Füßen ist ausgeglühte Schlacke; wir treten auf Mergel, und feurige Pflastersteine versengen uns die Sohlen. Durch die Wahrheit werden wir zunichte. Das Leben ist ein Traum; das Erwachen ist's, was uns tötet. Wer uns unsere Träume raubt, raubt uns das Leben – (und so weiter über sechs Seiten, wenn ihr wollt, aber dieser Stil ist langweilig, und so mögen wir ihn wohl sein lassen).

Demnach jedoch hätte Orlando ein Häufchen Asche sein müssen, als ihr Wagen vor ihrem Haus in Blackfriars hielt. Daß sie noch immer Fleisch und Blut war, wenngleich sicherlich erschöpftes Fleisch und Blut, verdankte sie einzig einer Tatsache, auf die wir schon früher in dieser Erzählung die Aufmerksamkeit lenkten. Je weniger wir sehen, desto mehr glauben wir. Nun waren damals die Straßen zwischen Mayfair und Blackfriars sehr unvollkommen beleuchtet. Freilich war die Beleuchtung selbst eine große Verbesserung gegenüber jener zur Zeit der Königin Elizabeth. Damals mußte ein von der Nacht überraschter Reisender den Sternen oder dem rötlichen Flämmchen eines Nachtwächters vertrauen, daß sie ihn vor den Kiesgruben in Park Lane oder den Eichenwäldern bewahren würden, wo, in der heutigen Tottenham Court Road, die Schweine wühlten. Auch so fehlte ihr noch viel, um nach unseren Begriffen ausreichend zu sein. Pfähle mit Öllaternen gab es zwar ungefähr alle zweihundert Schritte, aber zwischen ihnen lag immer eine beträchtliche

Strecke pechschwarzer Finsternis. So befanden sich also Orlando und Mr. Pope immer zehn Minuten lang im Dunkeln und dann für etwa eine halbe Minute im Licht. Orlando geriet dadurch in einen sehr seltsamen Gemütszustand. Während das Licht schwächer wurde, begann sie sich von einem köstlichen Balsam überhaucht zu fühlen. »Das ist fürwahr eine sehr große Ehre für ein junges Frauenzimmer, hier so mit Mr. Pope im Wagen zu fahren«, dachte sie, während sie auf den Umriß seiner Nase blickte. »Ich bin die Begnadetste meines Geschlechts. Einen halben Zoll weit von mir – ja, ich fühle wahrhaftig den Druck seines Kniebandknotens an meinem Bein – sitzt der witzigste Kopf im ganzen Herrschaftsbereich Ihrer Majestät. Künftige Zeiten werden mit Wißbegier an uns denken und mich rasend beneiden.« Hier kam wieder ein Laternenpfahl. »Was für ein törichtes armes Ding ich doch bin!« dachte sie. »So etwas wie Ruhm und Berühmtheit gibt es ja gar nicht. Künftige Zeitalter werden nie auch nur einen Gedanken auf mich wenden, und auf Mr. Pope auch nicht. Was ist denn ein ›Zeitalter‹? Was sind wir?« Und als sie nun über den Berkeley Square fuhren, schien es ihr, daß sich zwei blinde Ameisen, welche ohne ein gemeinsames Interesse oder Geschäft für den Augenblick zusammengeworfen waren, durch eine schwarze Wüste tasteten. Sie erschauerte. Aber hier war wieder Finsternis. Ihre Illusion belebte sich. »Wie edel seine Stirn ist«, dachte sie (einen Buckel der Wagenpolsterung im Dunkel für Mr. Popes Stirn haltend). »Welch eine Fülle von Genie lebt darin! Welcher Witz, welche Weisheit und Wahrheit – fürwahr, welch ein Überfluß an allen diesen Juwelen, für die manche Leute ihr Leben zu tauschen bereit wären! Deines ist das einzige Licht, das für immer brennt. Wärest du nicht, die Pilgerfahrt des Menschen müßte in völliger Finsternis unternommen werden (hier gab es einen gewaltigen Ruck, weil der Wagen in eine ausgefahrene Spur in Piccadilly rutschte); ohne das Genie wären wir verlassen und verloren. Erhabenster, klarstleuchtender aller Strahlen!« – so sprach sie den Buckel der Polsterung an – da gerieten sie wieder ins Licht einer der Straßenlaternen, und sie begriff ihren Irrtum. Mr. Pope hatte eine Stirn, die nicht größer war als die anderer Männer. »Du Elender!« dachte sie, »wie hast du mich getäuscht! Ich hielt diesen Wulst für deine Stirn. Wenn man dich deutlich sieht, wie unedel, wie verachtenswert bist du da! Mißgestalt und schwächlich, wie du bist, ist nichts an dir zu verehren, viel zu bemitleiden und noch mehr zu verachten.«

Abermals kamen sie in Dunkelheit, und Orlandos Ärger mäßigte sich sogleich, als sie nichts mehr außer den Knien des Dichters erkennen konnte.

»Aber ich bin's, die eine Elende ist«, überlegte sie, sobald sie wiederum in völliger Finsternis waren. »Denn so niedrig du sein magst, bin ich nicht noch niedriger? Du bist es, der mich nährt und beschützt, der die hungrigen Raubtiere verscheucht, den Wilden abschreckt, mir Kleider macht aus dem Gespinst des Seidenwurms und Teppiche aus der Wolle des Schafs. Wenn ich anbeten will – hast du mich nicht mit einem Bildnis deiner selbst versehen und es an den Himmel versetzt? Finden sich nicht Anzeichen deiner Fürsorge überall? Wie demütig, wie dankbar, wie gelehrig sollte ich darum nicht sein? Laß meine ganze Freude darin bestehn, dir zu dienen, dich zu ehren und dir zu gehorchen!«

Hier erreichten sie den mehrarmigen Laternenpfahl an der Ecke, wo heute Piccadilly Circus ist. Das Licht flammte ihr in die Augen, und sie glaubte neben einigen herabgekommenen, entwürdigten Geschöpfen ihres eigenen Geschlechts zwei jämmerliche Pygmäen auf einer wüsten Insel zu sehen. Beide waren sie nackt, einsam und wehrlos. Sie vermochten nicht, einander zu helfen. Ein jedes hatte genug damit zu tun, für sich selbst zu sorgen. Sie sah Mr. Pope voll ins Gesicht und dachte: »Es ist gleich vergeblich für dich, zu meinen, du könntest mich beschützen, wie für mich, zu glauben, ich könnte dich anbeten. Das Licht der Wahrheit fällt ohne Schatten auf uns, und das Licht der Wahrheit ist uns beiden höchst unbekömmlich.«

Die ganze Zeit hindurch sprachen sie natürlich weiter sehr verbindlich, wie Leute von Geburt und Erziehung das zu tun pflegen, über die Reizbarkeit der Königin und die Gicht des Premierministers, während der Wagen aus Licht in Schatten und wieder in Licht den Haymarket hinabfuhr, durch den Strand und die Fleet Street hinauf und endlich Orlandos Haus in Blackfriars erreichte. Seit einer Weile waren die dunkeln Zwischenräume zwischen den Laternen heller und die Laternen selbst weniger hell geworden – das heißt, die Sonne ginge bald auf, und in diesem angenehmen aber wirren Licht einer Sommerfrühe, darin alles sichtbar, aber nichts deutlich ist, stiegen sie aus, wobei Mr. Pope ihr herabhalf und Orlando Mr. Pope mit einem Knicks aufforderte, vor ihr in ihr Stadtpalais einzutreten, und dies mit der gewissenhaftesten Beachtung aller Riten der Grazien tat.

Aus dem vorhergehenden Absatz darf man jedoch nicht schließen, daß die Genialität (aber auf den Britischen Inseln ist diese Krankheit nun ausgerottet, an der als letzter, wie es heißt, Lord Tennyson gelitten hat) unaufhörlich lodert, denn dann würden wir alles deutlich sehen und vielleicht dabei zu Tode versengt werden. Sie ähnelt vielmehr in der Wirkungsweise einem Leuchtturm, welcher einen Strahl aussendet und dann für eine Weile nichts mehr; nur daß das Genie in seinen Kundgebungen viel launischer ist und vielleicht sechs oder sieben Strahlen in schneller Folge aussendet (wie Mr. Pope das an diesem Abend getan hatte) und sich dann für ein Jahr oder für immer in Dunkelheit hüllt. Bei seinem Licht zu steuern, ist daher unmöglich, und wenn der dunkle Bann auf ihnen liegt, sollen Menschen von Genie, so heißt es, anderen Leuten sehr ähnlich sein.

Es war ein Glück für Orlando, obzwar anfangs eine Enttäuschung, daß dem so ist, denn sie begann nun, viel in Gesellschaft genialer Männer zu leben. Auch waren die gar nicht so verschieden von uns übrigen, wie man annehmen möchte. Addison, Pope und Swift erwiesen sich, so entdeckte Orlando, als große Teefreunde. Sie hatten grüne Lauben gern. Sie sammelten kleine Stückchen gefärbten Glases. Künstliche Grotten entzückten sie. Rang war ihnen nicht zuwider. Lob köstlich. Sie gingen den einen Tag in Pflaumenblau, den nächsten in Grau. Mr. Swift besaß einen schönen Malakkastock. Mr. Addison parfümierte seine Taschentücher. Mr. Pope litt an Kopfschmerzen. Ein Häppchen Klatsch kam keinem von ihnen ungelegen. Auch waren sie nicht frei von Eifersüchteleien. (Wir vermerken hier bloß kurz einige Reflexionen, welche Orlando kunterbunt anstellte.) Anfangs ärgerte sie sich über sich selbst, daß sie solche Nichtigkeiten wahrnahm, und sie legte ein Heft an, um darein die denkwürdigen Aussprüche der drei einzutragen; aber die Seiten blieben leer. Dennoch erholten sich ihre Lebensgeister, und sie gewöhnte sich an, die Einladungskarten zu großen Gesellschaften zu zerreißen; hielt sich die Abende frei; begann mit Ungeduld dem nächsten Besuch Mr. Popes entgegenzusehen, oder Mr. Addisons, oder Mr. Swifts – und so weiter und so fort. Wenn hier der Leser im *Lockenraub* oder im *Spectator* oder in *Gullivers Reisen* nachschlägt, wird er genau verstehn, was diese mysteriösen Worte zu bedeuten haben. In der Tat könnten sich die Biographen und Kritiker alle ihre Mühe sparen, wenn die Leser bloß diesem Rat folgen wollten. Denn wenn wir lesen:

Sei's, daß die Maid Dianens Satzung bricht,
Sei's eine China-Vas', – ich weiß es nicht;
Ob sie die Ehre, ob das Kleid befleckt,
Nicht betet sondern tanzt, ward nicht entdeckt;
Ob sie ihr Herz, ob's Halsband sie verliert . . .

wissen wir, als hätten wir ihn selbst gehört, wie Mr. Popes Zunge eidechsenhaft flitzte, wie seine Augen blitzten, seine Hand zitterte, wie er liebte, wie er log, wie er litt. Kurzum, jedes Seelengeheimnis eines Schriftstellers, jede seiner Lebenserfahrungen, jede seiner Geisteseigenschaften steht groß und deutlich in seinen Werken geschrieben, und doch bedarf es erst noch der Kritiker, diese auszulegen, und der Biographen, jene darzulegen. Daß Leuten die Zeit lange wird, ist die einzige Erklärung für solche monströse Wucherungen.

Somit wissen wir nun, nachdem wir ein paar Seiten des *Lockenraubs* gelesen haben, genau, warum Orlando an jenem Nachmittag sosehr belustigt und sosehr beängstigt war und so gerötete Wangen und so glänzende Augen hatte.

Mrs. Potter klopfte dann an die Tür und meldete, daß Mr. Addison Ihrer Ladyschaft aufzuwarten wünsche. Daraufhin erhob sich Mr. Pope mit einem süßsaueren Lächeln, nahm seinen Conschee und hinkte aus dem Zimmer. Herein kam Mr. Addison. Wir wollen, während er Platz nimmt, den folgenden Absatz aus dem *Spectator* lesen:

»Ich betrachte das Weib als ein schönes, romantisches Tier, das mit Pelzen und Federn, mit Perlen und Diamanten, kostbaren Metallen und Seiden geschmückt werden mag. Der Luchs soll ihr sein Fell zu Füßen legen, damit es ihr eine Pelerine abgebe. Der Pfau, der Papagei und der Schwan sollen Beiträge zu ihrem Muff leisten. Das Meer soll nach Muscheln abgesucht werden, die Felsen nach Edelsteinen, und jedes Reich der Natur soll das Seine beisteuern zur

Verschönerung eines Geschöpfs, welches ihr vollendetstes Werk ist. Mit alledem will ich es verwöhnen, aber was den neuen Rock betrifft, von dem ich gesprochen habe, den kann ich weder, noch will ich ihn erlauben.«

Hier halten wir diesen Herrn samt kokardegeschmücktem Hut und allem in der hohlen Hand. Blicken wir nochmals in den Kristall! Ist er nicht klar und deutlich da, bis zur Falte in seinem Strumpf? Liegt nicht jedes Wellchen, jede Windung seines Witzes vor uns, und seine Gutmütigkeit und seine Furchtsamkeit und seine Umgänglichkeit und, daß er eine Gräfin heiraten und am Ende hoch geachtet sterben wird? Alles ist klar. Und sobald Mr. Addison dieses sein Sprüchlein aufgesagt hat, ertönt ein fürchterlicher Schlag an die Tür, und Mr. Swift, der solche selbstherrliche Gewohnheiten hat, tritt unangemeldet ein. Doch halt, einen Augenblick! Wo sind *Gullivers Reisen?* Ah, hier! Wir wollen eine Stelle aus der Reise zu den Houyhnhnms lesen:

»Ich erfreute mich vollkommener Leibesgesundheit und Seelenruhe; ich erlebte weder die Untreue noch die Unbeständigkeit eines Freundes, noch die Verletzungen durch einen geheimen oder offenen Feind. Ich hatte keinen Anlaß zum Bestechen, Schmeicheln oder Kuppeln, um mir die Huld irgendeines großen Mannes oder seines Günstlings zu verschaffen. Ich bedurfte keines Zauns gegen Betrug oder Bedrückung. Hier gab es weder Ärzte zur Zerstörung meines Leibes noch Advokaten zum Ruin meines Vermögens; keine gedungenen Spitzel, meine Worte und Handlungen zu überwachen oder Beschuldigungen gegen mich zu schmieden. Hier gab es keine Schmäher, Tadler, Verleumder, Taschendiebe, Straßenräuber, Einbrecher, Juristen, Kuppler, Spaßmacher, Spieler, Politiker, Witzbolde, mieselsüchtigen öden Schwätzer . . .«

Aber halt, halt ein mit deinem Eisenhagel von Worten,

sonst schindest du uns bei lebendigem Leib, und dich selbst auch! Nichts kann daraus deutlicher werden als dieser heftige Mann. Er ist so derb und doch so sauber; so brutal und doch so gütig; verachtet die ganze Welt und spricht doch in Kleinkindersprache zu einem jungen Mädchen und wird – wer kann daran zweifeln? – im Irrenhaus sterben.

So schenkte denn Orlando ihnen allen Tee ein; und manchmal, wenn das Wetter schön war, nahm sie sie mit aufs Land und bewirtete sie königlich in dem kleinen Rundsaal, welchen sie im Kreis herum mit ihren Porträts behängt hatte, so daß Mr. Pope nicht sagen konnte, Mr. Addison komme vor ihm, oder umgekehrt. Sie waren alle sehr geistreich (aber in ihren Büchern) und lehrten Orlando das wichtigste Teil dessen, was man Stil nennt, welches nämlich der natürliche Lauf der Stimmen beim Sprechen ist – etwas, das niemand, der es nicht gehört hat, nachzuahmen vermag, nicht einmal Greene mit aller seiner Gewandtheit; denn es ist aus der Luft geboren und bricht sich wie eine Welle an den Möbeln und verrollt und verliert sich und läßt sich nie wieder einfangen, am wenigsten von denen, die ein halbes Jahrhundert später die Ohren spitzen und es versuchen. Orlando lernte das bloß aus dem Tonfall ihrer Stimmen beim Sprechen; sodaß ihr Stil sich ein wenig änderte und sie einige sehr gefällige, witzige Gedichte und Charakterschilderungen in Prosa schrieb. Und darum traktierte sie sie üppig mit ihren Weinen und schob ihnen Banknoten, welche sie sehr freundlich aufnahmen, vor Tisch unter den Teller und empfing dafür ihre Widmungen und hielt sich für hoch geehrt durch diesen Tausch.

So verging die Zeit, und Orlando wurde oft gehört, wie sie zu sich selbst, mit einem Nachdruck, der im Hörer vielleicht ein wenig Verdacht erweckte, sagte: »Bei meiner Seele, was für ein Leben das ist!« (Denn sie war noch immer auf der Suche nach diesem Bedarfsartikel.) Die Umstände jedoch zwangen sie bald, die Sache ein wenig näher zu erwägen. Eines Tags schenkte sie Mr. Pope Tee ein, während er, wie jedermann aus den obzitierten Versen ersehen kann, mit sehr glänzenden Augen, aufmerksam beobachtend und ganz in seinen Sessel an ihrer Seite zusammengesunken dasaß.

»Herrgott«, dachte sie, als sie eben die Zuckerzange hob, »wie Frauen künftiger Zeiten mich beneiden werden! Und doch – «, sie hielt inne; denn Mr. Pope heischte ihre Aufmerksamkeit. Und doch läßt sich, wenn jemand sagt – wir wollen ihren Gedanken für sie zu Ende führen – »wie künftige Zeiten mich beneiden werden«, mit Sicherheit behaupten, daß so jemand im gegenwärtigen Augenblick seiner selbst äußerst unsicher ist. War dieses Leben ganz so aufregend, ganz so schmeichelhaft, ganz so glorreich, wie es klingt, wenn der Biograph sein Werk darüber beendet hat? Zum ersten hegte Orlando buchstäblich einen Haß gegen Tee. Zum andern hat der Intellekt, so göttlich und durchaus verehrungswürdig er ist, eine Gewohnheit, grade in den kränklichsten Kadavern zu hausen, und spielt leider oft den Kannibalen unter den anderen Fähigkeiten. Daher bleibt, wenn der Verstand größer ist als sie, dem Herzen, den Sinnen, der Großmut, Barmherzigkeit, Duldsamkeit, Güte und allem anderen kaum Raum zum Atmen. Zum dritten die hohe Meinung, welche Dichter von sich selbst haben; die niedrige, welche sie von anderen haben; und dann die Feindseligkeiten, Beleidigungen, Eifersüchteleien und Gegenhiebe, in welche sie beständig verwickelt sind; und die Redseligkeit, mit welcher sie die mitteilen; und die Raubgier, mit welcher sie Mitgefühl für sich verlangen; das alles (man darf es nur flüstern, damit die witzigen Köpfe uns nicht am Ende hören) macht das Einschenken des Tees zu einer heikleren und wahrhaftig mühseligeren Betätigung, als gemeinhin zugegeben wird. Dazu kommt noch (abermals flüstern wir, damit nicht am Ende die Frauen uns hören) ein kleines Geheimnis, das Männer miteinander haben; Lord Chesterfield schrieb es seinem Sohn, mit der Mahnung, es geheimzuhalten: »Frauen sind bloß Kinder, Kinder von größerem Wuchs ... ein verständiger Mann tändelt mit ihnen nur, spielt mit ihnen, hält sie bei Laune und schmeichelt ihnen«; ein Geheimnis, das, da Kinder immer hören, was sie nicht hören sollen, und manchmal sogar erwachsen werden, irgendwie durchgesickert sein muß, so daß die ganze Teetisch-Zeremonie eine höchst wunderliche ist. Eine Frau weiß sehr gut, daß ein geistreicher Kopf ihr zwar seine Gedichte sendet, ihr Urteilsvermögen lobt, ihre Kritik erbittet, ihren Tee trinkt, dies aber keineswegs bedeutet, daß er ihre Meinungen achtet, ihr Verständnis bewundert oder zögern wird, ihr, da das Rapier ihm verwehrt ist, seine Feder durch den Leib zu rennen. Das alles, sagten wir, ist vielleicht, mögen wir es noch so leise flüstern, schon durchgesickert; sodaß die Dame, das Sahnekrüglein in der Luft und die Zuckerzange gespreizt, ein wenig unruhig wird, ein wenig zum Fenster hinausblickt, ein wenig gähnt und so den Zuckerwürfel mit einem großen Platsch – wie Orlando nun in Mr. Popes Teetasse – fallen läßt. Nie war ein Sterblicher so bereit, eine Beleidigung zu argwöhnen, oder so schnell bei der Hand, sich für eine zu rächen, wie Mr. Pope. Er wandte sich Orlando zu und beschenkte sie mit dem Entwurf einer gewissen berühmten Zeile in seinen *Charakteren der Frauen*. Viel Polierens wurde später an diese Zeile gewendet, aber auch in ihrer ursprünglichen Fassung war sie eindrucksvoll genug. Orlando empfing sie mit einem Knicks. Mr. Pope verließ Orlando mit einem Kratzfuß. Um ihre Wangen zu kühlen, denn sie hatte wirklich das Gefühl, der kleine Mann habe ihr ins Gesicht geschlagen, wandelte sie eine Weile in dem Nußbaumhain am Ende des Gartens.

Die linden Abendlüfte taten alsbald ihr Werk. Zu ihrem Erstaunen entdeckte sie, daß sie sich ungeheuer erleichtert fühlte, allein zu sein. Sie sah den mit fröhlichen Menschen beladenen Booten zu, die den Fluß hinaufgerudert wurden. Kein Zweifel, daß der Anblick ihr ein paar Erlebnisse aus ihrer Vergangenheit ins Gedächtnis rief. Sie setzte sich in tiefem Nachdenken unter eine schöne Weide. Hier blieb sie sitzen, bis die Sterne am Himmel standen. Dann erhob sie sich, wandte sich und ging ins Haus, wo sie ihr Schlafzimmer aufsuchte und dessen Tür verschloß. Nun öffnete sie einen Schrank, darin noch viele der Kleider hingen, die sie als modischer junger Mann getragen hatte, und unter ihnen wählte sie einen reich mit Venezianerspitze besetzten schwarzen Samtanzug. Er war freilich ein wenig aus der Mode; aber er saß ihr wie angegossen, und darein gekleidet sah sie ganz wie ein edler Lord aus. Sie schritt ein paarmal vor dem Spiegel hin und her, wie um sich zu vergewissern, daß Frauenröcke sie nicht um die Gelenkigkeit ihrer Beine gebracht hatten, und schlüpfte dann heimlich zur Hintertür hinaus.

Es war eine schöne Nacht anfangs April, eine Myriade von Sternen mischte ihren Schein mit dem eines Sichelmonds, was, wiederum durch die Straßenlaternen verstärkt, ein Licht ergab, das dem menschlichen Antlitz und den Bauwerken Mr. Wrens unendlich bekömmlich war. Alles erschien in seiner duftigsten Form, doch grade als es sich schon aufzulösen schien, ätzte es ein Tropfen Silber und belebte es. So sollten Gespräche sein, dachte Orlando (sich in törichten Träumereien gehnlassend); so sollte die Gesellschaft sein; so Freundschaft; so Liebe. Denn, der Himmel mag wissen, warum, just wenn wir den Glauben an den Umgang mit Menschen verloren haben, bietet uns ein zufälliges Beieinander von Scheunen und Bäumen oder eines Heuschobers und eines Leiterwagens ein so vollkommenes Sinnbild dessen, was unerreichbar ist, daß wir von neuem zu suchen beginnen.

Sie betrat, während sie diese Betrachtungen anstellte, den Leicester Square. Die Gebäude hier hatten nun eine luftige und doch formstrenge Symmetrie, die sie bei Tag nicht besaßen. Der Baldachin des Himmels schien höchst geschickt hineinlasiert zu sein, damit er die Umrisse von Dächern und Schornsteinen hervortreten lasse. Eine junge Weibsperson, welche, anscheinend betrübt, den einen Arm schlaff an der Seite herab, den anderen in ihrem Schoß, auf einer Bank unter einer Platane in der Mitte des Platzes saß, schien das wahre Bild der Anmut, Schlichtheit und Verlassenheit zu sein. Orlando schwang den Hut nach der Art eines Galans, der einer Dame an einem öffentlichen Ort seine Huldigung darbringt. Die junge Person hob den Kopf. Er war von erlesener Wohlgestalt. Sie hob die Augen. Orlando sah, daß sie von einem solchen Glanz waren, wie er manchmal auf einer Teekanne, aber nur selten auf einem Menschenantlitz zu sehen ist. Durch diese Silberglasur blickte die junge Frauensperson zu ihm (denn für sie war Orlando ein Mann) auf: flehend, hoffend, zitternd, ängstlich. Sie erhob sich; sie nahm seinen dargebotenen Arm. Denn – brauchen wir diesen Punkt zu betonen? – sie war von der Zunft derer, die allnächtlich ihre Ware aufpolieren und öffentlich zur Schau stellen, wo sie den Meistbietenden erwartet. Sie führte Orlando zu dem Haus in der Gerrard Street, darin sie logierte. Sie so leicht und doch wie eine Schutzflehende an ihrem Arm hängen zu spüren, erweckte in Orlando alle die Gefühle, die sich für einen Mann schicken. Sie sah aus, sie empfand, sie sprach wie einer. Doch, da sie erst so kürzlich selber ein Weib gewesen war, argwöhnte sie, daß dieses Mädchens Schüchternheit und zögernde Antworten und sogar das ungeschickte Herumtun mit dem Schlüssel in den Falten ihres

Mantels und im Schloß und das Hängenlassen des Handgelenks – daß alles dies nur angenommen sei, um ihrer Mannheit zu gefallen. Sie gingen die Stiege hinauf, und die Mühe, welche sich das arme Geschöpf gegeben hatte, ihr Zimmer auszuschmücken und die Tatsache zu verbergen, daß sie kein anderes hatte, täuschte Orlando keinen Augenblick. Die Täuschung erweckte ihre Verachtung; die Wahrheit ihr Mitleid. Wie diese durch jene hindurchschimmerte, das bewirkte das sonderbarste Nebeneinander von Gefühlen in ihr, so daß sie nicht wußte, ob sie lachen oder weinen solle. Mittlerweile knöpfte Polly, wie das Mädchen sich nannte, ihre Handschuhe auf; verbarg dabei sorgfältig den Daumen des linken, welcher das Stopfen nötig hatte; zog sich dann hinter einen Wandschirm zurück, wo sie vielleicht Wangenrot auflegte, ihre Kleidung richtete, ein frisches Busentuch um den Hals befestigte – und dabei plauderte sie die ganze Zeit, wie es Frauen tun, um ihren Liebhaber zu unterhalten, wenngleich Orlando nach dem Ton ihrer Stimme hätte schwören mögen, daß ihre Gedanken anderswo weilten. Als sie mit allem fertig war, kam sie hervor, bereit – aber da konnte es Orlando nicht länger ertragen. In der seltsamsten Pein von Ärger, Belustigung und Mitleid warf sie alle Verstellung ab und bekannte sich als Weib.

Auf das hin brach Polly in ein schallendes Gelächter aus, daß man es wohl über die Straße hören mußte.

»Na, meine Liebe«, sagte sie, als sie sich einigermaßen erholt hatte, »ist mir keineswegs leid, das zu hören. Denn die glatte Wahrheit von der Sache ist« (und es war bemerkenswert, wie bald nach der Entdeckung, daß sie beide vom selben Geschlecht waren, ihr Benehmen sich änderte und sie ihre klägliche, flehende Art sein ließ), »die glatte Wahrheit von der Sache ist, daß ich heute Abend nicht in der Stimmung für die Gesellschaft des anderen Geschlechts bin.

Tatsächlich bin ich in einer verflixten Verlegenheit.« Worauf sie das Feuer im Kamin aufstocherte, eine Terrine Punsch zusammenrührte und Orlando dabei ihre ganze Lebensgeschichte erzählte. Da es Orlandos Leben ist, was uns gegenwärtig beschäftigt, brauchen wir hier nicht die Abenteuer der anderen Dame wiederzugeben, aber es ist gewiß, daß Orlando die Stunden nie schneller und lustiger vergangen waren, wenn Mistress Polly auch über kein Fünkchen Geist verfügte und, als im Gespräch der Name Mr. Popes fiel, ganz ahnungslos fragte, ob er etwa mit dem Perückenmacher gleichen Namens in der Jermyn Street verwandt sei. Doch für Orlando war – so groß ist der Reiz der Ungezwungenheit und das Verführerische der Schönheit – das Geplauder dieses armen Geschöpfs, obzwar mit den gemeinsten Ausdrücken der Straßenecken gespickt, wie Wein nach den feinen Phrasen, die sie gewohnt war, und sie sah sich zu dem Schluß gezwungen, es sei etwas in dem hämischen Spott Mr. Popes, der Herablassung Mr. Addisons und dem Geheimtun Lord Chesterfields, das ihr den Geschmack am Umgang mit geistreichen Leuten genommen habe, wenngleich sie auch weiterhin für deren Werke die höchste Achtung hegen müsse.

Diese armen Geschöpfe, so stellte sie fest, denn Polly brachte Prue und Prue Kitty und Kitty Rose herbei, bildeten eine Gesellschaft für sich, zu deren Mitglied sie sie nun erwählten. Eine jede erzählte von den Erlebnissen und Abenteuern, die zu ihrer gegenwärtigen Lebensweise geführt hatten. Mehrere waren die natürlichen Töchter von Grafen, und eine stand der Person des Königs beträchtlich näher, als sie hätte sollen. Keine war zusehr herabgekommen oder zu arm, um nicht noch einen Ring oder ein Tüchlein oder sonst etwas bei sich zu haben, was ihr eine Stammtafel ersetzte. So rückten sie also um die Punschbowle zusammen, welche freigebig zu stiften Orlando sich angelegen sein ließ, und zahlreich waren die guten Geschichtchen, die sie erzählten, und zahlreich die unterhaltsamen Bemerkungen, die sie machten, denn es läßt sich nicht leugnen, daß, wenn Frauenspersonen zusammenkommen – doch pst! – sie sind immer sorgsam darauf bedacht, daß die Türen geschlossen seien und kein Wort davon in die Druckerpresse gelange, – da begehren sie weiter nichts, als daß – doch abermals pst! – ist das nicht der Schritt eines Mannes auf der Treppe? Sie begehren weiter nichts, sagten wir grade, als der Herr uns förmlich das Wort aus dem Mund nahm. Weiber hätten keine Begierden, sagte dieser Herr, der Pollys Zimmer betrat, nur Affektiertheiten. Ohne Begierden (sie hat ihn bedient, und er ist gegangen) könne ihr Gespräch für niemand von geringstem Interesse sein. »Es ist wohlbekannt«, sagt Mr. S. W., »daß Frauen, wenn sie der Anregung durch das andere Geschlecht ermangeln, einander nichts zu sagen finden. Wenn sie miteinander allein sind, reden sie nicht, sondern kratzen.« Und da sie nicht miteinander reden können und das Kratzen nicht ohne Unterbrechung fortgehn kann und es wohlbekannt ist (Mr. T. R. hat es bewiesen), »daß Frauen jedes Gefühls und jeder Zuneigung für ihr eigenes Geschlecht unfähig sind und füreinander nur die größte Abneigung hegen«, was also, sollen wir da annehmen, tun Frauen, wenn sie eine die Gesellschaft der anderen suchen?

Weil das nicht eine Frage ist, die die Aufmerksamkeit eines vernünftigen Menschen fesseln kann, wollen wir, die wir uns des Gefeitseins aller Biographen und Historiker gegen jedes Geschlecht erfreuen, sie übergehn und bloß feststellen, daß Orlando großes Vergnügen an der Gesellschaft ihres eigenen Geschlechts zu finden bekannte, und es den Männern überlassen, den Beweis zu führen, wie sie das so gerne tun, daß das unmöglich sei.

Aber einen genauen und eingehenden Bericht über Orlandos Leben zu jener Zeit zu geben, kommt immer weniger in Frage. Während wir in den schlechtbeleuchteten, schlechtgepflasterten, schlechtgelüfteten Höfen, welche damals um die Gerrard Street und Drury Lane lagen, umherspähen und umhertasten, scheinen wir manchmal Orlando zu Gesicht zu bekommen und sie dann gleich wieder aus den Augen zu verlieren. Die Aufgabe wird noch schwieriger dadurch, daß sie es zu jener Zeit zweckdienlich fand, beiderlei Arten von Kleidung oft miteinander zu vertauschen. So erscheint sie in zeitgenössischen Memoiren nicht selten als »Lord« Soundso, welcher tatsächlich ihr Vetter war; ihre Freigebigkeit wird ihm zugeschrieben, und von ihm heißt es, er habe die Gedichte verfaßt, die in Wirklichkeit die ihren sind. Sie hatte, so scheint es, keine Schwierigkeit, die verschiedenen Rollen durchzuhalten, denn ihr Geschlecht wechselte viel öfter, als Leute, welche nur die eine Art von Kleidung getragen haben, sich vorzustellen vermögen; auch kann kein Zweifel bestehn, daß sie dadurch eine zwiefache Ernte hielt; die Freuden des Lebens wurden vermehrt und seine Erfahrungen vervielfacht. Für die Rechtschaffenheit von Kniehosen tauschte sie das Verführerische von Unterröcken ein und erfreute sich gleichermaßen der Liebe beider Geschlechter.

So mag man sich denn ausmalen, wie sie ihre frühen Vormittage in einem chinesischen Gewand zweideutigen Schnitts inmitten ihrer Bücher verbrachte; dann, in demselben Kleidungsstück, einige Bittsteller empfing (deren sie Dutzende hatte); hierauf gern eine Runde durch den Garten machte und die Haselsträucher beschnitt – wofür Kniehosen bequem waren. Danach sie geblümten Taffet anlegte, welcher sich aufs beste für eine Fahrt nach Richmond und den Heiratsantrag von einem Herrn des Hochadels eignete; und so wieder in die Stadt zurück, wo sie etwa in einen schnupftabakfarbenen

Talar, ähnlich dem eines Jurisprudenten, schlüpfte und die Gerichtshöfe aufsuchte, um zu hören, wie es mit ihren Prozessen stehe – denn ihr Vermögen schwand stündlich dahin und ihre Prozesse schienen einem Abschluß nicht näher zu sein, als sie es vor hundert Jahren gewesen waren; und schließlich, wenn die Nacht anbrach, sich gar nicht selten von Kopf bis Fuß in einen adeligen Herrn verwandelte und die Straßen auf der Suche nach Abenteuern durchstreifte.

Auf dem Heimweg von einigen dieser Eskapaden, über die damals viele Geschichten erzählt wurden, wie zum Beispiel, daß sie ein Duell bestand, als Kapitän auf einem von des Königs Schiffen diente, gesehen wurde, wie sie nackt auf einem Balkon tanzte, und mit einer gewissen Dame in die Niederlande floh, wohin deren Ehemann den beiden folgte, – aber ob diese Geschichten wahr sind oder nicht, darüber wollen wir keiner Meinung Ausdruck geben, – auf dem Heimweg also von, was immer sie getrieben haben mag, ließ sie es sich manchmal angelegen sein, unter den Fenstern eines Kaffeehauses stehnzubleiben, wo sie die geistreichsten Köpfe der Stadt sehen konnte, ohne selber gesehen zu werden, und sich nach deren Gesten vorzustellen vermochte, was für weise, witzige oder boshafte Aussprüche sie taten, ohne daß sie auch nur ein Wort davon hörte; was vielleicht ein Vorteil war; und einmal stand sie eine halbe Stunde still und beobachtete drei Schatten auf der Gardine eines Hauses in Bolt Court, wie sie miteinander Tee tranken.

Kein Schauspiel hatte ihre Anteilnahme jemals so in Anspruch genommen. Sie hätte am liebsten: »Bravo, bravo!« gerufen. Denn wahrhaftig, was war das für ein prächtiges Drama! Was für eine aus dem dicksten Band des Menschenlebens gerissene Seite! Da war der kleine Schatten mit den schmollenden Lippen, der auf seinem Sessel hin und her rückte, unbehaglich, ungeduldig; da war dieser gebeugte Schatten einer Frau, die einen Finger in die Teetasse krümmte, um zu spüren, wie hoch der Tee darin stehe, denn sie war blind; und da war dieser römisch aussehende, sich in einem großen Lehnstuhl wälzende Schatten – er, der so wunderlich an seinen Fingern zerrte und den Kopf von einer Seite zur andern warf und seinen Tee in riesigen Schlukken herunterschüttete. Dr. Johnson, Mr. Boswell und Mrs. Williams – das waren die Namen dieser Silhouetten. So völlig ging Orlando in dem Anblick auf, daß sie vergaß, daran zu denken, wie andere Zeitalter sie beneiden würden, wenngleich es wahrscheinlich war, daß sie das dieser Gelegenheit halber täten. Orlando aber war es zufrieden, zu schauen und nur zu schauen. Endlich stand Mr. Boswell auf. Er grüßte die alte Frau mit schroffer Herbheit. Aber mit welcher ehrfürchtigen Unterwürfigkeit verneigte er sich vor dem großen römischen Schatten, welcher sich nun zu seiner vollen Höhe erhob und, während er ein wenig schwankend dastand, die großartigsten Aussprüche hervorrollen ließ, die je von Menschenlippen kamen; für solche hielt sie Orlando, obzwar sie nie auch nur ein einziges Wort vernahm, das einer der drei Schatten sagte, während sie beim Teetrinken waren.

Schließlich kehrte sie eines Nachts wieder von einem solchen Umherschlendern heim und stieg zu ihrem Schlafzimmer hinauf. Sie legte den betreßten Leibrock ab und stand dann in Hemd und Kniehosen am Fenster und sah hinaus. Etwas regte sich in der Luft, das sie abhielt, zu Bett zu gehn. Ein weißer Dunst lag über der Stadt, denn es war eine frostige Nacht mitten im Winter, und ein prächtiger Anblick bot sich ihr ringsum. Sie konnte die Paulskathedrale sehen, den Tower, die Westminsterabtei und dazu alle die Spitztürme und Kuppeln der Kirchen der City, die glatten

Massen ihrer Banken, die üppigen und geräumigen Rundungen ihrer Säle und Versammlungsräume. Im Norden erhoben sich die sanften, abgeholzten Höhen von Hampstead, und im Westen erstrahlten die Straßen und Plätze von Mayfair als ein einziger klarer Glanz. Auf diesen heiteren und wohlgeordneten Prospekt sahen die Sterne hart funkelnd und zuverlässig von einem wolkenlosen Himmel herab. In der äußersten Klarheit der Atmosphäre war der Umriß jedes Dachs, jeder Rauchfanghaube wahrnehmbar; sogar die Pflastersteine in den Straßen hoben sich deutlich einer vom andern ab. Und Orlando verglich unwillkürlich dieses Bild der Ordnung mit den unregelmäßigen und enggeschachtelten Vierteln, welche unter der Regierung Königin Elizabeths die Stadt London gewesen waren. Damals, so erinnerte sie sich, hatte diese Großstadt, wenn man sie so nennen konnte, dicht gedrängt, als ein bloßes Gehäufel und Gewirr von Häusern, unter ihren Fenstern in Blackfriars gelegen. Die Sterne hatten sich im stehenden Wasser tiefer Gruben mitten auf den Straßen gespiegelt. Ein schwarzer Schatten an der Ecke, wo damals die Weinschenke sich befand, hätte ebensogut die Leiche eines Ermordeten sein können. Sie vermochte sich noch der Schreie so mancher bei solchen nächtlichen Raufereien Verwundeter zu erinnern und wie sie da, ein kleines Bübchen auf den Armen der Kinderfrau, an die rautenförmigen Fensterscheiben gehalten worden war. Trupps von Gesindel, Männer und Weiber, in unbeschreiblichen Umschlingungen, waren durch die Straßen getorkelt, hatten wüste Lieder gegrölt und funkelnde Juwelen in den Ohren und gleißende Messer in den Fäusten gehabt. In solchen Nächten wie dieser hatte sich das undurchdringliche Dickicht der Wälder auf Highgate und Hampstead in wirr verästeltem Auf und Ab gegen den Himmel gezeigt. Da und dort, auf einem der Hügel von London, hatte ein Galgenbaum gestanden, an dessen Querholz eine Leiche genagelt war, um hier zu verfaulen oder zu verdorren; denn Gefahr und Unsicherheit, Lust und Gewalttätigkeit, Poesie und Unflat waren über die gewundenen elizabethanischen Landstraßen geschwärmt und hatten in den Kammern und engen Gäßchen der Stadt geschwärt und gestunken – Orlando konnte sich sogar jetzt noch der Gerüche einer heißen Nacht erinnern. Jetzt – sie beugte sich aus dem Fenster – war alles Licht, Ordnung und heitere Klarheit. Das schwache Rattern eines Wagens auf dem Pflaster drang an ihr Ohr. Sie hörte den fernen Ruf des Nachtwächters: »Mitternacht ist's genau, und 's wird ein frostiger Morgen!« Kaum hatten die Worte seine Lippen verlassen, als der erste Schlag der Mitternacht ertönte; Orlando gewahrte da zum erstenmal eine kleine Wolke, die sich hinter der Kuppel von St. Paul zusammenzog. Während die Schläge der Uhr noch hallten, vergrößerte sich die Wolke, und sie sah sie sich verdunkeln und mit außerordentlicher Geschwindigkeit ausbreiten. Gleichzeitig erhob sich ein leichter Wind, und als der sechste Schlag der Mitternacht erklang, war der ganze östliche Himmel von einer brodelnd heranziehenden Dunkelheit bedeckt, wenngleich der Himmel im Westen und Norden so klar wie zuvor geblieben war. Dann verbreitete sich die Wolke auch gegen Norden. Anhöhe nach Anhöhe um die Stadt wurde von ihr verschlungen. Nur Mayfair mit allen seinen brennenden Lichtern leuchtete im Gegensatz dazu heller und prächtiger denn je. Bei dem achten Schlag aber streckten sich einige eilende Wolkenstreifen über Piccadilly. Sie schienen sich zu sammeln und mit außerordentlicher Schnelligkeit gegen das Westend vorzurücken. Als der neunte, zehnte und elfte Schlag erklungen waren, breitete sich eine riesige Schwärze schon über ganz London. Mit dem zwölften Schlag der Mitternacht war die Verdunkelung vollständig. Ein turbulenter Wirbel von Wolken bedeckte die

Stadt. Alles war Dunkelheit; alles war Zweifel; alles war Verwirrung. Das achtzehnte Jahrhundert war vorbei; das neunzehnte Jahrhundert hatte begonnen.

Fünftes Kapitel

Die große Wolke, welche am ersten Tag des 19. Jahrhunderts nicht nur über London sondern über den ganzen Britischen Inseln hing, verharrte da (oder vielmehr, sie verharrte nicht, denn sie wurde beständig von ungestümen Stürmen hin und her gestoßen, also sagen wir lieber:), blieb da lange genug hängen, um außerordentliche Wirkungen auf die in ihrem Schatten Lebenden zu haben. Eine Veränderung schien mit dem Klima Englands vorgegangen zu sein. Regen fiel häufig, aber nur in launischen Schauern, welche, kaum daß sie vorbei waren, von neuem begannen. Selbstverständlich schien die Sonne, aber sie war sosehr von Wolken umwunden und die Luft so mit Feuchtigkeit gesättigt, daß die Sonnenstrahlen verfärbt waren und verschwommene lila, orangegelbe und rötliche Töne an die Stelle der selbstgewisseren Landschaften des 18. Jahrhunderts traten. Unter diesem nach Quetschwunden aussehenden, verdrießlichen Baldachin war das Grün der Kohlköpfe matter, das Weiß des Schnees schlammfarben. Was aber ärger war: Feuchte begann nun in jedes Haus einzudringen – Feuchte, der tückischeste aller Feinde. Denn kann die Sonne durch Gardinen ausgesperrt und der Frost mittels eines hellen Feuers ausgetrieben werden, so schleicht sich Feuchte, während wir schlafen, ins Haus. Sie ist stumm, nicht zu sehen und allgegenwärtig; sie schwellt das Holz, belegt den Kessel, zerfrißt das Eisen, zersetzt den Stein. So allmählich geht das zu, daß wir nicht eher, als bis wir eine Lade aus der Kommode ziehen oder einen Kohleneimer ergreifen und das Ding uns unter den Händen zerfällt, auch nur vermuten, dieses zehrende Übel sei am Werk.

So änderte sich verstohlen und unmerklich, weshalb niemand genau Tag und Stunde des Wechsels bezeichnen konnte, die Verfassung Englands, und kein Mensch wußte davon. Überall aber waren die Wirkungen fühlbar. Den abgehärteten Landjunker, welcher sich mit Freuden zu einer Mahlzeit von Bier und Rindfleisch in einem Raum zu Tisch gesetzt hatte, den vielleicht die Brüder Adam in klassischer Würde entworfen hatten, fröstelte es nun. Teppiche erschienen auf dem Fußboden; Bärte wurden wachsen gelassen; Hosen wurden durch Spangen unter dem Rist gestrafft. Das Frösteln, welches der Landjunker in seinen Beinen spürte, übertrug sich alsbald auf sein Haus; Möbel wurden eingemummt; Wände und Tische wurden bespannt und bedeckt; nichts wurde bloßgelassen. Dann schien eine Veränderung in der Kost unerläßlich zu sein. Muffins und Crumpets, diese kleinen, heißen, in zerlassener Butter schwimmenden Teekuchen, wurden erfunden. Heißer Kaffee trat nach der Hauptmahlzeit an die Stelle des Portweins. Und da Kaffee in den Salon führte, um dort getrunken zu werden, und ein Salon zu Vitrinen, Vitrinen zu künstlichen Blumen führten, künstliche Blumen zu Kamin-Etageren, Kamin-Etageren zum Pianoforte und das Pianoforte zu Salonliedern und Salonlieder (hier mit Überspringung von ein paar Zwischengliedern) zu unzähligen kleinen Hündchen, Spitzendeckchen und Porzellannippes, wurde das Heim – das äußerst wichtig gewordene – völlig verändert.

Außerhalb des Hauses wuchs – auch dies eine Wirkung der Feuchte – Efeu in beispielloser Fülle. Häuser, welche von nacktem Stein gewesen waren, erstickten fast in grünem Gerank. Kein Garten, so formstreng er ursprünglich angelegt sein mochte, ermangelte einer Sträucherpflanzung, einer »Wildnis«, eines Labyrinths. Was an Licht in die Schlafzimmer, wo Kinder geboren wurden, eindrang, war von Natur von einem verdunkelten Grün, und was an Licht in die Salons, wo die Erwachsenen lebten, eindrang, kam durch Vorhänge von braunem oder purpurrotem Plüsch. Aber die Veränderung machte nicht bei äußeren Dingen halt. Die Feuchte drang ins Innere. Die Menschen fühlten das Frösteln in ihren Herzen; das Feuchteln in ihrem Gemüt. Bei dem verzweifelten Versuch, ihre Gefühle in irgendeine Art von Wärme zu kuscheln, wurde ein Vorwand nach dem andern benützt. Liebe, Geburt und Tod wurden alle in die verschiedensten Phrasen gewickelt. Die Geschlechter entfernten sich immer weiter voneinander. Kein offenes Gespräch wurde geduldet. Auf beiden Seiten wurde von Ausflüchten und Verheimlichungen emsig Gebrauch gemacht. Und gradeso wie Efeu und Immergrün in der feuchten Erde draußen wucherten, so zeigte sich dieselbe Fruchtbarkeit im Inneren. Das Leben der Frau war gewöhnlich eine ununterbrochene Folge von Kindbetten. Sie heiratete mit neunzehn und hatte fünfzehn oder achtzehn Kinder, bevor sie die Dreißig erreichte; denn Zwillinge gab es die Menge. So kam, als Betätigungsfeld für jüngere, nicht erbende Söhne, das Britische Weltreich ins Dasein. Und so – denn der Feuchte läßt sich nicht Einhalt tun; sie dringt ins Tintenfaß, wie sie ins Holzwerk eindringt, – quollen die Sätze, die Eigenschaftswörter vermehrten sich wie Pilze, lyrische Gedichte schwollen zu Epen an, und kleine Nichtigkeiten, welche Essays von der Länge nur einer Spalte gewesen waren, wurden nun zu Enzyklopädien in zehn oder zwanzig Bänden. Eusebius Chubb aber soll uns Zeuge sein für die Wirkung, die das alles auf das Gemüt eines feinfühligen Mannes hatte, der machtlos war, es aufzuhalten. Gegen Ende seiner Memoiren findet sich eine Stelle, wo er beschreibt, wie er, nachdem er eines Vormittags fünfunddreißig Folioseiten »und alle über nichts« geschrieben hatte, den Deckel auf sein Tintenfaß schraubte und einen Gang durch den Garten unternahm. Alsbald sah er sich im Strauchgarten verfangen. Unzählige Blätter raschelten und schimmerten feucht über seinem Kopf. Es kam ihm vor, er »zerdrücke die faulende Masse einer weiteren Million unter seinen Füßen«. Dicker Rauch schwelte aus einem feuchten Reisighaufen am Ende des Gartens. Er sagte sich, daß kein Feuer auf Erden je hoffen könne, eine solche ungeheuere Anhäufung von pflanzlicher Masse zu verzehren. Wohin er auch blickte, wucherte Vegetation. Gurken schlängelten sich durch das Gras auf seine Füße zu. Riesenhafte Blumenkohlpflanzen reckten sich, Deck über Deck, empor, bis sie seiner verstörten Vorstellung sogar mit den Ulmen zu wetteifern schienen. Hennen legten unaufhörlich Eier von keiner besonderen Färbung. Dann erinnerte er sich mit einem Seufzer seiner eigenen Zeugungskraft und seiner armen Ehegattin Jane, die nun in den Wehen ihres fünfzehnten Kindbetts im Haus drinnen lag, und er fragte sich, wie er da das Federvieh tadeln könne. Er blickte zum Himmel auf. Deutete nicht dieser selbst – oder vielmehr dieses große Frontispiz des Himmels, das Firmament – auf die Zustimmung, ja den Ansporn seitens der himmlischen Hierarchie? Denn dort tummelten und trieben sich winters und sommers, jahraus und jahrein die Wolken umher wie Walfische, so grübelte er, oder vielmehr wie Elefanten; aber nein, er vermochte dem Vergleich, den ihm ein Tausend Kubikjoch Luft aufdrängten, nicht zu entkommen: die ganze Himmelskuppel selbst, wie sie sich weit über die Britischen Inseln spannte, war nichts als ein ungeheueres Federbett; und die unterschiedslose Fruchtbarkeit des Gartens, des Schlafzimmers und des Hühnerstalls war dort nachgeahmt. Er ging ins Haus, schrieb die vorstehende Stelle, steckte den Kopf in den Gasherd, und als man ihn auffand, war er nicht mehr wiederzubeleben.

Während das in allen Teilen Englands vor sich ging,

mochte sich Orlando, soviel sie wollte, in ihrem Haus in Blackfriars einschließen und so tun, als wäre das Klima sich gleichgeblieben; als könnte man noch immer aussprechen, was einem grade einfiel; und Kniehosen oder Frauenröcke tragen, je nachdem man Lust hatte, – auch sie mußte endlich anerkennen, daß die Zeiten sich geändert hatten. Eines Nachmittags zu Beginn des Jahrhunderts fuhr sie in ihrer alten paneelierten Kutsche durch den St. James's Park, als einer dieser Sonnenstrahlen, die gelegentlich, wenn auch nicht oft, auf die Erde zu gelangen vermochten, sich durch die Wolken kämpfte und die dabei mit den seltsamsten Farben des Prismas sprenkelte. Ein solcher Anblick war nach dem immer gleichmäßig klaren Himmel des 18. Jahrhunderts befremdlich genug, daß Orlando das Fenster öffnete, um ihn zu betrachten. Die pflaumen- und flamingofarbenen Wolken ließen sie mit einer lustvollen Beklemmung, die beweist, daß sie unversehens bereits von der Feuchte beeinflußt war, an sterbende Delphine im Jonischen Meer denken. Aber wie groß war ihre Überraschung, als der Sonnenstrahl, wo er auf die Erde traf, eine Pyramide hervorzurufen oder zu beleuchten schien, eine Hekatombe, eine Trophäe (denn das Ding hatte etwas von einem Tafelaufsatz) – jedenfalls ein Konglomerat allerverschiedenster und nicht zueinander passender Dinge, welche da, wo heute das Denkmal Königin Victorias steht, kunterbunt zu einem riesigen Haufen aufgetürmt waren! Um ein gewaltiges Kreuz von durchbrochenem und blumenartig umranktem Gold waren Witwenflore und Brautschleier drapiert; an Vorsprünge waren Kristallpaläste und Korbwiegen gehakt, Soldatenhelme, Gedenkkränze, Backenbärte, lange Hosen, Hochzeitskuchen, Kanonen, Weihnachtsbäume, Fernrohre, ausgestorbene Ungeheuer, Erdgloben, Landkarten, Elefanten und mathematische Instrumente – das Ganze, wie ein riesiger Wappenschild, rechts von einer weiblichen Gestalt in fließendem weißen Gewand, links von einem behäbigen Herrn in Gehrock und gestreifter Hose gestützt. Die Unverträglichkeit dieser Dinge miteinander, die Zusammenstellung von voll mit nur teilweise Bekleidetem, das Schreiende der verschiedenen Farben und deren schottenplaidähnliche Gegenüberstellungen bewirkten in Orlando die tiefste Verzagtheit. Sie hatte nie im Leben etwas zugleich so Anstößiges, so Häßliches und so Monumentales gesehen. Es mochte, ja es mußte die Wirkung der Sonne auf die mit Wasser gesättigte Luft sein; es würde mit dem ersten Windhauch, der sich erhöbe, zerstieben und verschwinden. Dennoch sah es, als sie vorbeifuhr, ganz so aus, als wäre es dazu bestimmt, ewig zu dauern. Nichts, so fühlte sie, in die Ecke ihres Wagens zurücksinkend, weder Regen noch Sonnenschein, weder Wind noch Wetter, könnte jemals dieses krasse Gebilde zerstören. Die Nasen würden zwar fleckig, die Trompeten rostig werden, aber bleiben würden sie und ewig nach Osten, Westen, Süden und Norden weisen. Sie blickte zurück, als ihr Wagen Constitution Hill entlangfuhr. Ja, dort stand das Ding und erstrahlte noch immer geruhsam in einem Licht, das – sie zog ihre Uhr aus dem Hosentäschchen – selbstverständlich das Licht von zwölf Uhr Mittag war. Kein anderes konnte so prosaisch, so sachlich, so undurchdringlich für jede Andeutung von Morgendämmerung oder Abendzwielicht sein; so allem Anschein nach ganz dazu geschaffen, ewiglich zu währen. Sie war entschlossen, nicht wieder hinzusehen. Schon fühlte sie die Wogen ihres Bluts träger fließen. Was aber noch sonderbarer war: ein lebhaftes und ungewohntes Erröten überzog ihre Wangen, während sie am Buckinghampalast vorbeifuhr, und ihre Augen schienen von einer höheren Gewalt gezwungen zu sein, sich auf ihren Schoß zu senken. Plötzlich gewahrte sie mit jähem Erschrecken, daß sie schwarzseidene Kniehosen trug. Ihr Erröten hörte nicht eher auf, als bis sie ihren Landsitz erreicht hatte, was in Anbetracht der Zeit, die vier Pferde brauchen, um dreißig Meilen weit zu traben, für, so hoffen wir, einen deutlichen Beweis ihrer Schamhaftigkeit gehalten werden wird.

Kaum angekommen, folgte sie dem nun zum zwingendsten gewordenen Bedürfnis ihrer Natur und hüllte sich, so gut sie konnte, in eine Damaststeppdecke, die sie von ihrem Bett riß. Sie erklärte der Witwe Bartholomew (der Nachfolgerin der guten alten Grimsditch als Haushälterin), es fröstle sie.

»So geht's uns allen, M'lady«, sagte die Witwe mit einem tiefen Seufzer. »Die Wände tun schwitzen«, fügte sie mit einer wunderlichen weinerlichen Genugtuung hinzu; und ganz gewiß, sie brauchte bloß die Hand auf die Eichentäfelung zu legen, und schon zeigten sich die Fingerabdrücke. Der Efeu hatte so üppig gewuchert, daß viele Fenster nun versiegelt waren. Die Küche war so dunkel, daß man einen Kessel kaum von einer Kasserolle unterscheiden konnte. Eine arme schwarze Katze war irrtümlich für einen Kohlenklumpen gehalten und ins Herdfeuer geschaufelt worden. Die meisten der Dienstmägde trugen bereits drei oder vier Unterröcke aus rotem Flanell, obgleich man erst den Monat August schrieb.

»Aber ist's wirklich wahr, M'lady«, fragte die gute Frau und umfaßte dabei ihre Schultern mit den Händen, und das goldene Kreuzchen auf ihrem Busen hob und senkte sich, »daß die Königin, Gott segne sie! eine, wie heißt man's nur, eine – «, die gute Frau zögerte und errötete.

»Eine Krinoline trägt«, half ihr Orlando aus (denn das Wort war bis nach Blackfriars gedrungen). Mrs. Bartholomew nickte. Die Tränen liefen ihr schon über die Wangen, aber unter den Tränen lächelte sie; denn es war angenehm, zu weinen. Waren sie nicht alle miteinander arme, schwache Frauen? Und trugen Krinolinen, um desto besser die Tatsache zu verbergen, die große Tatsache; die einzige Tatsache; die dennoch beklagenswerte, die zu verleugnen jede schamhafte Frau ihr möglichstes tat, bis Leugnen unmöglich war; die Tatsache, daß sie ein Kind zur Welt bringen werde? Ja fünfzehn oder zwanzig Kinder, so daß der größte Teil des Lebens einer schamhaften Frau schließlich damit verging, zu leugnen, was, an zumindest einem Tag jedes Jahres, unverkennbar wurde.

»Die Muffins«, sagte Mrs. Bartholomew, ihre Tränen aufwischend, »wartens schon eißgestellt in der Bibblerteck.«

Und in die damastene Steppdecke gehüllt, setzte sich Orlando nun vor das Teeservice und eine zugedeckte Schüssel.

»Die Muffins wartens schon eißgestellt in der Bibblerteck« – ahmte Orlando die gezierte Aussprache der gräßlichen Londoner Dialektphrase der Witwe Bartholomew nach, während sie ihren Tee – aber nein, sie verabscheute diese milde Flüssigkeit – also nicht trank. In diesem selben Raum, so erinnerte sie sich, hatte Königin Elizabeth breitbeinig vor dem Kamin gestanden, eine Kruke Bier in der Hand, die sie plötzlich auf den Tisch schmetterte, als Lord Burleigh taktlos den Imperativ statt des Subjunktivs gebrauchte. »Kleiner Mann, kleiner Mann« – konnte Orlando noch jetzt sie sagen hören – »ist ›müssen‹ ein Wort, das man an Fürsten richtet?« Und mit einem Krach war die Kruke auf dem Tisch gelandet; dort war die Schramme noch zu sehen.

Als Orlando aber aufsprang, wie das schon der bloße Gedanke an die große Königin befahl, verwickelte sie sich in die Steppdecke, wurde fast umgerissen und fiel mit einem Fluch in den Armsessel zurück. Morgen müßte sie sich zwanzig oder mehr Ellen Bombasins kaufen, so vermutete sie, um sich einen Frauenrock machen zu lassen. Und dann (sie errötete) müßte sie sich eine Krinoline kaufen und dann (sie errötete abermals) eine Korbwiege und dann wieder eine Krinoline und so weiter ... Die Röte auf ihren Wangen kam und ging wie die denkbar lieblichste Wiederkehr von Schamhaftigkeit und Züchtigkeit. Man hätte förmlich sehen können, wie der Zeitgeist einmal heiß, einmal kalt auf ihre Wangen blies. Und wenn der Zeitgeist ein wenig außer der richtigen Reihenfolge wehte, so daß das Erröten über die Krinoline sich früher zeigte als das über den Ehegatten, muß zu Orlandos Entschuldigung ihre zweideutige Lage dienen (denn sogar ihr Geschlecht war noch immer Gegenstand eines Prozesses) und das unregelmäßige Leben, das sie bisher geführt hatte.

Endlich gewann die Farbe ihrer Wangen wieder Beständigkeit, und es schien, daß der Zeitgeist – wenn wirklich er es gewesen – für eine Weile eingeschlummert war. Da griff Orlando in den Halsausschnitt ihres Hemds wie nach einer Berlocke oder einem Andenken an verlorene Zuneigung und zog nichts dergleichen hervor, sondern eine Papierrolle, eine meerwasserbefleckte, blutbefleckte, reisebefleckte – die Handschrift ihrer Dichtung »Die Eiche«. Sie hatte sie nun schon so viele Jahre mit sich herumgetragen, und unter solchen Fährlichkeiten, daß viele der Seiten Flecke aufwiesen, manche eingerissen waren, und, da der Mangel an Schreibpapier, während sie bei den Zigeunern weilte, sie gezwungen hatte, auch die Ränder vollzuschreiben und quer über die Zeilen zu kritzeln, das Manuskript nun aussah wie eine höchst gewissenhaft ausgeführte Stopfarbeit. Sie blätterte zurück zur ersten Seite und las das Datum, 1586, das da in ihrer knabenhaften Schrift stand. Sie hatte nun nicht viel weniger als dreihundert Jahre an dem Ding gearbeitet. Es war Zeit, es zu beenden. Inzwischen begann sie zu blättern, zu überfliegen, zu lesen, zu überspringen und sich dabei zu denken, wie wenig sie sich in allen diesen Jahren verändert hatte. Sie war ein schwermütiger Junge gewesen, schwärmerisch in den Tod verliebt, wie Knaben das sind; und dann war sie sinnlich und überschwenglich gewesen; und dann übermütig und satirisch; und manchmal hatte sie sich in Prosa versucht und manchmal im Drama. Doch durch alle diese Veränderungen hindurch, so überlegte sie, war sie im Grunde dieselbe geblieben. Sie besaß noch immer dasselbe grüblerische, beschauliche Temperament, dieselbe Liebe zu Tieren und der Natur, dieselbe Leidenschaft für das Land und die Jahreszeiten.

»Schließlich«, dachte sie, während sie aufstand und ans Fenster trat, »hat sich gar nichts verändert. Das Haus, der Garten sind genau, wie sie waren. Kein Stuhl ist von der Stelle gerückt, kein Zierstück verkauft worden. Da sind dieselben Wege, dieselben Rasenflächen, dieselben Bäume und derselbe Teich mit, ich möchte wetten, denselben Karpfen darin. Allerdings ist Königin Victoria auf dem Thron und nicht Königin Elizabeth, aber welchen Unterschied . . .«

Kaum hatte der Gedanke Gestalt angenommen, als, gleichsam um ihn zurückzuweisen, die Tür geöffnet wurde und Basket, der Butler, und hinter ihm die Witwe Bartholomew, die Haushälterin, hereinkamen, um das Teezeug wegzuräumen. Orlando, die soeben ihre Feder in die Tinte getaucht hatte und eine Betrachtung über die Ewigkeit aller Dinge zu Papier bringen wollte, war sehr verärgert, sich durch einen Klecks behindert zu sehen, der sich ausbreitete und um ihre Feder mäanderte. Irgendein Schaden an der Feder war schuld, vermutete sie; sie war wohl verspreizt oder verschmutzt. Abermals tauchte sie sie ein. Der Klecks vergrößerte sich. Sie versuchte, ihre Gedanken weiterzuführen; es kamen keine Worte. Als nächstes begann sie, den Klecks mit Flügeln und Bartkoteletten zu verzieren, bis er zu einem rundköpfigen Ungeheuer wurde, zu etwas zwischen einer Fledermaus und einem Murmeltier. Aber Verse zu schreiben, während Basket und Bartholomew im Zimmer waren, das war unmöglich. Kaum hatte sie im Geist »unmöglich« gesagt, da begann, zu ihrem beunruhigten Erstaunen, die Feder sich zu biegen und mit der denkbar glattesten Geläufigkeit dahinzugaloppieren. Die Seite vor ihr füllte sich in saubersten italienischer Schrägschrift mit den geschmacklosesten Versen, die sie je im Leben gelesen hatte:

Ich selbst bin nur ein wertloses Glied
In der müden Kette des Lebens,
Doch sprach ich so manches geheiligte Wort,
Oh, sage nicht, vergebens!

Wird, wenn die Tränen der jungen Maid
Einsam im Mondlicht blinken,
Die um den fernen Geliebten sie weint,
Ihr kein –

schrieb sie, ohne abzusetzen, während Bartholomew und Basket keuchend und stöhnend im Zimmer umhergingen und das Geschirr einsammelten und das Feuer aufschürten.

Abermals tauchte sie die Feder ein, und schon lief die dahin:

Verwandelt war sie; sanfte Nelkenwolke,
Einst hüllend ihre Wang' in ros'gen Schein,
Wie ihn der Abend über'n Himmel hängt,
zu Blässe war verglommen, unterbrochen
Von jähem Lodern, Fackeln einer Gruft –

aber hier verschüttete sie durch eine heftige Bewegung die Tinte über die ganze Seite und machte die, wie sie hoffte, so auf immer für Menschenaugen unsichtbar. Sie erbebte vor Erregung, schwitzte vor Scham. Nichts Widerlicheres war vorstellbar, als zu fühlen, wie die Tinte so in Kaskaden unwillkürlicher Inspiration dahinfloß. Was nur war mit ihr geschehen? War es die Feuchte, war es Bartholomew, war es Basket, was war es? fragte sie. Aber das Zimmer war leer. Niemand antwortete ihr, wenn sie nicht das Tropfen des Regens im Efeu als Antwort gelten lassen wollte.

Während sie so am Fenster stand, wurde sie sich eines außerordentlichen Prickelns und Kribbelns am ganzen Leib bewußt, als wäre sie aus tausend Drähten gemacht, auf denen der Wind oder wandernde Finger Tonleitern spielten. Nun prickelten ihr die Zehen; und nun das Rückenmark. Sie hatte die seltsamsten Empfindungen um ihre Schenkelknochen. Ihre Haare schienen sich aufzurichten. Ihre Arme sangen und summten, wie die Telegraphendrähte in etwa zwanzig Jahren singen und summen würden. Aber diese ganze Erregung schien sich zuletzt in ihre Hände zusammenzuziehen, und dann in eine Hand und dann in einen Finger dieser Hand und zuletzt so, daß sie einen Reif kribbelnder Empfindlichkeit um den vierten Finger der linken Hand bildete. Und als Orlando die Hand hob, um zu sehen, was die Ursache dieser Empfindung sei, sah sie nichts – nichts als den riesigen Smaragdsolitär, den Königin Elizabeth ihr geschenkt hatte. Und genügte der nicht? fragte sie sich. Er war von reinstem Wasser und mindestens zehntausend Pfund wert. Das Kribbeln schien auf die wunderlichste Weise (aber man muß sich erinnern, daß wir es hier mit einer der rätselhaftesten Kundgebungen der Menschenseele zu tun haben) zu sagen, nein, der genüge nicht; und dann etwas Fragendes anzunehmen, als wollte es wissen, was sie bedeuteten, diese gähnende Leere, dieses seltsame Übersehenwordensein, – bis sich die arme Orlando buchstäblich ihres linken Ringfingers schämte, ohne im geringsten zu wissen, warum. In diesem Augenblick kam Witwe Bartholomew herein, um zu fragen, welches Kleid sie zum Abendessen bereitlegen solle, und Orlando, deren Sinne sehr geschärft waren, blickte sogleich auf die linke Hand der Witwe und gewahrte sogleich, was sie nie zuvor bemerkt hatte – einen dicken Ring von ziemlich bleichsüchtigem Gelb, der den vierten Finger dort umschloß, wo ihr eigener leer war.

»Lassen Sie mich Ihren Ring sehen, Bartholomew!« sagte sie und streckte die Hand danach aus.

Da aber benahm sich die Witwe Bartholomew, als hätte ein Räuber sie vor die Brust gestoßen. Sie taumelte ein paar Schritte zurück, ballte die Faust und streckte sie mit einer höchst edeln Gebärde von sich. Nein, sagte sie mit beherzter Würde, Ihre Ladyschaft möge ihn besehen, wenn es ihr beliebe, aber ihren Ehering vom Finger zu ziehen, dazu könne sie nicht der Erzbischof zwingen und nicht der Papst und nicht einmal Königin Victoria auf ihrem Thron. Ihr Thomas habe ihn ihr vor fünfundzwanzig Jahren, sechs Monaten und drei Wochen an den Finger gesteckt; sie habe damit geschlafen; damit gearbeitet; damit gewaschen; damit gebetet; und wolle damit begraben werden. Tatsächlich, so glaubte Orlando sie zu verstehn, aber Witwe Bartholomews Stimme schwankte vor Gemütsbewegung, – sei es der Glanz ihres Eherings, wonach ihr Platz unter den Engeln ihr dereinst zugewiesen würde, und sein Blanksein wäre für immer getrübt, wenn sie ihn auch nur für eine Sekunde aus ihrer Hut ließe.

»Hilf Himmel«, dachte Orlando, die am Fenster stand und den Tauben bei ihren Liebespossen zusah, »in was für einer Welt wir leben! Wahrhaftig, in was für einer Welt!« Deren vielfältige Zusammengesetztheit machte sie staunen. Es schien ihr nun, die ganze Welt sei mit Gold beringt. Dann ging sie zur Abendtafel: da gab es Eheringe im Überfluß. Sie ging in die Kirche: allerseits waren da Eheringe zu sehen. Sie fuhr in das nahe Städtchen: aus Gold oder Tombak, dünn oder dick, glänzten sie an jeder Hand. Ringe füllten die Läden der Juweliere; nicht die funkelnden Glaspasten und Diamanten, deren Orlando sich erinnerte, sondern einfache Goldreifen ohne jeden Stein. Gleichzeitig begann sie eine neue Gewohnheit an den jungen Leuten hier zu bemerken. In den alten Zeiten war man häufig genug auf einen Burschen gestoßen, der im Schutz einer Weißdornhecke sich mit einem Mädchen vergnügte. Orlando hatte nach so manchem Pärchen mit der Peitschenschnur geschnippt und war lachend weitergefahren. Nun war das alles anders. Paare latschten unaufhörlich eng umschlungen mitten auf der Straße einher, ihr rechter Arm ausnahmslos durch seinen linken geschoben, ihre Finger fest von den seinen umfaßt. Oft gingen sie nicht eher aus dem Weg, als bis die Nasen der Pferde schon an sie heran waren. Und wenn sie dann an den Straßenrand auswichen, geschah das schwerfällig und, als wären sie aus einem Stück. Orlando konnte nur vermuten, es sei eine neue Entdeckung über die Menschen gemacht worden: daß diese Leute, ein Paar nach dem andern, zusammengekittet worden seien; aber wer das getan und wann, das vermochte sie nicht zu erraten. Die Natur schien es nicht gewesen zu sein. Sie beobachtete die Tauben und die Kaninchen und die Elchhunde und konnte nicht gewahren, daß die Natur deren Gewohnheiten verändert oder verbessert hatte, zumindest nicht seit den Tagen der Königin Elizabeth. Bei den Tieren gab es, soviel sie sehen konnte, keinen unauflöslichen Bund. War es also Königin Victoria oder Lord Melbourne, ihr Premierminister, gewesen? Ging die epochale Entdeckung der Ehe von ihnen aus? Doch die Königin, so überlegte sie, war angeblich eine große Hundefreundin, und Lord Melbourne, so hieß es, ein großer Frauenfreund. Es war befremdlich – es war widerlich; ja es war tatsächlich etwas in dieser unauflöslichen Verbindung zweier Körper, das ihr Gefühl für Schicklichkeit und Hygiene verletzte.

Ihre Grübeleien wurden jedoch von einem solchen Prikkeln und Kribbeln des befallenen Fingers begleitet, daß sie ihre Gedanken kaum in Ordnung halten konnte. Sie schmachteten und äugelten wie die Phantasien eines Dienstmädchens. Sie machten sie erröten. Es ginge nicht anders, sie müßte sich einen dieser häßlichen Reifen kaufen und ihn tragen wie alle anderen Leute. Das tat sie denn auch und steckte sich ihn, von Scham überkommen, im Schatten eines Vorhangs an den Finger. Aber es half nichts; das Prickeln dauerte beharrlich und unwürdig fort, heftiger denn je. Sie schloß in dieser Nacht kein Auge. Am nächsten Morgen, als sie zur Feder griff, um zu schreiben, fiel ihr entweder gar nichts ein und die Feder machte einen großen, tränenreichen Klecks nach dem andern, oder, noch beunruhigender, sie taumelte los in honigseimige Geläufigkeit über frühen Tod und Verwesung, was schlimmer war, als gar keine Gedanken zu haben. Denn es will scheinen – Orlando bewies es – daß wir nicht mit den Fingern schreiben, sondern mit unserer ganzen Person. Der Nerv, der die Feder lenkt, windet sich um jede Faser unseres Wesens, fädelt das Herz auf, schlängelt sich durch die Leber. Wenngleich der Sitz des Übels ihre linke Hand zu sein schien, fühlte Orlando sich doch durch und durch vergiftet und war endlich gezwungen, das verzweifeltste Heilmittel in Erwägung zu ziehen, nämlich sich völlig und unterwürfig dem Zeitgeist zu fügen und einen Mann zum Gemahl zu nehmen.

Daß das sehr gegen ihre natürliche Veranlagung war, ist genügend klargemacht worden. Als das Räderrollen des großfürstlichen Wagens verklang, war der Ausruf, der sich ihr auf die Lippen drängte: »Leben! Ein Liebhaber!«, nicht:

»Leben! Ein Ehegemahl!«, gewesen, und in Verfolgung dieses Ziels war sie in die Stadt gezogen und hatte sich in der großen Welt umgetan, wie im vorangegangenen Kapitel gezeigt worden ist. Von so unbezwinglichem Wesen ist jedoch der Zeitgeist, daß er jeden, der versucht, sich ihm zu widersetzen, viel wirkungsvoller niederknüppelt als diejenigen, die sich ihm beugen. Orlando selbst hatte von Natur dem elisabethanischen Geist, dem Geist des 17. und dem des 18. Jahrhunderts zugeneigt und war sich daher des Übergangs von einem dieser Zeitalter zum andern kaum bewußt gewesen. Der Geist des 19. Jahrhunderts aber war ihr aufs äußerste zuwider, und so ergriff und bezwang sie der, und sie empfand die ihr von ihm zugefügte Niederlage wie nichts zuvor. Denn wahrscheinlich hat der Geist jedes Menschen seinen Platz in der Zeit zugewiesen bekommen; einige sind für dieses, andere für jenes Zeitalter geboren; und nun, da Orlando zur Frau herangereift war und tatsächlich ein paar Jahre über die Dreißig zählte, hatten sich die Züge ihres Charakters verfestigt, und daß sie nach der falschen Seite gebogen würden, war unerträglich.

So stand sie traurig am Fenster des Salons (wie Witwe Bartholomew die Bibliothek umbenannt hatte), niedergezerrt vom Gewicht der Krinoline, welche sie gefügig angelegt hatte. Die war schwerer und reizloser als irgendein Kleidungsstück, das sie bisher getragen hatte. Keins hatte ihre Bewegungen so behindert. Sie konnte nicht mehr langen Schritts mit ihren Hunden durch den Garten eilen oder leichtfüßig auf den hohen Bühel hinauflaufen und sich unter die Eiche hinwerfen. An ihrem Kleidsaum sammelten sich feuchte Blätter und Strohhalme. Der mit Pleureusen gezierte Hut schwankte bei jedem Lüftchen. Die dünnen Schuhe waren schnell durchweicht und schlammverkrustet. Und Orlandos Muskeln hatten ihre Geschmeidigkeit verloren. Sie wurde immer nervös, ob nicht am Ende Räuber hinter der Wandvertäfelung lauerten, und fürchtete sich zum erstenmal in ihrem Leben vor Geistern in den Gängen. Das alles bewog sie, sich Schritt für Schritt der neuen Entdeckung, ob die nun von Königin Victoria oder sonst jemand stammte, zu fügen, daß jedem Menschen, ob Mann oder Weib, ein anderer bestimmt ist, den er stützt und von dem er gestützt wird, »bis der Tod sie scheidet«. Es wäre eine Wohltat, so fühlte sie, sich zu stützen; sich zu setzen; ja sich hinzulegen; um nie, nie wieder aufzustehn. So wirkte dieser Geist auf sie ein, trotz ihrem ganzen früheren Stolz, und als sie die Skala der Gefühle bis zu diesem bescheidentlichen und ungewohnten Halt herabgeglitten kam, verwandelten sich das Prickeln und das Kribbeln, welche so verfänglich Antwort heischten, in die süßesten Melodien, bis es schien, daß Engel mit weißen Fingern Harfensaiten zupften und Orlandos ganzes Sein von einer seraphischen Harmonie durchdrungen war.

Aber auf wen konnte sie sich stützen? Sie stellte diese Frage den wilden Herbstwinden, denn es war nun Oktober, und wie gewöhnlich ein nasser. Nicht auf den Großfürsten; er hatte eine sehr erlauchte Dame geheiratet und jagte nun schon seit Jahren Fasanen in Ruritanien; auch nicht auf Mr. M., denn der war katholisch geworden; auch nicht auf den Marquis von C.: der nähte jetzt Säcke an der Botany-Bucht; auch nicht auf Lord W.: der war schon lange Fischfutter. Auf die eine oder andere Art hatten sich alle ihre einstigen Freunde verloren, und die Pollys und die Kittys von Drury Lane, so gut sie ihnen auch gesinnt war, taugten kaum dazu, daß man sich auf sie stützte.

»Auf wen also?« fragte sie sich, die Augen zu den wirbelnden Wolken erhebend und die Hände ringend, während sie auf dem Fenstersitz kniete und dabei aussah wie das leibhaftige Bild flehender Weiblichkeit. »Auf wen kann ich mich stützen?« Ihre Worte formten sich, ihre Finger verschränkten sich ganz unwillkürlich, genau so wie ihre Feder von selbst geschrieben hatte. Wer da sprach, war wohl nicht Orlando, sondern der Zeitgeist. Aber wer immer es war, niemand antwortete. Die Krähen tummelten sich kopfüber, kopfunter zwischen den violetten Herbstwolken. Der Regen hatte endlich aufgehört, und am Himmel wölbte sich ein Farbenspiel, das sie verlockte, ihren Hut mit den Straußenfedern und ihre Schnürstiefeletten anzulegen und vor dem Abendessen einen Spaziergang zu machen.

»Alles ist gepaart, nur ich nicht«, sann sie, während sie trostlos über den Hof schlich. Da waren die Krähen; und sogar Knut und Pippin – vorübergehend wie ihre Verbindungen waren, schien doch jedes heute Abend ein Gespons zu haben. »Wogegen ich, die Herrin über das alles«, dachte Orlando und streifte im Vorbeigehn die unzähligen wappengeschmückten Fensterscheiben der großen Halle mit dem Blick, »einsam bin, ohne Gefährten, allein.«

Solche Gedanken waren ihr früher nie gekommen. Nun bedrückten sie sie unentrinnbar. Statt das Gittertor aufzustoßen, klopfte sie mit behandschuhter Hand, damit der Pförtner es für sie öffne. Man muß sich auf irgend jemand stützen, dachte sie, wenn es auch nur ein Pförtner ist; und wünschte halb, hierbleiben und ihm helfen zu können, seine Kotelette über einem Eimer glühender Kohlen zu braten, war aber zu schüchtern, das zu erbitten. So wanderte sie nun allein hinaus in den Park, zaghaft zuerst und furchtsam, ob nicht Wilderer oder Heger oder am Ende Botenjungen ihr begegnen würden, welche sich wundern könnten, daß eine so vornehme Dame allein spazieren ging.

Bei jedem Schritt blickte sie nervös umher, ob sich nicht eine männliche Gestalt hinter einem Ginsterbusch verberge oder eine wildgewordene Kuh ihre Hörner senke, um sie aufzuspießen. Aber es waren nur die Krähen da, welche hoch am Himmel umherflatterten. Eine stahlblaue Feder von einer fiel ins Heidekraut. Sie liebte die Federn wilder Vögel; als Knabe hatte sie sie immer gesammelt. Nun hob sie diese auf und steckte sie an ihren Hut. Die Luft fächelte ihre Lebensgeister ein wenig und belebte sie. Als die Krähen weiter über ihrem Kopf kreisten und wirbelten und Feder nach Feder schimmernd durch die violette Luft herabgefallen kam, folgte sie ihnen über die Heide und den Hügel hinauf, und ihr langer Mantel flatterte hinter ihr her. Sie war seit Jahren nicht so weit gegangen. Sechs Federn hatte sie schon aufgelesen und zwischen den Fingerspitzen durchgezogen und sie an die Lippen gedrückt, um ihre glänzend glatte Befiederung zu spüren, als sie auf dem Hang ein Gewässer silberig schimmern sah, geheimnisvoll wie der See, in den Sir Bedivere das Schwert König Arthurs geworfen hatte. Eine einzelne Feder kreiselte durch die Luft herab und fiel mitten hinein. Da fühlte sie sich von einer seltsamen Ekstase erfaßt; einer unbezähmbaren Lust, die sie, während das heisere Gelächter der Krähen über ihr ertönte, ergriff, diesen Vögeln bis an den Rand der Welt zu folgen und sich dort auf das schwellende Gras hinzuwerfen und Vergessenheit zu trinken. Sie beschleunigte ihren Schritt; sie lief; sie stolperte; die zähen Wurzeln des Heidekrauts warfen sie zu Boden; ihr Knöchel war gebrochen. Sie konnte nicht aufstehn, aber sie lag ganz zufrieden da; sie hatte den Duft der Wachsmyrte und der Spierstauden in der Nase, das heisere Gelächter der Krähen in den Ohren. »Ich habe mein Gemahl gefunden«, murmelte sie. »Es ist die Heide. Ich bin der Natur anverlobt«, flüsterte sie und gab sich verzückt der kalten Umarmung des Grases hin, während sie, in ihren Mantel gehüllt, hier in der Mulde neben dem Teich lag. »Hier will ich liegen bleiben (eine Feder fiel ihr auf die Stirn). Ich habe einen grüneren Kranz als den von Lorbeer gefunden. Meine Stirn wird immer kühl sein. Dies sind die Federn wilder Vögel – der Eule, der Nachtschwalbe. Ich werde wilde Träume träumen. Meine Hände sollen keinen Ehering tragen«, und sie zog ihn vom Finger. »Wurzeln sollen sich um sie winden. Ach«, seufzte sie und drückte den Kopf genießerisch auf sein schwellendes Kissen, »ich habe viele Zeitalter hindurch Glücklichsein gesucht und es nicht gefunden; Ruhm gesucht und ihn verfehlt; Liebe gesucht und sie nicht erfahren; das Leben gesucht – und siehe da, der Tod ist besser. Ich habe viele Männer und viele Frauen gekannt«, dachte sie weiter, »und keinen und keine verstanden. Besser, hier zu liegen, in Frieden, nur den Himmel über mir – wie der Zigeuner mir vor Jahren sagte. Das war in der Türkei.« Und sie blickte geradeaus hinauf in den wundervollen goldenen Schaum, zu dem die Wolken sich gequirlt hatten, und sah im nächsten Augenblick eine Wegspur darin und Kamele, eins hinter dem andern, durch eine steinige Wüste ziehen, zwischen Schwaden von rötlichem Staub. Und dann, als die Kamele vorüber waren, sah sie nur Berge, sehr hohe, voller Klüfte und Felszacken, und sie bildete sich ein, sie hörte Ziegenglöckchen von den Jochen dazwischen und sähe Schwertlilien und Enzian in den Falten blühen. So veränderte sich der Himmel, und ihre Augen senkten sich langsam tiefer, immer tiefer, bis sie die regendunkle Erde trafen und die großen Buckel der South Downs sahen, die sich in einer einzigen Welle längs der Küste hinzogen; und wo das Land sich teilte, war das Meer zu erblicken, das Meer mit vorüberfahrenden Schiffen, und sie glaubte dort, weit draußen, einen Kanonenschuß zu hören, und dachte zuerst: »Das ist die Armada«, und dann: »Nein, Nelson«, und dann erinnerte sie sich, daß diese Kriege vorbei und die Schiffe geschäftige Kauffahrer waren; und die Segel auf dem gewundenen Fluß Segel von Lustjachten.

Auch sah sie Viehherden die dunkeln Felder sprenkeln, Kühe und Schafe, und sie sah da und dort Lichter in den Fenstern von Gehöften auftauchen und Laternen sich umherbewegen, wo der Schäfer oder der Rinderknecht seine Runde machte. Und dann erloschen die Lichter, und die Sterne kamen hervor und verfingen sich im Himmel. Tatsächlich war sie am Einschlafen, die feuchten Federn auf dem Gesicht, das Ohr an den Boden gedrückt, als sie tief innen einen Hammer auf einen Amboß schlagen hörte, oder war es ein schlagendes Herz? Tick-tack, tick-tack, so hämmerte es, so schlug es, das Herz auf den Amboß mitten in der Erde; bis sie lauschend meinte, das Hämmern werde zum Hufschlag eines trabenden Pferds; eins, zwei, drei, vier, zählte sie; dann hörte sie ein Stolpern. Und dann, als das Aufschlagen näher und immer näher kam, konnte sie das Knacken eines Zweigs und das schmatzende Saugen des sumpfigen Bodens an den Hufen hören. Das Pferd war fast an sie heran. Sie richtete sich halb auf. Dunkel gegen den gelb geschlitzten Himmel der Morgendämmerung erschien da, inmitten der um ihn aufsteigenden und herabschwebenden Kiebitze, ein Reiter vor ihr. Er zuckte erstaunt zusammen. Sein Pferd blieb stehn.

»Madam«, rief er, aus dem Sattel springend, »Sie sind verletzt!«

»Ich bin tot, Sir!« erwiderte sie.

Ein paar Minuten später waren sie verlobt.

Am nächsten Morgen, als sie beim Frühstück saßen, sagte er ihr seinen Namen. Der war Marmaduke Bonthrop Shelmerdine, Esquire.

»Ich wußte es!« sagte sie, denn es war etwas Romantisches und Ritterliches, etwas Leidenschaftliches, Melancholisches und doch Entschlossenes an ihm, das zu dem ungestümen, dunkel befiederten Namen paßte – einem Namen, der in ihrem Geist den stahlblauen Schimmer von Krähenschwingen hatte, das heisere Lachen ihres Krächzens, das schlangengleiche Herabkreiseln ihrer Federn in einen Silberteich und tausend andere Dinge, welche alsbald beschrieben werden sollen.

»Der meine ist Orlando«, sagte sie. Er hatte es geahnt. Denn wenn man ein Schiff mit vollen Segeln, von der Sonne beschienen, stolz aus der Südsee über das Mittelmeer einherziehen sehe, sage man sogleich: »Orlando«, erklärte er.

Tatsächlich hatten sie, obgleich sie erst so kurze Zeit miteinander bekannt waren, alles von irgendwelcher Wichtigkeit, was sie beide betraf, wie das immer zwischen Verliebten geschieht, in längstens zwei Sekunden erraten, und es waren nun nur noch solche unwichtige Einzelheiten zu ergänzen geblieben wie ihre Namen; ihre Wohnorte; und ob sie bettelarm oder steinreich seien. Er besitze ein Schloß auf den Hebriden, aber es sei nur noch eine Ruine, sagte er ihr; Raubmöwen schmausten im Bankettsaal. Er sei Soldat und Seemann gewesen und habe den Orient durchforscht. Er sei nun unterwegs, um sich in Falmouth wieder auf seiner Brigg einzuschiffen, aber der Wind habe abgeflaut, und nur wenn ein starker Südwester wehe, könne er in See stechen. Orlando blickte hastig durchs Fenster des Frühstückszimmers auf den vergoldeten Leoparden der Wetterfahne. Barmherzig wies sein Schweif genau nach Osten, und so unverrückbar wie ein Fels. »Ach, Shel, verlaß mich nicht!« rief sie aus. »Ich bin leidenschaftlich in dich verliebt.« Kaum waren die Worte aus ihrem Mund, als ihnen beiden ein gräßlicher Verdacht gleichzeitig durch den Kopf schoß.

»Du bist ein Weib, Shel!« rief sie.

»Du bist ein Mann, Orlando!« rief er.

Nie seit Anbeginn der Welt hatte es eine solche Szene des Bestreitens und Beweisens gegeben, wie sie sich dann abspielte. Als sie nachher wieder am Tisch saßen, fragte sie ihn, was dieses Gerede von einem Südwestwind bedeute. Was sei sein Reiseziel?

»Das Kap Horn«, sagte er kurz und errötete. (Denn ein Mann mußte erröten, wie eine Frau das mußte, aber über ganz andere Dinge.) Nur indem sie ihm sehr zusetzte und ihren Spürsinn aufwandte, erriet sie allmählich, daß er sein Leben auf dem gewagtesten und prächtigsten aller Abenteuer verbrachte – nämlich, das Kap Horn gegen den Wind, ja gegen einen Sturmwind zu umsegeln. Masten waren dabei geknickt, Segel in Fetzen gerissen worden (sie mußte diese Eingeständnisse förmlich aus ihm herausziehen). Manchmal war das Schiff gesunken und er mit einem Stück Schiffszwieback der einzige Überlebende auf einem Floß geblieben.

»Es ist so ziemlich alles, was einer heutzutage tun kann«, sagte er dämlich verlegen und verhalf sich zu großen Löffelvoll Erdbeerkonfitüre. Die Vision, welche sie daraufhin von diesem Jungen hatte (denn er war kaum mehr als das), wie er Pfefferminzplätzchen, für welche er eine Leidenschaft besaß, lutschte, während die Masten splitterten und die Sterne taumelten und er kurze Befehle brüllte: das da zu kappen, dies dort über Bord zu werfen, — diese Vision trieb ihr Tränen in die Augen, Tränen von, wie sie merkte, einem feineren Geschmack als irgendwelche, die sie bisher geweint hatte. »Ich bin ein Weib«, dachte sie, »bin endlich ein wirkliches Weib!« Sie dankte Bonthrop aus tiefstem Herzen dafür, ihr diesen seltenen und unerwarteten Genuß verschafft zu haben. Wäre ihr linker Fuß nicht lahm gewesen, hätte sie sich ihm aufs Knie gesetzt.

»Shel, mein Liebster«, begann sie abermals, »erzähl mir . . .« Und so plauderten sie zwei Stunden lang oder länger, vielleicht über das Kap Horn, vielleicht nicht darüber, und es wäre wirklich von geringem Nutzen, niederzuschreiben, was sie sagten, denn sie kannten einander so gut, daß sie alles mögliche sagen konnten, was ebensoviel ist, wie nichts zu sagen oder so dummes oder prosaisches Zeug wie etwa, auf welche Art und Weise man eine Omelette bereite oder wo man in London die besten Stiefel zu kaufen bekomme; lauter Dinge, die, aus ihrer Fassung genommen, keinen Glanz haben, jedoch innerhalb ihrer von wahrhaft erstaunlicher Schönheit sind. Denn es ist durch die weise Sparsamkeit der Natur dahin gekommen, daß unser moderner Geist fast ohne Sprache sein Auslangen findet; die gewöhnlichsten, alltäglichsten Ausdrücke taugen da, weil gar keine taugen. Daher denn das alltäglichste Gespräch oft das poetischeste ist und das poetischeste grade dasjenige, das nicht niedergeschrieben werden kann. Weshalb wir hier eine Zeile leer lassen, und das muß als Andeutung dienen, daß die Lücke bis zur Sättigung gefüllt ist.

Nach einigen Tagen noch mehr solcher Gespräche, als Shel mit »Meine liebste Orlando« soeben einen neuen Satz beginnen wollte, war draußen vor der Tür ein Getümmel zu hören, und Basket, der Butler, trat mit der Meldung ein, daß unten zwei von Peels Leuten seien mit einem Mandat von der Königin.

»Führ sie herauf!« sagte Shel zu ihm, kurz und bündig wie auf seinem eigenen Quarterdeck, und postierte sich wie aus Instinkt, die Hände auf dem Rücken, vor dem Kamin. Zwei Polizisten in flaschengrüner Uniform, Knüppel an der Hüfte, betraten das Zimmer und nahmen Haltung an. Nachdem die Formalitäten vorbei waren, überreichten sie Orlando zu eigenen Handen, so lautete ihr Auftrag, ein Gerichtsdokument von sehr eindrucksvoller Art, nach den Klumpen von Siegelwachs, den Bändern, den eidesstattlichen Bestätigungen und den Unterschriften zu urteilen, welche alle von höchster Wichtigkeit zu sein schienen.

Orlando überflog es, und dann las sie, den rechten Zeigefinger als Zeilenweiser verwendend, laut die folgenden Tatsachen daraus als die für die Sache belangreichsten.

»Die Prozesse sind entschieden«, las sie vor ... »einige zu meinen Gunsten, wie zum Beispiel ... aber andere nicht. Türkische Heirat annulliert – ich war einmal Gesandter in Konstantinopel, Shel«, erklärte sie – »Kinder für illegitim erklärt – es wurde behauptet, ich hätte drei Söhne von Pepita, einer spanischen Tänzerin, – also sind sie nicht erbberechtigt, und das ist nur gut so ... Geschlecht? Ah! Was ist's mit dem Geschlecht? Mein Geschlecht«, las sie mit einiger Feierlichkeit vor, »wird unbestreitbar und ohne jeden Schatten eines Zweifels – was habe ich dir vor einem Augenblick gesagt, Shel? – für weiblich erklärt. Die gegenwärtige Sequestrierung der Güter ist aufgehoben, und sie gehn als unveräußerliches Fideikommiß für ewige Zeiten auf meine männlichen Leibeserben und deren männliche Erben und so weiter über; im Falle der Nichtverehelichung« – hier jedoch wurde sie ungeduldig mit diesem juristischen Wortschwall und sagte: »Aber es wird da keine Nichtverehelichung und auch kein ›mangels männlicher Erben‹ geben, also können wir den Rest für gelesen nehmen.« Worauf sie ihre eigene Unterschrift unter die Lord Palmerstons setzte und von diesem Augenblick an in den ungestörten Besitz ihrer Titel gelangte, ihres Hauses und ihres Vermögens – welches nun so sehr zusammengeschrumpft war, denn die Kosten der Prozesse waren haarsträubend gewesen, daß sie zwar wiederum außerordentlich adelig, aber auch außerordentlich arm war.

Als der Ausgang der Prozesse bekannt wurde (und das Gerücht flog viel schneller als der Telegraph, welcher es ersetzt hat), war das ganze Städtchen von Jubel erfüllt.

[Pferde wurden vor Kutschierwagen gespannt, zu dem einzigen Zweck, aus dem Stall zu kommen. Leere Barutschen und Landauer wurden unaufhörlich durch die Hauptstraße getrudelt. Ansprachen wurden vor dem »Stier« verlesen; Antwortreden vor dem »Hirschen« gehalten; das Städtchen wurde illuminiert; goldene Kassetten wurden unter Glasstürzen sicher eingesiegelt; Münzen wurden gut und gebührlich unter Grundsteine gelegt; Krankenhäuser gestiftet; Vereine zur Vertilgung von Ratten und Sperlingen ins Leben gerufen. Türkinnen wurden dutzendweise *in effigie* auf dem Marktplatz verbrannt, und ebenso junge Bauerntölpel, denen ein Papierstreifen mit »Ich bin ein niederträchtiger Prätendent« aus dem Mund hing. Alsbald sah man die Isabellenponys der Königin durch die Allee herantraben, mit einem Befehl für Orlando, noch diesen Abend in Schloß Windsor zu dinieren und über Nacht zu bleiben. Orlandos Schreibtisch war wie bei einer früheren Gelegenheit überhäuft mit Einladungen von der Gräfin von R., der Marquise von S., Lady Q., Lady Palmerston, Mrs. W. E. Gladstone und anderen, welche alle inständig das Vergnügen ihrer Gesellschaft erbaten, ihr die alten Verbindungen zwischen ihrer Familie und der eigenen in Erinnerung brachten, usw.] – was alles gebührenderweise in eckige Klammern, wie oben, eingeschlossen ist, aus dem guten Grund, daß es eine Parenthese ohne jede Bedeutung in Orlandos Leben war. Sie übersprang sie, um mit dem Text weiterzukommen. Denn als die Freudenfeuer auf dem Marktplatz loderten, befand sie sich mit Shelmerdine allein im dunkeln Wald. So schön war das Wetter, daß die Bäume ihre Äste regungslos über sie beide streckten, und wenn ein Blatt herabfiel, fiel es, rot und goldgelb gefleckt, so langsam, daß man eine halbe Stunde seinem Schweben und Schaukeln zusehen konnte, bis es endlich auf Orlandos Fuß zur Ruhe kam.

»Erzähl mir, Mar«, sagte sie da wohl (und hier muß erklärt werden, daß sie, wenn sie ihn mit der ersten Silbe seines ersten Namens anredete, in einer träumerischen, verliebten, nachgiebigen, auch ein wenig häuslichen, ein wenig schmachtenden Stimmung war, als brennten gewürzte Scheite im Kamin und es wäre Abend, doch noch nicht Zeit, sich umzukleiden, und vielleicht auch ein wenig feucht draußen, genug, um die Blätter gleißen zu machen, aber auch so mochte eine Nachtigall in den Azaleenbüschen singen, ein paar Hunde auf fernen Pachthöfen bellen, ein Hahn krähen – was der Leser alles aus dem Klang von Orlandos Stimme heraushören sollte) – »erzähl mir«, sagte sie, »vom Kap Horn!« Da verfertigte Shelmerdine auf dem Erdboden ein kleines Modell des Kaps aus Zweigen und dürren Blättern und einigen leeren Schneckenhäusern.

»Hier ist Norden«, sagte er etwa. »Da Süden. Der Wind weht ungefähr von dort. Nun segelt die Brigg genau nach Westen. Wir haben soeben das Besanbramsegel gerefft; und so siehst du denn – hier, wo dieses Grasbüschel ist, gelangt sie in die Strömung, die du eingezeichnet finden wirst, wo – wo ist meine Seekarte und mein Zirkel, Bootsmaat? Ah! Danke, das ist alles! – wo das Schneckengehäuse liegt. Die Strömung erfaßt sie jetzt von Steuerbord, also müssen wir den Klüwer setzen, oder wir werden nach Backbord abgetrieben werden, das ist dorthin, wo das Buchenblatt liegt, – denn du mußt begreifen, meine Liebe – « Und so etwa spräche er weiter, und sie würde jedem seiner Worte lauschen; und jedes richtig ausdeuten und, heißt das, ohne daß er ihr erst davon sagen müßte, das Phosphoreszieren der Wellen sehen; die an den Wanten klirrenden Eiszapfen; und, wie er während eines Sturms zum Mastkorb hinaufkletterte; dort über die Bestimmung des Menschengeschlechts nachdachte; wieder herabkam; einen Whisky mit Soda trank; an Land ging; einem Negerweib in die Falle ging; es bereute; es dann vernunftgemäß überdachte; Pascal las; etwas Philosophisches zu schreiben beschloß; ein Äffchen kaufte; den wahren Zweck des Lebens erwog; sich für das Kap Horn entschied, und so weiter. Das alles und tausend anderes noch entnahm sie aus seinen Worten, und als sie erwiderte: »Ja, Negerinnen können verführerisch sein, nicht wahr?«, nachdem er ihr erzählt hatte, daß der Vorrat an Schiffszwieback nun zur Neige ging, war er überrascht und entzückt zu entdecken, wie gut sie, was er gemeint hatte, begriff.

»Bist du ganz gewiß, nicht ein Mann zu sein?« fragte er sie dann wohl besorgt, und sie antwortete wie ein Echo:

»Ist es möglich, daß du nicht ein Weib bist?« Und dann mußten sie wohl ohne weitere Umstände die Probe darauf machen. Denn ein jedes war immer so überrascht von der Schnelligkeit des Mitgefühls und Verständnisses des anderen, und es war für ein jedes von ihnen eine solche Offenbarung, daß eine Frau so duldsam sein konnte und doch so unumwunden in ihrem Reden wie ein Mann, und ein Mann so sonderbar und doch so feinfühlig wie eine Frau, daß sie die Sache sogleich unter Beweis stellen mußten.

Und so setzten sie ihr Gespräch fort oder vielmehr ihr Verstehn, ein Verstehn, das zur Hauptkunst des Gesprächs geworden ist in einem Zeitalter, darin Worte mit jedem Tag spärlicher werden im Vergleich mit Gedanken, so daß »der Schiffszwieback ging zur Neige« dafür stehn muß, eine Negerin im Dunkel zu küssen, wenn man soeben zum zehntenmal Bischof Berkeleys Philosophie gelesen hat. (Und daraus folgt, daß nur die gründlichsten Meister des Stils die Wahrheit sagen können und man, wenn man einem schlichten, bloß einfacher kurzer Wörter mächtigen Schriftsteller begegnet, ohne jeden Zweifel schließen darf, der arme Kerl lüge.)

So also sprachen sie miteinander; und dann, als Orlandos Füße von gefleckten Herbstblättern beinahe zugedeckt waren, stand sie vielleicht auf und schlenderte weg ins Waldesinnere, in Einsamkeit, und ließ Bonthrop zwischen den Schneckenhäusern sitzen und seine Modelle des Kaps Horn bauen. »Bonthrop«, sagte sie dann wohl, »ich gehe jetzt.« Und wenn sie ihn mit seinem zweiten Namen, »Bonthrop«, anredete, sollte das für den Leser bedeuten, daß sie auf Einsamkeit gestimmt war, sie beide als winzige Pünktchen in einer Wüste empfand, nur danach begehrte, selber den Tod zu finden, denn Menschen sterben täglich, sterben an Abendtafeln oder so, im Freien, in den Herbstwäldern; und wenn die Reisigfeuer flammten und wenn Lady Palmerston oder Lady Derby sie fast für jeden Abend zum Essen baten, überkam sie das Verlangen nach dem Tod, und demnach sagte sie, wenn sie »Bonthrop« sagte, in Wirklichkeit: »Ich bin gestorben«, und bahnte sich, wie ein Geist das wohl tun mag, ihren Weg zwischen den gespensterbleichen Buchenstämmen und ruderte sich so tief in Einsamkeit, als wäre das kleine Geflacker von Gelärm und Gewimmel vorbei und ihr stünde frei, ihren Weg zu gehn, – was alles der Leser aus ihrem Tonfall heraushören sollte, wenn sie »Bonthrop« sagte; und, um das Wort besser zu erhellen, hinzufügen sollte, daß auch für ihren Verlobten dasselbe Wort auf geheimnisvolle Weise Trennung und Vereinsamung bedeutete und ein körperloses Abschreiten des Decks seiner Brigg auf unauslotbaren Meeren.

Nach einigen Stunden des Totseins kreischte plötzlich ein Häher: »Shelmerdine!«, und sie bückte sich und pflückte eine dieser Herbstzeitlose, die für manche Leute grade dieses Wort bedeuten, und legte sie samt der Häherfeder, welche blau durch den Buchenwald herabgekreiselt kam, an ihr Herz. Dann rief sie: »Shelmerdine!«, und das Wort schoß hierhin und dahin durch den Wald und traf ihn, wo er saß und im Gras Modelle aus Schneckenhäusern baute. Er sah sie und hörte sie mit der Herbstzeitlose und der Häherfeder am Herzen zu ihm herankommen und rief: »Orlando!«, was zuerst (und dabei muß man sich erinnern, daß von hellen Farben wie Blau und Gelb, wenn sie sich in unseren Augen mischen, einiges auf unsere Gedanken abfärbt) nur besagte, daß die Farnkräuter sich bogen und schwankten, als bräche etwas durch sie hindurch, was sich dann als ein Schiff mit vollen Segeln erwies, das ein wenig verträumt sich hob und senkte und schwankte, fast so, als hätte es ein ganzes Jahr von Sommertagen vor sich, um seine Reise zu vollenden; und so hält das Schiff auf dich zu, neigt sich nach der einen, neigt sich nach der anderen Seite, stolz, gelassen, und erklimmt jenen Wellenkamm, gleitet in dieses Wellental, und dann steht es plötzlich mit flatternden Segeln vor dir (der du in einer kleinen Nußschale von Boot sitzest und zu ihm aufblickst), und nun, sieh nur! – fallen sie alle in einem Haufen auf Deck – wie Orlando sich nun neben ihn aufs Gras fallen läßt.

Acht oder neun Tage hatten sie so verbracht, aber am zehnten, es war der 26. Oktober, lag Orlando im Farnkraut, während Shelmerdine Shelley rezitierte (dessen sämtliche Werke er auswendig konnte), als ein Blatt, das ganz langsam aus einer Baumkrone herabzuschaukeln begonnen hatte, plötzlich über Orlandos Fuß hinschwippte. Ein zweites Blatt folgte und dann ein drittes. Orlando erschauerte und wurde blaß. Es war der Wind. Shelmerdine – aber es wäre angemessener, ihn nun Bonthrop zu nennen – sprang auf.

»Der Wind!« rief er.

Miteinander liefen sie durch den Wald, und der Wind bepflasterte sie dabei mit Blättern, und so liefen sie bis in den großen Hof und durch den und die kleinen Höfe hindurch, und die erschrockenen Dienstmägde ließen ihre Besen und ihre Kochtöpfe sein, um ihnen zu folgen, bis die beiden die Kapelle erreichten, und hier wurden so schnell als möglich verstreut umherstehende Kerzen entzündet, wobei eins in der Eile eine Bank umwarf und ein andres eine Kerze wieder auslöschte. Glocken wurden geläutet, Leute herbeigerufen. Endlich erschien auch Mr. Dupper, der versuchte, die Enden seiner weißen Beffchen zu fassen zu kriegen, und fragte, wo das Gebetbuch sei, und man drückte ihm Mary Stuarts Gebetbuch in die Hand, und er suchte hastig blätternd darin und sagte dann: »Marmaduke Bonthrop Shelmerdine und Lady Orlando, kniet nieder!« Und sie knieten nieder, und einmal waren sie hell, einmal dunkel, je nachdem Licht und Schatten kunterbunt durch die gemalten Fenster geflogen kamen; und unter dem Zuknallen unzähliger Türen und einem Lärm wie von aneinanderschlagenden Messingtöpfen erklang die Orgel, und ihr Schnarchen tönte abwechselnd laut und leise, und Mr. Dupper, der ein sehr alter Mann geworden war, versuchte, mit seiner Stimme den Aufruhr zu übertönen, und konnte sich nicht vernehmbar machen, und dann war alles für einen Augenblick still und eine einzige Phrase – es mochte »der Rachen des Todes« sein – erklang klar und deutlich, während alle die Knechte und Mägde des Guts, ihre Harken und Peitschen in den Händen, hereindrängten, um zuzuhören, und einige laut mitsangen und einige andere beteten und nun ein Vogel gegen ein Fenster stieß und dann wieder ein Donnerschlag erdröhnte, sodaß niemand das Wort »gehorchen« ausgesprochen hörte, noch, es sei denn wie einen goldenen Blitz, den Ring von einer Hand auf die andere übergehn sah. Alles war Bewegung und Durcheinander. Und dann standen die beiden auf, während die Orgel dröhnte und die Blitze zuckten und der Regen herabströmte, und Lady Orlando, ihren Ring am Finger, eilte hinaus in den Hof, in ihrem dünnen Kleid, und ergriff den schwingenden Steigbügel, denn das Pferd stand schon gesattelt und gezäumt und die Schaumflocken noch an seinen Flanken, und sie hielt ihn, damit ihr Mann aufsitzen könne, was er mit einem einzigen Schwung tat, und das Pferd sprengte dahin, und Orlando stand da und rief: »Marmaduke Bonthrop Shelmerdine!« und er antwortete: »Orlando!«, und die Worte sausten und kreisten wie wilde Falken miteinander um die Pfeilertürmchen und höher und höher, weiter und weiter, schneller und schneller kreisten sie, bis sie herabstürzten und in einem Schauer von kleinen Splittern zu Boden fielen und Orlando ins Haus ging.

Sechstes Kapitel

Orlando war ins Haus gegangen. Hier war völlige Stille; ein tiefes Schweigen. Da stand das Tintenfaß; da stak die Schreibfeder; da lag die Handschrift ihrer Dichtung, mitten in einer Huldigung an die Ewigkeit abgebrochen. Sie hatte soeben – als Basket und die Witwe Bartholomew sie mit dem Teegeschirr störten – sagen wollen, daß nichts sich verändere. Und dann, in einem Zeitraum von dreieinhalb Sekunden, hatte alles sich verändert – sie hatte sich den Knöchel gebrochen, sie hatte sich verliebt, sie hatte Shelmerdine geheiratet.

Hier war der Ehering an ihrem Finger, um es zu beweisen. Allerdings hatte sie ihn schon selber dahin getan, bevor sie Shelmerdine begegnete, aber das hatte sich als schlimmer denn vergeblich erwiesen. Sie drehte und drehte nun den Ring mit abergläubischer Ehrfurcht, aber gab dabei gut acht, daß er ihr nicht über das Fingergelenk entschlüpfe.

»Der Ehering muß am vierten Finger der linken Hand getragen werden«, sagte sie wie ein Kind, das sorgsam seine Lektion wiederholt, »damit er überhaupt zu etwas gut ist.«

Sie sagte das laut und eher wichtigtuerischer, denn es ihre Gewohnheit war, als wünschte sie, jemand, dessen gute Meinung sie erwerben wollte, möge sie hören. Tatsächlich lag ihr nun, da sie endlich fähig war, ihre Gedanken zu sammeln, die Wirkung im Sinn, die ihre Handlungsweise auf den Zeitgeist gehabt haben mochte. Sie hätte gar zu gern erfahren, ob ihr Vorgehn: ihre Verlobung mit Shelmerdine und ihre Heirat mit ihm, die Billigung des Zeitgeists fand. Sie fühlte sich sicherlich wieder mehr sie selbst. Ihr Finger hatte kein einzigesmal oder jedenfalls nicht nennenswert geprickelt seit jener Nacht auf der Heide, doch konnte sie nicht leugnen, daß sie ihre Zweifel hatte. Gewiß, sie war verheiratet; aber wenn der Ehemann immerzu ums Kap Horn segelte, war das Verheiratetsein? Wenn man ihn gernhatte, war das Verheiratetsein? Wenn man doch auch andere Menschen gernhatte, war das Verheiratetsein? Und schließlich, wenn man noch immer und mehr als alles andere auf der Welt zu dichten wünschte, war das Verheiratetsein? Sie hatte ihre Zweifel.

Aber sie wollte es auf eine Probe ankommen lassen. Sie blickte auf den Ring. Sie blickte auf das Tintenfaß. Würde sie es wagen? Nein, sie wagte es nicht. Aber sie mußte. Nein, sie konnte nicht. Was also sollte sie tun? In Ohnmacht fallen, womöglich. Doch sie hatte sich nie im Leben wohler gefühlt.

»Zum Henker mit alledem!« rief sie mit einer Spur ihres alten Draufgängertums. »Los jetzt!«

Und sie tauchte die Feder bis an den Hals in die Tinte. Zu ihrer ungeheueren Überraschung erfolgte keine Explosion. Sie zog die Feder heraus. Die war naß, aber sie tropfte nicht. Orlando begann zu schreiben. Die Worte ließen sich ein wenig Zeit, doch sie kamen. Ah, aber ergaben sie einen Sinn? fragte sie sich, und ein jäher Schrecken befiel sie, die Feder könnte wiederum einige ihrer eigenwilligen Kapriolen gemacht haben. Sie las:

Und dann kam ich auf eine Wiese, ihr sprießendes Gras
Von den Hängelocken der Fritillaria verdunkelt,
Der schlangentückischen Blume, der fremdländisch schönen,
Mit purpurnem Kopfbund, gleichwie ägyptische Mädchen –

Während sie schrieb, hatte sie gespürt, daß irgendeine Macht (man erinnere sich, daß wir es hier mit einer der dunkelsten Kundgebungen des Menschengeists zu tun haben) ihr über die Schulter guckte und mitlas, und als sie »ägyptische Mädchen« geschrieben hatte, sagte ihr diese Macht, sie solle aufhören. Gras, schien die Macht zu sagen und mit einem Lineal, wie Gouvernanten es verwenden, auf die Anfangszeile hinzuweisen, ist schon recht; die Hängelocken der Fritillaria – bewundernswert; schlangentückische Blume – ein für die Feder einer Dame vielleicht etwas krasser Gedanke, doch Wordsworth hätte ihn zweifellos gebilligt; aber – Mädchen? Sind Mädchen notwendig? Du hast einen Mann am Kap Horn, sagst du? Ach so, dann weiß ich schon ...

Und damit ging der Geist seines Wegs.

Orlando vollführte nun in Gedanken (denn das alles spielte sich in ihren Gedanken ab) eine tiefe Verneigung vor dem Zeitgeist, wie etwa – um Großes mit Kleinem zu vergleichen – ein Reisender, im Bewußtsein, ein Bündel Zigarren im Winkel seines Koffers zu haben, sie dem Zollbeamten macht, der zuvorkommend einen weißen Kreidekringel auf den Kofferdeckel gemalt hat. Denn sie war gar sehr im Zweifel, ob der Zeitgeist, wenn er den Inhalt ihrer Gedanken sorgfältig untersucht hätte, nicht etwas hoch Zollpflichtiges gefunden hätte, wofür sie den vollen Bußebetrag hätte entrichten müssen. Sie war nur um Haaresbreite durchgerutscht. Dadurch, daß sie sich in einigem dem Zeitgeist gewandt gefügt, einen Ring angesteckt und sich auf der Heide einen Mann gefunden hatte und eine Naturliebhaberin war und nichts von einer Satirikerin, Zynikerin oder Psychologin hatte – jede dieser Waren wäre sogleich entdeckt worden – war es ihr grade noch geglückt, die Untersuchung erfolgreich zu bestehn. Und sie stieß einen tiefen Seufzer der Erleichterung aus – wozu sie wahrhaftig alle Ursache hatte, denn sich mit dem Zeitgeist zu verständigen, ist für einen Schriftsteller etwas unermeßlich Heikles, und von einer wohlabgewogenen Übereinkunft zwischen den beiden hängt das ganze Schicksal seiner Werke ab. Orlando hatte es so eingerichtet, daß sie sich in einer äußerst günstigen Lage befand; sie brauchte weder gegen ihre Zeit anzukämpfen noch sich ihr zu unterwerfen; sie gehörte ihr an und blieb doch sie selbst. Darum konnte sie jetzt schreiben, und das tat sie denn auch. Sie schrieb. Sie schrieb. Sie schrieb.

Es war nun November. Auf den November folgt der Dezember, dann der Januar, Februar, März und April. Nach dem April kommt der Mai; Juni, Juli, August folgen. Danach wird es September, dann Oktober, und so, siehe da, sind wir wieder beim November, und ein ganzes Jahr ist um.

Diese Methode, eine Biographie zu schreiben, hat zwar viel für sich, ist aber vielleicht ein wenig dürr, und der Leser wird sich, wenn wir darin fortfahren, am Ende beschweren, er könne selber sich den Kalender hersagen und seiner Tasche so die Ausgabe der Summe ersparen, die für dieses Buch zu verlangen dem Verleger als angemessen erscheinen mag. Doch was kann ein Biograph tun, wenn sein Gegenstand ihn in diese Verlegenheit bringt, in die Orlando nun uns gebracht hat? Das Leben ist, darin sind sich alle, deren Meinung des Befragens wert ist, einig, der einzig geeignete Stoff für den Romanschreiber oder den Biographen. Das Leben, so haben dieselben Autoritäten entschieden, hat gar nichts damit zu tun, still in einem Armsessel zu sitzen und nachzudenken. Denken und Leben sind so weit auseinander wie die Pole. Demnach – da in einem Armsessel zu sitzen und nachzudenken genau das ist, was Orlando nun tut – bleibt nichts anderes übrig, als den Kalender herzusagen, den Rosenkranz herunterzubeten, sich die Nase zu schneuzen, das Feuer aufzuschüren und aus dem Fenster zu sehen, bis sie damit zu Ende ist. Orlando saß so still, daß man eine Nadel hätte zu

Boden fallen hören. Wäre doch eine zu Boden gefallen! Das wäre immerhin eine Art von Leben gewesen. Oder wenn ein Schmetterling durchs Fenster hereingeflattert wäre und sich auf ihrem Sessel niedergelassen hätte, könnte man wenigstens darüber schreiben. Oder angenommen, sie wäre aufgestanden und hätte eine Wespe erschlagen – da hätten wir sogleich zur Feder greifen und schreiben können, denn es hätte sich um vergossenes Blut gehandelt, wenn auch nur um das einer Wespe. Aber wo Blut ist, da ist Leben. Und obzwar das Töten einer Wespe eine winzige Nichtigkeit ist, verglichen mit der Tötung eines Menschen, ist es immer noch ein geeigneterer Gegenstand für den Romanschreiber oder Biographen als dieses bloße Nachdenken; dieses Spintisieren; dieses Stillsitzen in einem Armsessel, tagaus, tagein, eine Zigarette in der Hand, ein Blatt Papier, eine Feder und ein Tintenfaß vor sich. Wenn so ein Gegenstand nur etwas mehr Bedacht auf seinen Biographen nähme! so könnten wir uns wohl beklagen (denn die Geduld fängt an, uns auszugehn). Was kann es Aufreizenderes geben, als einen Gegenstand, auf den man so überreichlich viel Zeit und Mühe verwendet hat, einem ganz aus dem Griff entschlüpfen und sich gehnlassen zu sehen – wie das Orlandos Seufzen und Keuchen, ihr Erröten und ihr Erblassen bezeugten, und auch ihre Augen, welche bald hell wie Lampen, bald fahl wie die Morgendämmerung waren, – was ist demütigender, als diese ganze Pantomime von Gemütsbewegung und Erregung da vor unseren Augen durchgespielt zu sehen, wenn wir wissen, daß deren Ursache – Gedanken und Phantasien – von gar keiner Wichtigkeit ist?

Doch Orlando war ein Weib – Lord Palmerston hatte es soeben bestätigt. Und wenn wir die Lebensgeschichte eines weiblichen Wesens schreiben, dürfen wir nach allgemeiner Übereinkunft unser Verlangen nach Taten sein lassen und diese durch die Liebe ersetzen. Die Liebe, so hat der Dichter gesagt, ist das ganze Dasein des Weibes. Und wenn wir für einen Augenblick auf Orlando sehen, wie sie da an ihrem Tisch schreibt, müssen wir gestehn, daß es nie ein für die Liebe geeigneteres weibliches Wesen gab. Gewiß wird sie doch, da sie ein Weib ist, und ein schönes obendrein, ein Weib in den besten Jahren, bald diese Anmaßung des Schreibens und Denkens aufgeben? Oder wenigstens an einen Wildheger zu denken beginnen (und solange sie an einen Mann denkt, hat niemand was gegen eine denkende Frau)! Und dann wird sie ihm ein Briefchen schreiben (und solange sie Briefchen schreibt, hat auch niemand etwas gegen eine schreibende Frau) und ihm ein Stelldichein für Sonntag bei Abenddämmerung geben; und die Abenddämmerung des Sonntags wird kommen; und der Heger wird unter dem Fenster pfeifen – was alles selbstverständlich die eigentliche Substanz des Lebens und der einzig mögliche Stoff für Romane ist. Gewiß muß doch Orlando etwas dergleichen getan haben? Leider, tausendmal leider, tat Orlando nichts dergleichen. Muß also zugegeben werden, daß Orlando eines dieser Ungeheuer von Unmenschlichkeit war, die nicht lieben können? Sie war gut zu Hunden, treu zu Freunden, die Freigebigkeit selbst zu einem Dutzend hungernder Dichter und besaß eine Leidenschaft für die Poesie. Aber Liebe, wie männliche Romanciers sie definieren – und wer könnte schließlich mit größerer Autorität sprechen? – hat gar nichts zu tun mit Güte, Treue, Freigebigkeit oder Poesie. Liebe ist ein Aus-dem-Unterrock-Schlüpfen und – aber wir alle wissen ja, was Liebe ist. Wußte es Orlando? Die Wahrheit zwingt uns zu sagen, nein. Sie wußte es nicht. Wenn nun der Gegenstand der Biographie, an der man schreibt, weder liebt noch tötet, sondern nur denken und sich Dinge vorstellen will, darf man wohl schließen, daß er oder sie nichts Besseres als ein Leichnam ist, und sie also sein lassen.

Das einzige Hilfsmittel, das uns demnach noch bleibt, ist, aus dem Fenster zu blicken. Da waren Sperlinge zu sehen; Stare; eine Anzahl von Tauben und ein paar Krähen; jeder Vogel nach seiner Art beschäftigt: einer damit, einen Wurm zu suchen, ein anderer, eine Schnecke; einer flattert auf einen Ast, ein anderer unternimmt einen kleinen Lauf über den Rasen. Dann kommt ein Bedienter in grüner Schürze durch den Hof. Vermutlich hat er ein Techtelmechtel mit einer in der Spülküche drüben beschäftigten Dienstmagd vor, aber da sich uns im Hof kein sichtbarer Beweis bietet, können wir nur das Beste hoffen und es dabei belassen. Wolken ziehen vorüber, dünne oder dicke, und verursachen einige Störung der Farbe des Grases unterhalb ihrer. Die Sonnenuhr gibt auf ihre gewohnte kryptische Weise die Stunde an. Der Geist in uns beginnt ein paar müßige und vergebliche Fragen über eben dieses Leben aufzuwerfen. Leben, so singt oder vielmehr summt er in uns wie ein Kessel auf einem Dreifuß, Leben, Leben, was bist du? Helle oder Dunkelheit, die grüne Schürze des Bedienten oder der Schatten des Stars auf dem Gras?

Laßt uns also forschen gehn an diesem Sommermorgen, wenn jedermann die Pflaumenblüte und die Biene anbetet, und mit einigem Hum! und Ahem! wollen wir den Star (welcher ein geselligerer Vogel ist als die Lerche) fragen, was wohl er davon denkt da auf dem Rand des Kehrichteimers, aus welchem er zwischen anderem Abfall ausgekämmte Haare einer Scheuermagd hervorpickt. Was das Leben sei, fragen wir ihn, über die Gattertür des Wirtschaftshofs gelehnt. Leben, Leben, Leben! ruft der Vogel, als hätte er es gehört und wüßte genau, was wir mit dieser unserer lästigen, späherischen Gewohnheit meinen, in und außer Haus Fragen zu stellen und Gänseblümchen zu begucken und zu pflücken, wie das so die Gewohnheit von Schriftstellern ist, wenn sie nicht wissen, was als Nächstes sagen. Dann kommen sie hierher, ruft der Vogel, und fragen mich, was das Leben ist: Leben, Leben, Leben!

Wir stapfen denn also weiter, den Heidepfad hinauf zu dem hohen Rücken des weinblauen, purpurdunkeln Hügels, und legen uns dort ins Gras und träumen vor uns hin und sehen da ein Heupferdchen einen Strohhalm zu seinem Heim in dem Erdloch fuhrwerken. Und es sagt (wenn man einem solchen Raspeln wie dem seinen einen so geheiligten und zärtlichen Namen geben kann), das Leben sei Mühsal, oder wenigstens legen wir das Schnarren seiner staubverstopften Kehle dahin aus. Und die Ameisen stimmen ihm bei und die Bienen, aber wenn wir lange genug hier liegen bleiben, um auch die Nachtfalter zu fragen, sobald sie am Abend hervorschlüpfen und sich durch die blasser gewordenen Heidekrautglöckchen stehlen, werden sie uns solch wilden Unsinn in die Ohren hauchen, wie man ihn von Telegraphendrähten in einem Schneesturm zu hören bekommt: Hihi, haha! Lachen, Lachen, ist das Leben, sagen die Nachtfalter.

Nachdem wir also die Menschen und die Vögel und die Insekten befragt haben, denn die Fische, so sagen uns Leute, welche jahrelang einsam in grünen Grotten gelebt haben, um sie sprechen zu hören, die Fische plaudern nie, nie etwas aus und wissen daher vielleicht, was das Leben ist, – nachdem wir sie allesamt befragt haben und nicht klüger geworden sind sondern nur älter und kälter (denn haben wir nicht einst gewissermaßen darum gebetet, etwas so Festes, so Rares, daß man schwören könnte, es sei der Sinn des Lebens, in ein Buch hineinzubekommen?), müssen wir nun also zurückgehn und dem Leser, welcher auf Zehenspitzen wartet, um zu hören, was das Leben ist, sagen – wir wissen es leider nicht.

In diesem Augenblick, aber nur just noch zur rechten Zeit, um dieses Buch vor völligem Erlöschen zu bewahren, schob Orlando ihren Sessel zurück, streckte die Arme, ließ die Schreibfeder fallen, trat ans Fenster und rief aus: »Das wäre getan!«

Sie wurde fast zu Boden geschleudert von dem außerordentlichen Anblick, der sich ihren Augen bot. Da waren der Garten und einige Vögel. Die Welt ging ihren gewohnten Gang. Während der ganzen Zeit, die sie schrieb, hatte die Welt fortgedauert.

»Und wenn ich gestorben wäre, wäre sie genau so geblieben!« rief sie aus.

So heftig waren ihre Gefühle, daß sie sich sogar einbilden konnte, Leib und Seele hätten sich geschieden, und vielleicht befiel sie tatsächlich eine leichte Ohnmacht. Einen Augenblick lang stand sie so und blickte mit starren Augen auf das schöne, teilnahmslose Schauspiel. Endlich wurde sie auf eine ganz eigenartige Weise wiederbelebt. Das Manuskript, das an ihrem Herzen ruhte, begann sich zu regen und zu rühren, als wäre es etwas Lebendiges, und, was noch viel wunderlicher war und zeigte, welch zarte Sympathie zwischen ihnen bestand, Orlando konnte, den Kopf senkend, verstehn, was es sagte. Es wolle gelesen werden. Es müsse gelesen werden. Es würde an ihrem Busen sterben, wenn es nicht gelesen würde. Zum erstenmal in ihrem Leben wandte sie sich heftig gegen die Natur. Elchhunde und Rosensträucher waren in Fülle um sie vorhanden. Aber weder Elchhunde noch Rosensträucher konnten lesen. Es war das eine bedauerliche Unterlassung seitens der Vorsehung, welche Orlando bisher nie aufgefallen war. Nur menschliche Wesen besaßen diese Gabe. Menschliche Wesen waren notwendig geworden. Sie zog am Klingelband. Sie befahl ihren Wagen, damit er sie sogleich nach London bringe.

»Es ist grade noch Zeit, den Zug um elf Uhr fünfundvierzig zu erreichen, M'lady«, sagte Basket. Orlando hatte sich noch nicht die Erfindung der Dampfmaschine vergegenwärtigt, aber so sehr ging sie in den Leiden eines Wesens auf, das zwar nicht sie selbst war, jedoch völlig von ihr abhing, daß sie nun zum erstenmal einen Eisenbahnzug erblickte, ihren Platz in einem Abteil einnahm und sich den Plaid um die Knie breiten ließ, ohne auch nur einen einzigen Gedanken auf »diese ganz erstaunliche Erfindung« zu wenden, »die (so sagen die Historiker) das Antlitz Europas in den letzten zwanzig Jahren völlig verändert hatte« (was tatsächlich viel häufiger geschieht, als Historiker vermuten). Sie gewahrte nur, daß das Ding äußerst schmutzig war; entsetzlich ratterte; und die Fenster klemmten. In Gedanken verloren, wurde sie in etwas weniger als einer Stunde nach London gewirbelt und stand alsbald auf dem Bahnsteig von Charing Cross, ohne zu wissen, wohin sie sich wenden solle.

Das alte Haus in Blackfriars, wo sie im 18. Jahrhundert so viele angenehme Tage verlebt hatte, war jetzt verkauft, zum Teil an die Heilsarmee, zum Teil an eine Regenschirmfabrik. Sie hatte ein anderes, in Mayfair, gekauft, das gesundheitlich einwandfrei, bequem und mitten in der eleganten Welt gelegen war, aber könnte in Mayfair dem Verlangen ihrer Dichtung abgeholfen werden? Wollte Gott, dachte sie, sich des Glänzens der Augen Ihrer Ladyschaften und der Symmetrie der Beine Ihrer Lordschaften erinnernd, die dort haben sich nicht das Lesen angewöhnt! Das wäre jammerschade. Und dann gab es dort Lady R.'s Salon. Dieselbe Art von Geschwätz ginge da noch immer fort, daran zweifelte sie nicht. Die Gicht mochte sich vielleicht aus des Generals linkem Bein in sein rechtes verlegt haben, Mr. L. hatte vielleicht zehn Tage bei S. statt bei T. verbracht. Dann käme Mr. Pope herein. Oh, aber Mr. Pope war tot! Wer waren jetzt die witzigen Köpfe, hätte sie gern gewußt – aber das war keine Frage, die man einem Gepäckträger stellen konnte, und darum ging sie weiter. Ihre Ohren wurden nun durch das Gebimmel unzähliger Glöckchen auf den Köpfen unzähliger Pferde abgelenkt. Ganze Geschwader der seltsamsten kleinen Kasten auf Rädern hielten am Rand des Gehsteigs. Sie schritt in den »Strand« hinaus. Hier war der lärmende Aufruhr sogar noch viel schlimmer. Fuhrwerke jeder Größe, von Rassepferden oder von Lastengäulen gezogen, eine einzelne adelige Witwe befördernd oder bis obenhinauf voller backenbärtiger Männer mit Zylinderhüten, bildeten ein unentwirrbares Durcheinander. Equipagen, Lieferwagen und Omnibusse schienen ihren Augen, welche so lange nur den Anblick eines schlichten Folioblatts gewohnt gewesen waren, beunruhigend miteinander in Widerstreit zu sein; und ihren auf das Kratzen einer Feder abgestimmten Ohren klang der Straßenlärm grell und greulich mißtönend. Jeder Zoll des Gehsteigs war überfüllt. Ströme von Menschen, welche sich zwischen den Leibern ihresgleichen und den rollenden und ratternden Fuhrwerken mit unglaublicher Behendigkeit hindurchwanden, ergossen sich unaufhörlich nach Osten und Westen. Längs der Kante des Gehsteigs standen Männer, welche Tragbretter mit Spielzeug vor sich hatten und es schreiend feilboten. An Straßenecken saßen Weiber neben großen Körben voller Frühlingsblumen und riefen ihre Ware aus. Kleine Jungen schlüpften unter den Nasen der Pferde durch, hielten Bündel bedruckter Blätter an den Leib gepreßt, und auch sie schrien – Großes Unglück! Großes Unglück! Zuerst vermutete Orlando, sie sei hier in einem für die ganze Nation entscheidenden

Augenblick angekommen; aber ob einem günstigen oder gefährlichen, vermochte sie nicht zu erkennen. Sie blickte eifrig forschend in die Gesichter der Leute. Die verwirrten sie jedoch nur noch mehr. Hier kam etwa ein Mann vorbei, der tief in Gedanken versunken war und vor sich hinmurmelte, als wüßte er von einem schrecklichen Kummer. An ihm drängte sich ein Dicker mit lustigem Gesicht vorbei und schlenderte einher, als feierte die ganze Welt ein Fest. Tatsächlich kam sie zu dem Schluß, daß das Ganze weder Sinn noch Zweck hatte. Jeder Mann und jede Frau ging nur den eigenen Geschäften nach. Aber wohin sollte sie selbst gehn?

So schritt sie ohne bestimmtes Ziel erst eine, dann eine andere Straße entlang, vorbei an riesengroßen Schaufenstern, welche vollgehäuft mit Handtaschen und Spiegeln und Schlafröcken und Blumen und Angelruten und Picknickkörben waren; indes Stoffe von jeglicher Farbe, Musterung, Dicke und Dünne in Bauschen lagen, in Schleifen und Girlanden hin und her geschlungen waren. Manchmal kam sie durch Alleen behäbiger Familienresidenzen, nüchtern numeriert mit »eins«, »zwei«, »drei« und so weiter bis zwei- oder dreihundert, jedes Haus das getreue Abbild aller anderen, mit zwei Säulen und sechs Türstufen und einem Paar nett zur Seite geraffter Vorhänge und für das Mittagessen der Familie gedecktem Tisch und hier einem aus dem Fenster guckenden Papagei und dort einem dasselbe tuenden Bedienten, bis ihr Geist ganz schwindelig war von dieser Gleichförmigkeit. Dann kam sie auf große offene Plätze mit schwarz schimmernden, eng zugeknöpften Statuen dicker Männer in der Mitte und sich bäumenden Kriegsrossen und einer aufstrebenden Säule und niederfallenden Fontänen und flatternden Tauben. So ging und ging sie die Gehsteige zwischen Häuserzeilen entlang, bis sie sehr hungrig war und etwas, das an ihrem Herzen flatterte, ihr vorwarf, es ganz und gar vergessen zu haben. Es war ihr Manuskript: »Die Eiche«.

Sie war ganz entsetzt über diese Vernachlässigung. Stockstill blieb sie stehn, wo sie stand. Kein Mietwagen war in Sicht. Die Straße, eine breite und stattliche, war ungewöhnlich menschenleer. Nur ein einziger, ältlicher Herr näherte sich. Sein Gang kam ihr irgendwie bekannt vor. Als er herankam, war sie ganz gewiß, ihm schon irgendwann begegnet zu sein. Aber wo? War es möglich, daß dieser so adrett, so behäbig, so wohlhabend aussehende Herr, einen Spazierstock in der Hand und eine Blume im Knopfloch, mit seinem rosigen rundlichen Gesicht, dem sorgfältig gekämmten weißen Schnurrbart, war es möglich, daß – Ja, beim Jupiter, er war es! – ihr alter, ihr sehr alter Freund, Nick Greene.

Im selben Augenblick sah er sie an; erinnerte sich ihrer; erkannte sie. »Die Lady Orlando!« rief er und schwenkte seinen Zylinderhut fast bis in den Staub.

»Sir Nicholas!« rief sie aus. Denn an etwas in seiner Haltung merkte sie intuitiv, daß der obskure Zeilenschinder, der zur Zeit der Königin Elizabeth sie und viele andere in seinen Pasquillen verhöhnt hatte, nun in der Welt emporgekommen und gewiß gerittert und zweifellos noch ein Dutzend anderer schöner Dinge obendrein geworden war.

Mit einem zweiten Bückling bestätigte er, daß ihre Schlußfolgerung richtig war; er war in den Ritterstand erhoben worden; er war Dr. Litt.; er war Professor; war der Verfasser von zwei Dutzend Büchern. Er war, kurz gesagt, der einflußreichste Kritiker des viktorianischen Zeitalters.

Ein heftiger Tumult der Gefühle ergriff sie bei dieser Begegnung mit dem Mann, der ihr vor Jahren soviel Schmerz verursacht hatte. Konnte dies der lästige, ruhelose Geselle sein, der Löcher in ihre Teppiche gebrannt, Käseschnitten in dem italienischen Kamin geröstet und so lustige Geschichtchen über Marlowe und alle die anderen zu erzählen gewußt hatte, daß sie miteinander nach neun von zehn Nächten die Sonne hatten aufgehn sehen? Er war nun höchst elegant in einen grauen Cut gekleidet, trug eine rosa Nelke im Knopfloch und Wildlederhandschuhe von passendem Grau. Aber noch während sie über dieses Wunder staunte, machte er ihr abermals eine tiefe Verneigung und fragte sie, ob sie ihm die Ehre erweisen wolle, mit ihm zu Mittag zu essen. Die Verneigung war vielleicht eine Spur übertrieben, aber die Nachahmung feiner Erziehung immerhin anerkennenswert. Sie folgte ihm ein wenig erstaunt in ein prunkvolles Restaurant, ganz roter Plüsch, weiße Tischtücher und silberne Gewürzständer, so unähnlich wie nur möglich den alten Tavernen oder Kaffeehäusern mit ihren sandbestreuten Dielen, ihren Holzbänken, ihren Punsch- und Schokoladeterrinen, ihren Nachrichtenblättern und Spucknäpfen. Noch immer konnte sie kaum glauben, daß er derselbe Mann war. Seine Fingernägel waren sauber, wo sie doch gewöhnlich einen Zoll lang gewesen waren. Sein Kinn war rasiert, wo stets schwarze Bartstoppeln gesprossen hatten. Er trug goldene Manschettenknöpfe, wo sein zerlumptes Linnenzeug in die Suppe zu tauchen pflegte. Tatsächlich war sie nicht eher, als bis er den Wein bestellt hatte (was er mit einer Sorgfalt tat, welche sie an seine ehemalige Kennerschaft in Malvasier erinnerte), überzeugt, daß er derselbe war.

»Ah!« sagte er, einen kleinen Seufzer ausstoßend, der doch behaglich genug klang, »ah, meine liebe Dame, die großen Tage der Literatur sind vorbei! Marlowe, Shakespeare, Ben Jonson – das waren ihre Riesen. Dryden, Pope, Addison, das waren ihre Heroen. Alle, alle sind sie nun tot. Und wen haben sie uns hinterlassen? Tennyson, Browning, Carlyle!« Er legte ein ungeheueres Maß von Verachtung in seine

Stimme. »Die Wahrheit ist«, sagte er, den Wein einschenkend, »daß alle unsere jungen Schriftsteller im Solde der Verlagsbuchhändler stehn. Sie fertigen jede Art von Mist an, die ihnen ihre Schneiderrechnungen zu bezahlen vermag. Es ist eine Zeit«, sagte er, sich zu Horsd'œuvres verhelfend, »für die gesuchte Wortbilder und wilde Experimente bezeichnend sind – von welchen die Elisabethaner keins auch nur für einen Augenblick geduldet hätten.«

»Nein, meine liebe Dame«, setzte er fort und billigte dabei mit einem Kopfnicken den gratinierten Steinbutt, den der Kellner ihm zur Begutachtung vorzeigte, »die großen Tage sind vorbei. Wir leben in einer entarteten Zeit. Wir müssen die Vergangenheit hochhalten; diejenigen Schriftsteller ehren – es sind nur noch einige wenige von ihnen übrig – die sich die Antike zum Muster nehmen und nicht um Geld schreiben sondern – « Hier hätte Orlando beinahe laut ausgerufen: »Glaur!« Sie hätte tatsächlich schwören können, sie habe ihn ganz dieselben Dinge schon vor dreihundert Jahren sagen hören. Die Namen waren natürlich andere, aber der Geist war derselbe. Nick Greene hatte sich nicht verändert trotz seinem ganzen Ritteradel. Und doch, irgendeine Veränderung war da. Denn während er weiterredete davon, sich Addison zum Muster zu nehmen (einst war es Cicero gewesen, dachte sie) und des Vormittags im Bett zu liegen (was zu tun, dachte sie mit einigem Stolz, ihm die von ihr vierteljährlich ausbezahlte Rente ermöglichte) und die besten Werke der besten Autoren zum wenigsten eine Stunde lang auf der Zunge umherzurollen, bevor man die Feder aufs Papier setzte, damit die Vulgarität der Gegenwart und der bedauernswerte Zustand unserer Muttersprache (er hatte, glaubte sie zu wissen, lange in Amerika gelebt) gereinigt würde, – während er so ziemlich in der gleichen Weise weiterredete, wie vor dreihundert Jahren, hatte Orlando Zeit, sich zu fragen, inwiefern er sich denn verändert habe. Er war recht korpulent geworden; aber er war ein Mann nahe den Siebzig. Er war aalglatt geworden; die Literatur hatte sich für ihn offenbar als ein einträglicher Beruf erwiesen; und irgendwie war die alte rastlose, raunzende Lebhaftigkeit dahin. Seine Geschichtchen, so brillant sie auch sein mochten, waren nicht mehr ganz so frei und ungezwungen. Er erwähnte allerdings »meinen lieben Freund Pope« oder »meinen illustren Freund Addison« jede zweite Sekunde, doch sein Gehaben hatte etwas von Reputierlichkeit, das bedrückend wirkte, und er zog es, wie ihr schien, vor, sie über Taten und Aussprüche ihrer eigenen Blutsverwandten aufzuklären, statt ihr, wie er es gewohnt gewesen war, von Skandalaffären der Dichter zu erzählen.

Orlando war unerklärlich enttäuscht. Sie hatte während aller dieser Jahre (ihre Abgeschiedenheit, ihr Rang, ihr Geschlecht müssen als Entschuldigung für sie dienen) an die Literatur als etwas so Wildes wie der Wind, so Hitziges wie das Feuer, so Geschwindes wie der Blitz gedacht; etwas Irrlichterndes, etwas Unberechenbares, Jähes, und siehe da: die Literatur war ein ältlicher Herr in Grau, der von Herzoginnen sprach. Die Heftigkeit ihrer Entzauberung war so groß, daß ein Häkchen oder Knöpfchen, das den Oberteil ihres Kleids zusammenhielt, aufsprang – und auf den Tisch fiel »Die Eiche, eine Dichtung«.

»Ein Manuskript!« sagte Sir Nicholas und setzte sein goldenes Pincenez auf. »Wie interessant, wie außerordentlich interessant! Gestatten Sie mir, einen Blick hineinzuwerfen?« Und abermals, nach einer Zwischenzeit von einigen dreihundert Jahren, griff Nicholas Greene nach Orlandos Dichtung, und dann legte er sie vor sich hin, zwischen die Kaffeetassen und Likörgläser, und begann zu lesen. Nun aber war sein Urteil ein ganz anderes, als es damals gewesen war. Das

Werk erinnere ihn, sagte er, während er die Blätter umwendete, an Addisons *Cato*. Es habe manches vor Thomsons *Jahreszeiten* voraus. Es finde sich, wie er sich freue, sagen zu können, keine Spur des modernen Geistes darin. Es sei mit einer Achtung vor der Wahrheit, vor der Natur, vor den Geboten des Menschenherzens verfaßt, die wirklich selten sei in diesen Zeiten bedenkenloser Ausgefallenheit. Es müsse selbstverständlich sogleich der Öffentlichkeit zugänglich gemacht werden.

Orlando wußte wahrhaftig nicht, was er meinte. Sie habe ihr Manuskript immer im Busenausschnitt bei sich getragen. Der Gedanke kitzelte Sir Nicholas beträchtlich.

»Aber wie ist's mit dem Honorar?« fragte er.

»Was ist ein Honorar?« fragte Orlando dagegen. Sie vermutete, es sei etwas sehr Auszeichnendes und Ehrendes.

Sir Nicholas war höchlichst amüsiert. Er erklärte ihr, er habe darauf angespielt, daß die Firma —— (er nannte ein wohlbekanntes Verlagshaus) sehr erfreut wäre, das Buch auf ihre Liste zu setzen, wenn er ihr eine Zeile schriebe. Er könnte wahrscheinlich einen Honorarsatz von zehn Prozent von allen Exemplaren bis zum zweitausendsten vereinbaren; danach würden es fünfzehn sein. Was die Rezensenten betreffe, so wolle er selbst ein paar Zeilen an Mr. —— schreiben, den einflußreichsten von ihnen; und ferner könne ein Kompliment – etwa eine kleine Lobhudelei auf deren Gedichte – an die Frau des Chefredakteurs der —— nie schaden. Er selbst wolle —— aufsuchen. So redete er weiter. Orlando verstand nichts von alledem, und nach alter Erfahrung traute sie seinem Wohlwollen nicht ganz, aber es ließ sich nichts anderes tun, als sich dem zu fügen, was offenkundig sein Wunsch und das glühende Verlangen der Dichtung selbst war. So faltete denn Sir Nicholas den Stoß blutfleckiger Blätter zu einem netten Päckchen, streifte das in seiner Brusttasche flach, damit es nicht am Ende den Sitz seines Cuts störe, und unter vielen gegenseitigen Komplimenten trennten sich die beiden.

Orlando ging die Straße entlang. Nun, da ihre Dichtung weg war – und sie fühlte an ihrer Brust eine leere Stelle, wo sie das Ding zu tragen gewohnt gewesen war, – hatte sie nichts anderes mehr zu tun, als nachzudenken über was ihr beliebte – vielleicht über die außerordentlichen Wechselfälle des menschlichen Schicksals. Da ging sie also nun durch die St. James's Street; eine verheiratete Frau; mit dem Ring am Finger. Wo einstmals ein Kaffeehaus gewesen war, da befand sich nun ein Restaurant; es war halb vier Uhr nachmittags; die Sonne schien; vor ihr waren drei Tauben zu sehen; ein nicht reinrassiger Terrier; zwei Hansoms und ein Landauer. Was also war das Leben? Die Frage schoß ihr wiederum durch den Kopf, heftig, ohne jeden Zusammenhang (es wäre denn, der alte Greene war irgendwie die Ursache), und es kann für eine Erläuterung, eine ungünstige oder günstige, je nachdem, wie der Leser es betrachten will, der Beziehungen zu ihrem Mann (der sich am Kap Horn befand) genommen werden, daß sie, wann immer ihr etwas heftig in den Sinn kam, schnurstracks aufs nächste Telegraphenamt ging und ihm eine Depesche sandte. Wie der Zufall es wollte, befand sich eins ganz in der Nähe. »MEIN GOTT SHEL«, drahtete sie, »LEBEN LITERATUR GREENE SPEICHELLECKER – « und verfiel hier in eine Schlüsselsprache, welche sie miteinander erfunden hatten, damit sich ein ganzer Seelenzustand von äußerster Kompliziertheit in ein oder zwei Wörtern mitteilen ließe, ohne daß der Telegraphenbeamte daraus auch nur im geringsten klug würde, und fügte die Wörter »RATTIGAN GLUMPHOBU« hinzu, welche ihn ganz genau zusammenfaßten. Denn nicht nur hatten die Ereignisse des Vormittags einen tiefen Eindruck auf sie gemacht, es kann der Aufmerksamkeit

keit des Lesers auch nicht entgangen sein, daß Orlando erwachsen wurde – was nicht notwendigerweise dasselbe ist, wie besser zu werden, – und »Rattigan Glumphobu« beschrieb einen sehr komplizierten Seelenzustand, den der Leser, wenn er seinen ganzen Scharfsinn in den Dienst unserer Sache stellt, vielleicht selber entdecken wird.

Es konnte etliche Stunden lang keine Antwort auf ihr Telegramm eintreffen; ja es war wahrscheinlich, dachte sie mit einem Blick zum Himmel, wo die höheren Wolken schnell dahineilten, daß es am Kap Horn Sturm gab, sodaß ihr Mann sich höchstwahrscheinlich im Mastkorb befand oder eine gesplitterte Rahe weghackte oder sogar allein mit einem Stück Schiffszwieback in einem Rettungsboot saß. Und um sich die Zeit vergessen zu machen, betrat sie also, nachdem sie das Postamt verlassen hatte, den Laden nebenan, welcher ein in unseren Tagen so gewöhnlicher Laden war, daß er keiner Beschreibung bedarf, ihren Augen jedoch als äußerst seltsam erschien; einen Laden, wo Bücher verkauft wurden. Ihr Leben lang war Orlando mit Manuskripten vertraut gewesen; sie hatte in ihren Händen die rauhen bräunlichen Blätter gehalten, die Spenser mit seiner kleinen, gedrängten Handschrift bedeckt hatte; sie hatte Shakespeares Handschrift gesehen und Miltons. Sie besaß tatsächlich eine hübsche Anzahl von Quartos und Foliobänden, viele von ihnen mit einem Sonett zu ihrem Lob und manche mit einer Haarlocke darin. Aber diese unzähligen kleinen Bände hier, in hellen Farben, einer dem andern genau gleich und vergänglich, denn sie schienen in Pappe gebunden und auf Seidenpapier gedruckt zu sein, überraschten sie unendlich. Die sämtlichen Werke Shakespeares kosteten eine halbe Krone und ließen sich bequem in die Tasche stecken. Man konnte sie allerdings kaum lesen, so klein war der Druck, aber es war dennoch ein Wunder. »Werke« – die Werke eines jeden Schriftstellers, den sie kannte oder von dem sie gehört hatte, und noch vieler mehr erstreckten sich von einem Ende der langen Regale zum andern. Auf Tischen und Stühlen waren noch mehr »Werke« geschlichtet, und diese, so sah sie, als sie hier und da in ihnen blätterte, waren oft Werke über die Werke anderer, geschrieben von Sir Nicholas und noch mehr als einem Dutzend, von welchen sie in ihrer Unwissenheit annahm, daß diese, da sie gebunden und gedruckt worden waren, ebenfalls sehr große Schriftsteller sein mußten. So gab sie denn dem Buchhändler einen erstaunlichen Auftrag: ihr alles, was in dem Laden von irgendwelcher Bedeutung sei, zu senden, und verließ ihn.

Sie bog in den Hydepark ein, welchen sie in viel früheren Zeiten gekannt hatte (unter jenem vom Blitz gespaltenen Baum, so erinnerte sie sich, war der Herzog von Hamilton zu Boden gestürzt, als Lord Mohun ihn durchbohrt hatte), und ihre Lippen, welche dergleichen halber oft zu tadeln sind, begannen die Worte des Telegramms zu einem sinnlosen Singsang zu formen: Leben Literatur Greene Speichellecker Rattigan Glumphobu; sodaß mehrere Parkwächter argwöhnisch zu ihr hersahen und nur dadurch zu einer günstigen Meinung über ihren Geisteszustand gebracht wurden, daß sie das Perlenhalsband, das Orlando trug, gewahrten. Sie hatte aus der Buchhandlung einen Stoß Revuen und kritischer Zeitschriften mitgebracht, und endlich streckte sie sich längelang auf den Ellbogen unter einen Baum, breitete diese Blätter rund um sich her und tat ihr möglichstes, die edle Kunst des Prosaschreibens zu ergründen, wie diese Meister da sie ausübten. Denn noch immer war die alte Leichtgläubigkeit in ihr lebendig; sogar die schmierig gedruckten Seiten einer Wochenschrift hatten in ihren Augen eine gewisse Heiligkeit. So las sie, auf den Ellbogen gestützt, einen Artikel von Sir Nicholas über die gesammelten Werke eines Mannes, den sie einst gekannt hatte – John Donne. Aber sie hatte sich, ohne es zu wissen, nicht weit vom Serpentineteich gelagert. Das Bellen eines Tausends Hunde klang ihr in die Ohren. Räderrollen umkreiste sie unaufhörlich. Blätter säuselten über ihr. Dann und wann überquerten ein bortenbesetzter Frauenrock und ein Paar enger scharlachroter Hosen das Gras nur wenige Schritte von ihr entfernt. Einmal kam ein riesiger Gummiball auf das Heft gehüpft. Violette, rote und blaue Strahlen brachen durch die Lücken im Laub und funkelten in dem Smaragd an ihrem Finger. Sie las einen Satz und blickte zum Himmel auf; sie blickte zum Himmel auf und dann hinunter auf die Zeitschrift. Das Leben? Die Literatur? Eins ins andere zu verwandeln? Aber wie ungeheuerlich schwierig! Weil – hier kam wieder ein Paar enger scharlachroter Hosen vorüber; wie hätte Addison das ausgedrückt? Hier kamen zwei auf den Hinterbeinen tänzelnde Hunde; wie hätte Charles Lamb die beschrieben? Denn als sie las (und zwar in den Pausen ihres Umherblickens), was Sir Nicholas und seine Kollegen schrieben, hatte sie irgendwie (sie war aufgestanden und wieder weitergegangen) den Eindruck gewonnen – und es war ein äußerst unbehaglicher Eindruck – man dürfe nie, nie sagen, was man denke. (Sie stand nun am Ufer des Serpentineteichs; der war bronzefarben; spinnendünne Boote glitten von einem Ufer zum andern.) Jene Schriftsteller gaben einem das Gefühl, daß man immer, immer wie jemand anders schreiben müsse. (Tränen formten sich in ihren Augen.) Denn wirklich, dachte sie und stieß dabei einen Spielzeugdampfer mit der Fußspitze weg, ich glaube nicht, ich könnte das (hier kam ihr der ganze Artikel Sir Nicholas' vor das geistige Auge, wie das solche Aufsätze, zehn Minuten nachdem man sie gelesen hat, tun; und dazu das Aussehen seines Zimmers, seines Kopfs, seiner Katze, seines Schreibtisches und obendrein noch die Tageszeit), ich glaube nicht, ich könnte, dachte sie, den Aufsatz von diesem Gesichtspunkt betrachtend, in einem Arbeitszimmer sitzen – nein, es ist nicht ein Arbeitszimmer, es ist eine muffige Art von Salon – den lieben langen Tag da sitzen und zu netten jungen Männern reden und ihnen Geschichtchen erzählen, welche sie nicht weitererzählen sollen, davon, was Tupper über Smiles sagte; und dann, so dachte sie und weinte dabei bitterlich, sind sie auch alle so männlich; und mir sind Herzoginnen verhaßt; und ich mag keinen Kuchen; und wenn ich auch boshaft genug bin, könnte ich es doch nicht erlernen, so boshaft zu sein; und wie könnte ich da ein Kritiker werden und die beste englische Prosa meiner Zeit schreiben? »Zum Teufel mit dem Ganzen!« rief sie aus und setzte ein Segelschiffchen so heftig aufs Wasser, daß das arme kleine Ding in den bronzefarbenen Wellchen beinahe unterging.

Nun ist es aber so: Wenn man »seine Zustände« hat (wie Kinderfrauen das nennen) – und Orlando hingen noch immer die Tränen an den Wimpern – bleibt das, worauf man blickt, nicht es selbst, sondern wird zu etwas anderem, welches größer und viel wichtiger und doch dasselbe ist. Wenn man in solchem Seelenzustand auf die Serpentine blickt, werden die Wellchen gar bald so hoch wie die Wogen des Atlantiks; die Spielzeugschiffchen unterscheiden sich nicht von Überseedampfern. Und daher hielt Orlando das Spielzeugschiffchen für die Brigg ihres Mannes; und das Wellchen, das sie mit der Fußspitze erregt hatte, für einen Wasserberg vor dem Kap Horn; und als sie zusah, wie das Schiffchen das Wellchen hinauffuhr, glaubte sie, sie sehe Bonthrops Schiff einen glasigen Wall hinauf und immer weiter hinauf fahren; höher und höher hinauf fuhr es, und ein weißer Wogenkamm mit tausend Toden darin wölbte sich darüber; und durch die tausend Tode hindurch fuhr es und verschwand – »Es ist gesunken!« rief sie in höchster Seelenangst aus – und dann, schau! da war es wieder und segelte munter und wohlbehalten zwischen den Enten dahin, auf der anderen Seite des Atlantiks.

»Ekstase!« rief sie aus. »Ekstase! Wo ist ein Postamt?« fragte sie sich. »Denn ich muß Shel sogleich telegraphieren und ihm sagen ...« Und während sie abwechselnd »ein Spielzeugschiff auf der Serpentine« und »Ekstase« wiederholte, denn die beiden Gedanken waren vertauschbar und bedeuteten ganz genau dasselbe, eilte sie der Park Lane zu.

»Ein Spielzeugschiff, ein Spielzeugschiff, ein Spielzeugschiff«, wiederholte sie und prägte sich so die Tatsache ein, daß es nicht kritische Aufsätze von Nick Greene über John Donne, noch Achtstundentage, noch Lohnverträge, noch Arbeiterschutzgesetze sind, worauf es ankommt; sondern etwas Zweckloses, Heftiges, Plötzliches; etwas, das ein Leben kostet; rot, blau, violett; ein jäher Ruck; ein Farbklecks; wie diese Hyazinthen (sie ging soeben an einem schönen Beet solcher vorbei); frei von Bemäkelung, Abhängigkeit, Beschmutzung seitens der Menschheit oder den Sorgen um die eigene Art; etwas Unbesonnenes, Lächerliches wie mein Hyazinth, Ehegemahl meine ich, Bonthrop: das ist es – ein Spielzeugschiffchen auf dem Serpentineteich; Ekstase – Ekstase ist's, worauf es ankommt! So sprach sie laut vor sich hin, während sie beim Stanhope-Tor wartete, bis die Kette von Wagen in der Park Lane einmal abrisse, denn die Folge davon, nicht mit seinem Mann zusammenzuleben, es sei denn, wenn der Wind abgeflaut hat, ist, daß man im Hydepark laut Unsinn vor sich hinredet. Es wäre zweifellos anders gewesen, wenn sie das ganze Jahr hindurch mit ihm zusammengelebt hätte, wie Königin Victoria das empfahl. So aber überkam sie meist blitzartig der Gedanke an ihn. Sie fand es dann unbedingt notwendig, augenblicklich mit ihm zu sprechen. Sie kümmerte sich nicht im geringsten darum, wie unsinnig es klänge oder wie es diese Erzählung aus den Fugen brächte. Nick Greenes kritischer Aufsatz hatte sie in den Abgrund der Verzweiflung gestürzt, das Spielzeugschiffchen sie auf den Gipfel der Wonne erhoben. Darum wiederholte sie: »Ekstase! Ekstase!« während sie darauf wartete, die Straße überschreiten zu können.

Aber der Verkehr war sehr dicht an diesem Frühlingsnachmittag und zwang sie, lange hier stehnzubleiben und immer wieder »Ekstase, Ekstase, Ekstase« vor sich hinzumurmeln, oder »ein Schiffchen auf der Serpentine«, während der Reichtum und die Macht Englands in Hut und Mantel wie gemeißelt in Vierspännern, Viktorias und Landauern saß. Es war so, als hätte ein goldener Strom gestockt und sich in geronnenen goldenen Klumpen in der Park Lane gestaut. Die Damen hielten Visitkartenetuis zwischen den Fingern, die Herren balancierten goldknäufige Spazierstöcke zwischen den Knien. Orlando stand da und schaute voller Bewunderung und ehrfürchtiger Scheu. Nur ein einziger Gedanke verstörte sie. Ein Gedanke, der allen vertraut ist, welche große Elefanten oder Walfische von unglaublichen Maßen erblicken, nämlich, wie diese Ungetüme, denen Anstrengung, Veränderung und Betätigung offenbar zuwider sind, ihre Art fortpflanzen. Vielleicht war, dachte Orlando, auf die würdevollen starren Gesichter blickend, ihre Fortpflanzungszeit vorbei; dies war schon die Frucht, die Erfüllung; was sie nun wahrnahm, war der Triumph eines Zeitalters. Behäbig und großartig saßen sie da. Jetzt aber senkte der Polizist die Hand; der Strom verflüssigte sich; das massive Konglomerat prächtiger Exemplare bewegte sich, zerstreute sich und verschwand nach Piccadilly hin.

So überschritt sie nun die Park Lane und ging in ihr Haus in der Curzon Street, wo, als noch die Spierstauden dort blühten, wie sie sich erinnern konnte, die Kiebitze gerufen hatten und ein sehr alter Mann mit einer Flinte umhergestreift war.

Sie konnte sich erinnern, dachte sie, als sie über die Schwelle ihres Hauses trat, wie Lord Chesterfield gesagt hatte – aber ihren Erinnerungen wurde Einhalt geboten. Das aus dem 18. Jahrhundert stammende Vestibül, wo sie Lord Chesterfield seinen Hut hierhin, seinen Mantel dahin hatte tun sehen, mit einer Eleganz des Gehabens, die zu beobachten ein wahres Vergnügen war, zeigte sich nun ganz mit Packen und Päckchen behäuft. Während sie im Hydepark saß, hatte der Buchhändler ihre Bestellung ausgeführt, und das Haus war vollgepfropft – sogar von der Treppe rutschten ihr Pakete entgegen – mit der gesamten viktorianischen Literatur, in dickes graues Papier gehüllt und säuberlich mit Bindfaden gebunden. Sie trug so viele der Pakete, wie sie konnte, auf ihr Zimmer, befahl den Lakaien, die übrigen zu bringen, und nachdem sie flink unzählige Bindfäden durchgeschnitten hatte, war sie alsbald von unzähligen Büchern umgeben.

An die umfänglich geringen Literaturen des 16., 17. und 18. Jahrhunderts gewöhnt, war Orlando entsetzt über die Folgen ihrer Bestellung. Denn für die Viktorianer selbst bedeutete die viktorianische Literatur natürlich nicht bloß vier deutlich ausgesonderte große Namen, sondern vier große Namen, eingesenkt und eingebettet in eine Masse von Alexander Smiths, Dixons, Blacks, Milmans, Buckles, Taines, Paynes, Tuppers, Jamesons – alle so stimmkräftig, lärmend, hervorragend und ebensoviel Aufmerksamkeit heischend wie irgendwelche andere. Orlandos Verehrung alles Gedruckten sah sich vor einer zähen Aufgabe, aber sie zog den Sessel ans Fenster, um zu nutzen, was an Tageslicht noch zwischen den hohen Häusern Mayfairs durchsickern mochte, und versuchte, zu einem schlüssigen Urteil zu kommen.

Nun steht aber fest, daß es nur zwei Wege gibt, um zu einem schlüssigen Urteil über die viktorianische Literatur zu kommen: der eine ist der, es in sechzig Oktavbänden niederzuschreiben, der andere, es in sechs Zeilen von der Länge dieser hier zu pressen. Da die Zeit knapp wird, veranlaßt uns Sparsamkeit, von diesen beiden Wegen den zweiten zu wählen; und auf diesem setzen wir also fort. Orlando kam (nachdem sie ein halbes Dutzend Bände aufgeschlagen hatte) zunächst zu dem Schluß, es sei sehr verwunderlich, daß sich unter diesen nicht ein einziger einem Adeligen gewidmeter befand; dann (nachdem sie in einem riesigen Stoß von Memoiren geblättert hatte), daß mehrere dieser Schriftsteller Stammbäume hatten, welche halb so hoch waren wie ihr eigener; nächstdem, daß es äußerst unklug wäre, eine Zehnpfundnote um die Zuckerzange zu wickeln, sobald Miss Christina Rossetti zum Tee käme; des weiteren (vor ihr lag am nächsten Morgen ein halbes Dutzend Einladungen, Jahrhundertfeiern durch Bankette zu begehn), daß die Literatur, wenn sie alle diese Festmähler verzehre, sehr beleibt werden müsse; ferner (sie hatte Einladungen zu einem Dutzend Vorträge über den Einfluß dieses auf jenes erhalten; über den neuen Klassizismus; über die neue Romantik; und über andere solche anziehende Themen), daß die Literatur, wenn sie auf alle diese Vorträge höre, sehr trocken werden müsse; und überdies (hier nahm sie an einem Empfang teil, den eine hochadelige Dame gab), daß die Literatur, da sie alle diese Pelzpelerinchen trug, sehr respektabel sein müsse; und außerdem (hier besuchte sie Carlyles schalldichtes Zimmer in Chelsea), daß Genie, da es alle diese Verzärtelung brauchte, sehr schwächlich geworden sein müsse; und so gelangte sie endlich zu ihrer letzten Folgerung, welche zwar von höchster Bedeutsamkeit ist, aber da wir unsere Begrenzung auf sechs Zeilen schon weit überschritten haben, müssen wir sie weglassen.

Nachdem Orlando zu diesem Schluß gekommen war, stand sie eine beträchtliche Zeit am Fenster und sah hinaus. Denn kommt jemand zu einer Schlußfolgerung, ist es so, als hätte er den Ball über das Netz geschleudert und müßte nun darauf warten, daß der unsichtbare Gegenspieler ihn zurückwerfe. Was würde ihr als nächstes aus dem farblosen Himmel über Chesterfield House zugeflogen kommen? Mit verschränkten Händen stand sie so und fragte sich das eine geraume Zeit. Plötzlich schrak sie auf – und hier können wir nur wünschen, daß, wie bei einer früheren Gelegenheit, Reinheit, Keuschheit und Schamhaftigkeit die Tür ein wenig aufstoßen und uns so wenigstens eine kleine Atempause verschaffen werden, in der wir darüber nachdenken könnten, wie wir, ganz wie ein Biograph das sollte, was nun mit viel Takt erzählt werden muß, behutsam einwickeln könnten. Aber nein! Nachdem jene Damen das weiße Kleidungsstück der nackten Orlando hingeworfen und es mehrere Zoll zu kurz hatten niederfallen sehen, hatten alle drei seit diesen vielen Jahren jeden Verkehr mit ihr aufgegeben und waren nun anderweitig beschäftigt. Wird also nichts geschehen an diesem bleichen Märzvormittag, das unleugbare Ereignis, was immer es sein mag, zu mildern, zu verschleiern, zu verhüllen, zu verheimlichen, zu verbergen? Denn nach ihrem jähen, heftigen Zusammenfahren war Orlando – aber, dem Himmel sei Dank! in ebendemselben Augenblick erklang draußen eine dieser gebrechlichen, dünnstimmig und ruckweise flötenden altmodischen Drehorgeln, wie sie noch manchmal in Hintergassen von italienischen Leierkastenmännern gespielt werden. Lassen wir uns diese Dazwischenkunft, so bescheiden sie auch ist, wohlgefallen, als wäre sie Musik der Sphären, und erlauben wir ihr, samt allem ihrem Keuchen und Schnaufen, diese Seite mit Klängen zu füllen, bis der Augenblick kommt, dessen Kommen zu leugnen unmöglich ist; den der Hausdiener und das Hausmädchen haben kommen sehen; und den auch der Leser nun wohl voraussieht; denn Orlando selbst ist ganz deutlich nicht mehr imstande, noch länger die Augen davor zu verschließen, – lassen wir also den Leierkasten drauflosorgeln und uns auf Flügeln des Gedankens hinwegtragen, welcher, wenn Musik erklingt, nicht größer ist als ein kleines, auf den Wellen umhergeschleudertes Boot; des Gedankens also, dieses von allen Trägern ungeschicktesten und unberechenbarsten; hinweg über die Dachfirste und die Hintergärten, wo die Wäsche an der Leine hängt, hinweg nach – welcher Ort ist das? Erkennst du diesen grünen Anger und in der Mitte die Kirche mit dem Spitzturm und das große schmiedeeiserne Gittertor mit je einem Löwen *couchant* rechts und links? Ach ja, es ist Kew! Schön, Kew tut's auch. So sind wir also hier, im Botanischen Garten in Kew, und ich will dir heute (am 2. März) unter dem Pflaumenbaum eine Sternhyazinthe zeigen und eine Krokusblüte und auch eine Knospe an dem Mandelbaum; damit, hier zu wandeln, auch ein Denken an Blumenzwiebeln ist, an schuppige, rötlichbraune, welche im Oktober in die Erde gesenkt wurden und nun blühen; und ein Träumen von mehr, als sich in Worten sagen läßt; und auch bedeutet, aus dem Etui eine Zigarette oder sogar eine Zigarre zu nehmen und den Wasserdichten unter (wie der Reim es erfordert) die Fichten zu breiten und hier zu sitzen und auf den Eisvogel zu warten, welcher, so geht das Gerücht, eines Abends gesehen wurde, wie er von einem Ufer zum andern flog.

Warte! Warte! Der Eisvogel kommt; der Eisvogel kommt nicht.

Sieh mittlerweile dort die Fabrikschornsteine rauchen; sieh die Kontoristen aus der City in ihren Skullbooten vorüberflitzen; sieh die alte Dame ihren Hund spazierenführen und das Dienstmädchen ihren neuen Hut zum erstenmal und nicht richtig aufgesetzt tragen. Sieh sie alle! Wenn auch nach des Himmels barmherzigem Ratschluß die Geheimnisse aller Herzen verborgen sind, so daß wir immerzu verlockt werden, etwas zu vermuten, was vielleicht gar nicht da ist, sehen wir doch durch den Rauch unserer Zigarette sie aufflammen und begrüßen sie, die herrliche Erfüllung natürlicher Begierden nach einem Hut, nach einem Boot, nach der Ratte in einem Graben; wie wir einst ein Feuer aufflammen sahen – solche alberne Hopser und Hupfer macht das Denken, wenn es auf die Untertasse überschwappt, während die Drehorgel spielt, – ein Feuer auf einem Feld gegen Minarette am Himmelsrand, in der Nähe von Konstantinopel.

Sei gegrüßt, natürliche Begierde! Sei gegrüßt, Glückseligkeit! Göttliche Glückseligkeit! Seid gegrüßt, Freuden jeglicher Art! Blumen und Wein, wenngleich die einen verwelken und der andere vergiftet; und Ausflugsrückfahrscheine für zweieinhalb Schilling an Sonntagen und Kirchenlieder über den Tod, in einer dunkeln Kapelle gesungen, und alles und jedes, was ein Unterbrechen und Übertäuben ist des Klapperns von Schreibmaschinen, des Ablegens von Geschäftsbriefen; und des Schmiedens von Bindegliedern und Banden, welche das Britische Weltreich zusammenhalten! Seid gegrüßt, sogar ihr, grobgemalte rote Amorbogen auf den Lippen von Ladenmädchen (als hätte Kupido den Daumen in rote Tinte getaucht und im Vorbeifliegen sehr plump ein Zeichen hingeschmiert)! Sei gegrüßt – oh, Glückseligkeit! – du von Ufer zu Ufer flitzender Eisvogel und jede Erfüllung natürlichen Verlangens, ob sie nun das ist, was romanschreibende Männer behaupten, oder nicht; oder ob Gebet; oder Entsagung; gegrüßt sei sie, in welcher Form immer sie kommt, und mögen ihrer noch mehr Formen und noch seltsamere sein! Denn dunkel fließt der Strom mit seinem Schaum – wäre es doch nur wahr, wie der Reim andeutet, »gleich einem Traum« – doch glanzloser und schlimmer als das ist unser gewöhnliches Los, ohne Träume, sondern lebendig, selbstgefällig, geläufig, gewohnheitsmäßig unter Bäumen hinzufluten, deren Schatten von Olivgrün das Blau der entschwindenden Schwinge des Vogels ertränkt, wenn er plötzlich von Ufer zu Ufer flitzt.

Heiße also Glückseligkeit willkommen, und nach Glückseligkeit nicht etwa diese Träume, die das scharfe Bild aufdunsen, wie ein halb erblindeter Spiegel im »Salon« eines Landgasthofs das Gesicht; Träume, die das Ganze zersplittern und uns zerreißen und verwunden und spalten in der Nacht, wenn wir schlafen möchten; sondern schlafe, schlafe so tief, daß alle Gestalten zu unendlich weichem Staub zermahlen werden, zu unerforschlich dunkelm Wasser zerfließen, und so, zusammengefaltet wie ein Nachtfalter, eingemummt wie eine Mumie, wollen wir hingestreckt auf dem Sand liegen, auf dem Grund des Schlafs.

Aber warte! Warte! Wir gehn diesmal nicht das blinde Land aufsuchen. Blau, wie ein mitten im Innersten des Auges angestrichenes Zündhölzchen, fliegt er, brennt er, sprengt er das Siegel des Schlafs: der Eisvogel; so daß nun, wie nach der Ebbe, der rote, dicke Strom zurückflutet, das Leben; brodelnd, triefend; und wir uns erheben (denn wie gelegen kommt ein Reim, um uns heil und sicher über den unbequemen und nicht ungefährlichen Übergang vom Tod zum Leben zu bringen), und unser Blick fällt auf – (hier verstummt plötzlich die Drehorgel).

»Es ist ein sehr schöner Bub, M'lady«, sagte Mrs. Banting, die Hebamme, und legte Orlando ihr Erstgeborenes in die Arme. Mit anderen Worten, Orlando wurde Donnerstag, den 20. März, um drei Uhr morgens, glücklich eines Sohnes entbunden.

Wiederum stand Orlando am Fenster, aber der Leser sei nicht entmutigt; nichts dergleichen wird am heutigen Tag geschehen, welcher durchaus nicht derselbe Tag ist. Nein – denn wenn wir aus dem Fenster blicken, was auch Orlando in diesem Augenblick tat, sehen wir, daß die Park Lane selbst sich beträchtlich verändert hat. Ja man konnte da, wie Orlando, zehn Minuten oder länger stehn, ohne einen einzigen Landauer zu gewahren. »Nun sieh dir das an!« rief sie aus, als eine absurd abgehackte Equipage ohne Pferde von selbst dahinzurollen begann. Wahrhaftig, ein Wagen ohne Pferde! Sie wurde weggerufen, grade als sie das sagte, kam aber nach einer Weile zurück und warf noch einen Blick aus dem Fenster. Es war jetzt immer sehr wunderliches Wetter. Sogar der Himmel hatte sich, sie konnte sich nichts anderes denken, verändert. Er war nicht mehr so schwammig, so wässerig, so prismahaft, nun, seit König Edward – sieh nur! dort steigt er soeben aus seinem blitzblanken Coupé, um eine gewisse gegenüber wohnende Dame zu besuchen, – auf Königin Victoria gefolgt war. Die Wolken waren zu einem dünnen Gazeschleier geschrumpft; der Himmel schien aus Metall zu sein, welches bei heißem Wetter grünspanfarben, kupferig oder orangegelb anlief, wie Metall das in einem Nebel tut. Es war ein wenig beunruhigend, dieses Schrumpfen. Alles schien geschrumpft zu sein. Als sie gestern Abend am Buckinghampalast vorbeifuhr, war dort keine Spur mehr jenes riesigen Gebildes zu sehen gewesen, das sie für ewigdauernd gehalten hatte; der Wellingtonbogen samt Zylinderhüten, Witwenschleiern, Trompeten, Teleskopen, Kränzen und allem andern war hinweggeschwunden und hatte keinen Fleck, nicht einmal eine Pfütze, auf dem Pflaster hinterlassen. Aber erst jetzt – sie war nach einer gewissen Zeitspanne wieder auf ihren Lieblingsplatz am Fenster zurückgekehrt – erst jetzt, abends, war die Veränderung am bemerkenswertesten.

Sieh nur die Lichter in den Häusern! Auf einen einzigen Griff war ein ganzes Zimmer beleuchtet; hunderte Zimmer waren beleuchtet; und eines glich genau dem anderen. Man konnte alles in den kleinen, würfelförmigen Schachteln sehen; es gab da kein Ungestörtsein; keinen dieser verweilenden Schatten und dieser gelegentlichen Winkel, die dort immer gewesen waren; keines dieser weiblichen Wesen in weißen Schürzen, die wackelige Lampen getragen hatten, welche sie dann vorsichtig auf diesen und jenen Tisch stellten. Auf einen Griff war der ganze Raum hell; der Himmel war die ganze Nacht hindurch hell; und das Pflaster war hell; alles war hell. Zu Mittag kam sie wieder hierher. Wie schmal die Frauen in der letzten Zeit geworden waren! Sie sahen wie Kornhalme aus, kerzengerade, strahlend, einander zum Verwechseln ähnlich. Und die Gesichter der Männer waren so haarlos wie ein Handteller. Die Trockenheit der Atmosphäre ließ die Farbe in allem hervorkommen und anscheinend die Wangenmuskeln steif werden. Es war jetzt schwieriger, zu weinen. Wasser wurde in zwei Sekunden heiß. Der Efeu war eingegangen oder von den Häusermauern abgekratzt worden. Gemüse gediehen weniger üppig; Familien waren viel kleiner. Vorhänge und Überwürfe hatten sich entrüscht, und die Wände waren kahl, sodaß neue, leuchtend farbige Bilder von wirklichen Dingen, wie Straßen, Regenschirme, Äpfel, gerahmt an sie gehängt oder auf die Holztäfelung gemalt waren. Dieses Zeitalter hatte etwas Entschiedenes und Bestimmtes, das sie an das 18. Jahrhundert gemahnte. Nur daß da nun auch etwas Zerfahrenes, etwas verzweifelt Angestrengtes war – als sie das bedachte, begann sich der unendlich lange Tunnel, worin sie seit Hunderten von Jahren gewandert zu sein schien, zu erweitern; Licht strömte herein; ihre Gedanken wurden auf geheimnisvolle Weise gespannt und hochgeschraubt, als hätte ihr ein Klavierstimmer seinen Schlüssel in den Rücken gesteckt und ihre Nerven sehr straff angezogen; gleichzeitig schärfte sich ihr Gehör: sie konnte jedes Flüstern und Knistern in dem Zimmer hören, so daß die tickende Uhr auf dem Kaminsims wie ein Hammer schlug. Und so wurde einige Sekunden lang das Licht immer heller, und sie sah alles immer klarer, und die Uhr tickte immer lauter, bis mitten in ihrem Ohr eine fürchterliche Explosion erfolgte. Orlando fuhr zusammen, als hätte sie einen heftigen Schlag auf den Kopf erhalten. Zehnmal erhielt sie einen solchen Schlag. Tatsächlich war es zehn Uhr vormittag. Es war der 11. Oktober. Es war das Jahr 1928. Es war der gegenwärtige Augenblick.

Niemand braucht sich zu wundern, daß Orlando zusammenfuhr, die Hand aufs Herz drückte und blaß wurde. Denn welche erschrecklichere Offenbarung kann es geben als die, daß es der gegenwärtige Augenblick ist? Daß wir den Schreck überhaupt überleben, ist nur möglich, weil uns die Vergangenheit hinter uns und die Zukunft vor uns Schutz bieten. Aber wir haben jetzt keine Zeit zu Überlegungen. Orlando hatte sich sowieso schon gräßlich verspätet. Sie lief die Treppe hinunter, sie sprang in ihr Automobil; sie drückte auf den Anlasser und sauste schon dahin. Riesige blaue Blöcke von Gebäuden ragten auf; die roten Hauben von Schornsteinen waren unregelmäßig über den Himmel getupft; die Straße schimmerte wie silberköpfige Nägel; Omnibusse kamen auf sie losgefahren, die Gesichter der Fahrer starr, wie gemeißelt. Sie erblickte Badeschwämme, Vogelbauer, mit grünem Wachstuch überzogene Koffer. Aber sie ließ, was sie sah, nicht in ihren Geist einsinken, während sie über den schmalen Steg der Gegenwart kam, auch nicht den Bruchteil eines Zolls tief, um nicht am Ende in den tobenden Wildbach darunter zu stürzen. »Was schauen Sie denn nicht, wo Sie hinwollen? ... Können Sie nicht die Hand ausstrecken?« –

das war alles, was sie scharfen Tons sagte, als würden die Worte aus ihr hinausgeschleudert. Denn auf den Straßen herrschte ein ungeheueres Gedränge; Leute querten die Fahrbahn, ohne zu schauen, wo sie hingingen. Leute schwärmten und schwirrten vor Spiegelscheiben, hinter welchen eine Glut von Rot, ein Flammen von Gelb zu erblicken waren, – als wären sie Bienen, dachte Orlando. Aber ihr Gedanke, daß sie Bienen seien, wurde heftig abgeschnitten, und sie sah, die richtige Perspektive wiedergewinnend, auf einen einzigen Lidschlag, daß es Menschenkörper waren. »Was schauen Sie denn nicht, wo Sie hingehn?« stieß sie hervor.

Endlich jedoch hielt sie vor Marshall & Snelgrove und betrat das Kaufhaus. Dämmerung und Düfte umschwebten sie. Die Gegenwart fiel von ihr ab gleich Tropfen brühenden Wassers. Licht schwankte auf und nieder wie dünne, von einem Sommerlüftchen geblähte Stoffe. Sie zog eine Liste aus ihrem Handtäschchen und begann, anfangs mit wunderlich steifer Stimme, als hielte sie die Wörter – hohe Knabenschuhe, Badesalz, Sardinen – unter einen Strahl vielfarbenen Wassers, von ihr abzulesen. Sie sah zu, wie sie sich veränderten, als das Licht auf sie fiel. »Bad« und »Schuhe« wurden flach und stumpf; »Sardinen« zackig wie eine Säge. So stand sie im Erdgeschoß von Marshall & Snelgrove; blickte hierhin; blickte dorthin; schnupperte diesen und jenen Geruch; und vergeudete damit einige Sekunden. Dann trat sie in den Aufzug, aus dem guten Grund, daß dessen Tür offen stand; und wurde glatt aufwärts geschossen. Das Grundgewebe des Lebens, dachte sie im Hochsteigen, ist nun etwas Magisches; im 18. Jahrhundert wußten wir, wie alles gemacht wird; hier jedoch steige ich durch die Luft auf; ich lausche Stimmen aus Amerika; ich sehe Menschen fliegen – aber wie es gemacht wird, darüber kann ich mich nicht einmal zu wundern beginnen; so kehrt denn mein Glaube an

Magie wieder. Da hielt der Aufzug mit einem kleinen Ruck im ersten Stock. Und sie hatte eine Vision von unzähligen farbigen Stoffen, welche in einem Luftzug wehten, der unterschiedliche seltsame Gerüche mitbrachte; und so oft der Aufzug hielt und seine Türflügel aufsprangen, lag da eine andere Schichte der Welt vor ihr ausgebreitet, der alle Gerüche dieser Welt anhafteten. Sie wurde an den Fluß bei Wapping zur Zeit der Königin Elizabeth gemahnt, wo die Schatzschiffe und die Kauffahrer ankerten. Wie üppig stark und wunderlich es auf denen gerochen hatte! Wie gut sie sich des Gefühls ihr, wenn sie in einem Schatzsack wühlte, durch die Finger rieselnder roher Rubine erinnerte! Und mit Sukey – oder wie immer sie hieß – dort zu liegen, bis ihnen dann Cumberlands Laterne plötzlich ins Gesicht geleuchtet hatte! Die Cumberland besaßen jetzt ein Haus am Portman Place, und sie hatte unlängst bei ihnen zu Mittag gegessen und sich dem alten Mann gegenüber einen kleinen Scherz erlaubt, über die Armenhäuschen in der Sheen Road. Er hatte ihr zugezwinkert. Aber nun mußte sie, da der Aufzug nicht noch höher fahren konnte, aussteigen – der Himmel mochte wissen, in was für ein »Department«, wie die Leute hier es nannten! Sie blieb stehn, um ihre Einkaufsliste zu Rate zu ziehen, aber sie wollte ver . . . sein, wenn sie, was die Liste verlangte, Badesalz oder Knabenschuhe, hier irgendwo erblicken konnte. Und tatsächlich wollte sie schon wieder hinunterfahren, ohne irgend etwas zu kaufen, wurde aber vor diesem Frevel dadurch bewahrt, daß sie unwillkürlich den letzten Posten auf ihrer Liste laut vor sich hinsagte; welcher, wie es sich traf, »Leintücher für ein Doppelbett« war.

»Leintücher für ein Doppelbett«, sagte sie, und der Mann hinter dem nächsten Ladentisch hörte sie, und durch eine Fügung der Vorsehung waren es tatsächlich Leintücher, was der Mann grade an diesem Ladentisch verkaufte. Denn

Grimsditch – nein, Grimsditch war tot; Bartholomew – nein, die war auch schon tot; Louise also – Louise war neulich in großer Aufregung zu ihr gekommen, weil sie ein Loch im Fußende des Leintuchs auf dem Bett im Königszimmer entdeckt hatte. Viele Könige und Königinnen hatten da geschlafen – Elizabeth, James, Charles, George, Victoria, Edward; kein Wunder, daß das Leintuch ein Loch hatte. Louise aber war ganz sicher, sie wisse, wer es gemacht habe. Es sei der Prinzgemahl gewesen.

»*Sale boche!*« sagte sie (denn es hatte wieder einen Krieg gegeben; diesmal gegen die Deutschen).

»Leintücher für ein Doppelbett«, wiederholte Orlando träumerisch. Für ein Doppelbett mit silberdurchwirktem Überwurf, in einem Zimmer, das mit einem Geschmack eingerichtet war, den sie nun für vielleicht ein bißchen ordinär hielt; ganz in Silber; aber sie hatte es eingerichtet, als sie eine Leidenschaft für dieses Metall besaß.

Während der Mann Leintücher für ein Doppelbett holen ging, zog sie einen kleinen Spiegel und eine Puderquaste hervor. Frauen waren nicht mehr auch nur annähernd so umständlich in ihrem Benehmen, dachte sie, sich mit größter Unbefangenheit pudernd, wie damals, als sie selbst eine Frau geworden war und auf dem Deck der »Verliebten Lady« lag. Sie gab ihrer Nase mit Bedacht genau die richtige Tönung. Nie rührte sie an ihre Wangen. Wahrhaftig, wenngleich nun sechsunddreißig, sah sie kaum einen Tag älter aus. Sie sah genau so schmollend, so verdrossen, so hübsch, so rosig (gleich einem tausendkerzigen Weihnachtsbaum, hatte Sascha gesagt) aus wie an jenem Tag auf dem Eis, als die Themse zugefroren war und sie miteinander schlittschuhlaufen gegangen waren –

»Bestes irisches Leinen, Ma'am«, sagte der Verkäufer und breitete die Leintücher auf den Ladentisch – und sie waren einer alten Frau begegnet, die dürres Holz sammelte. Hier öffnete sich, während sie geistesabwesend das Leinen befingerte, eine der Schwingtüren zwischen den Abteilungen und ließ, vielleicht aus dem Phantasiewarendepartement, den Hauch eines Parfüms ein, eines wachsigen, wie von rosa Kerzen getönten, und der Duft wölbte sich gleich einer Muschel um eine Gestalt – war sie ein Jüngling, war sie ein Mädchen? – jung, schlank, verführerisch – ein Mädchen, bei Gott! mit Pelzen und Perlen, in russischen Hosen; aber treulos, treulos!

»Treulos!« rief Orlando aus (der Verkäufer hatte sich entfernt), und alle die Ladentische schienen zu wirbeln und zu wanken wie auf gelblichen Wassern, und in der Ferne sah sie die Masten des russischen Schiffs, welches seewärts steuerte. Und dann wurde wunderlicherweise (vielleicht hatte sich die Tür nochmals geöffnet) die Muschel, die der Duft geformt hatte, eine Plattform, ein Podium, von dem eine dicke, in Pelz gekleidete Frau herabstieg, wunderbar gut erhalten, verführerisch, bediademt, die Mätresse eines Großfürsten; sie, die, über das Ufer der Wolga geneigt und belegte Brote essend, zugesehen hatte, wie Männer ertranken; und die kam nun zwischen den Ladentischen auf sie zu.

»O Sascha!« rief Orlando aus. Wirklich, Orlando war entsetzt, daß es dahin mit ihr gekommen war; sie war so dick geworden, so träge! Und Orlando neigte den Kopf über das Leinen, damit diese Erscheinung einer ergrauten Frau im Pelz und eines Mädchens in russischen Hosen, samt all diesen Gerüchen von Wachskerzen, weißen Blumen und alten Schiffen, die sie mitbrachte, ungesehen hinter ihrem Rücken vorbeiginge.

»Irgendwelchen Bedarf an Windeln, Handtüchern, Staubtüchern, Ma'am?« fragte der Verkäufer beharrlich. Es spricht ungeheuer für die Einkaufsliste, welche Orlando nun wieder zu Rate zog, daß sie imstande war, mit dem Anschein größter Fassung zu antworten, es gebe nur noch ein Ding auf der Welt, das sie brauche, und das sei Badesalz; aber das befand sich in einer anderen Abteilung.

Als sie im Aufzug wieder hinunterfuhr, war sie jedoch abermals – so aufdringlich ist die Wiederholung jeglicher Szene – tief unter den gegenwärtigen Augenblick gesunken; und glaubte, als der Fahrstuhl im Erdgeschoß aufprallte, sie höre einen Topf an einem Flußufer zerschellen. Aber die richtige Abteilung zu finden, welche immer es sein mochte, – da stand sie nun gedankenverloren zwischen den Handtäschchen, taub für die Vorschläge aller der höflichen schwarzgekleideten, geschniegelten und beflissenen Verkäufer, welche, auch sie, und manche vielleicht ebenso stolz, sogar aus solchen Tiefen der Vergangenheit wie Orlando selbst kamen, aber sich entschlossen hatten, den undurchdringlichen Rollbalken der Gegenwart herabzulassen, sodaß sie heute bloß Handlungsgehilfen bei Marshall & Snelgrove zu sein schienen. Unentschlossen stand Orlando da. Durch die großen Glastüren konnte sie den Verkehr in der Oxford Street sehen. Omnibus schien sich auf Omnibus zu türmen und sich dann loszureißen. So hatten an jenem Tag die Eisschollen auf der Themse geruckt und geschwankt. Ein alter Adelsherr in pelzbesetzten Pantoffeln hatte rittlings auf einer gesessen. Er trieb dahin – sie konnte ihn jetzt noch sehen – und rief einen Fluch auf die irischen Rebellen herab. Dort war er versunken, dort, wo ihr Auto stand.

Die Zeit ist über mich hinweggegangen, dachte sie und versuchte, sich zu sammeln; dies ist das Nahen des mittleren Alters. Wie seltsam das ist! Nichts ist mehr etwas Einzelnes. Ich ergreife ein Handtäschchen, und dabei denke ich an eine alte, im Eis eingefrorene Äpfelfrau. Jemand zündet eine rosa Kerze an, und ich sehe ein Mädchen in russischen Hosen.

Wenn ich ins Freie trete, so wie jetzt – hier trat sie auf den Gehsteig der Oxford Street hinaus – was ist es, was ich da schmecke? Kleine Kräuter. Ich höre Ziegenglöckchen. Ich sehe Berge. Die Türkei? Indien? Persien? Ihre Augen füllten sich mit Tränen.

Daß Orlando sich ein wenig zu weit vom gegenwärtigen Augenblick entfernt hatte, wird vielleicht dem Leser auffallen, wenn er sieht, wie sie sich nun anschickt, in ihr Auto zu steigen, die Augen voller Tränen und Visionen türkischer Berge. Und wirklich läßt sich nicht leugnen, daß die erfolgreichsten Lebenskünstler, nebenbei bemerkt, oft unbekannte Leute, es irgendwie zuwegebringen, die sechzig oder siebzig verschiedenen Zeiten, welche gleichzeitig in jedem normalen menschlichen Organismus ticken, zu synchronisieren, so daß, wenn es elf schlägt, alle miteinander im Einklang ertönen und die Gegenwart weder ein heftiges Zerreißen noch in der Vergangenheit völlig vergessen ist. Von solchen Menschen können wir mit Recht sagen, daß sie genau die achtundsechzig oder zweiundsiebzig Jahre leben, welche ihnen auf dem Grabstein zugeschrieben werden. Von den übrigen wissen wir, daß einige tot sind, obgleich sie unter uns umhergehn; manche noch nicht geboren wurden, obgleich sie die Formen des Lebens durchlaufen; und wieder andere Hunderte von Jahren alt sind, obgleich sie sich für sechsunddreißig ausgeben. Die wahre Länge eines Menschenlebens ist, was immer das *Biographische Nationallexikon* sagen mag, stets eine strittige Sache. Denn es ist eine schwierige Aufgabe – dieses Zeiteinhalten; nichts bringt es schneller in Unordnung als die Berührung mit einer der Künste; und es mag vielleicht Orlandos Liebe zur Dichtkunst gewesen sein, was schuld daran war, daß sie ihre Einkaufsliste verloren hatte und die Heimfahrt antrat ohne die Sardinen, das Badesalz und die Knabenschuhe. Nun, als sie mit der Hand auf der Klinke ihres Autos dastand, schlug ihr die Gegenwart abermals auf den Kopf. Elfmal wurde sie heftig angefallen.

»Hol der Teufel das Ganze!« rief sie aus, denn es ist eine große Erschütterung für das Nervensystem, eine Uhr schlagen zu hören – eine so große, daß nun für eine Weile nichts anderes von Orlando zu berichten ist, als daß sie leicht die Stirn runzelte, die Gänge bewundernswert schaltete und wie zuvor ausrief: »Passen Sie auf, wo Sie hingehn!« »Na, entschließen Sie sich endlich!« »Warum haben Sie das nicht gleich gesagt?«, während der Wagen dahinschoß, schwenkte, sich vorbeischob und durchschlängelte, denn sie war eine geschickte Fahrerin, erst die Regent Street, dann den Haymarket hinunter, die Northumberland Avenue entlang, über die Westminsterbrücke, nun links, nun geradeaus, nun rechts und geradeaus weiter . . .

Die Old Kent Road war an diesem Donnerstag, dem 11. Oktober 1928, sehr belebt. Die Leute quollen vom Gehsteig auf die Fahrbahn über. Frauen mit Einkaufstaschen drängten sich. Kinder liefen einem vor die Räder. In Schnittwarenläden waren Ausverkäufe. Straßen erweiterten und verengerten sich. Lange Durchblicke verschmälerten sich beständig. Hier war ein Straßenmarkt. Hier ein Leichenbegängnis. Und hier kam ein Zug mit Spruchbändern, auf denen geschrieben stand: »Ra — Un — «, aber was noch? Fleischstücke waren sehr rot; Metzger standen in den Türen. Frauen wurden die Absätze beinahe weggeschnitten. »Amor Vin — «, stand über einem Torbogen. Eine Frau sah aus einem Schlafzimmerfenster, ins Schauen vertieft und ganz still. »Applejohn & Applebed, Leichenbest —.« Nichts war ganz zu sehen oder von Anfang bis Ende lesbar. Wovon man den Beginn sah – wie etwa zwei Freunde, welche einander über die Straße entgegengehn wollten, – davon sah man nie den

Schluß. Nach zwanzig Minuten glichen Körper und Geist kleinen, aus einem Sack purzelnden Papierschnitzeln, und tatsächlich ähnelt der Vorgang, im Auto schnell aus London hinauszufahren, so sehr jenem Kleingehacktwerden der Identität, das einer Ohnmacht und vielleicht dem Tod selbst vorausgeht, daß es eine unentschiedene Frage ist, in welchem Sinn man von Orlando sagen könnte, daß sie im gegenwärtigen Augenblick Dasein hatte. Ja wir hätten sie schon als eine völlig zerschnippelte Person aufgegeben, wenn nicht endlich ein grüner Wandschirm sich von rechts herangeschoben hätte, gegen den gesehen die Papierschnitzel langsamer fielen; und dann ein zweiter, von links her, so daß man die einzelnen sich nun in der Luft um sich selbst drehen sah; und dann grüne Wandschirme ohne Unterbrechung auf beiden Seiten, so daß Orlandos Geist die Illusion wiedergewann, in sich selbst Dinge zu enthalten, und sie ein Häuschen, einen Wirtschaftshof und vier Kühe sah, alle ganz genau und in Lebensgröße.

Als das geschah, stieß Orlando einen Seufzer der Erleichterung aus, zündete sich eine Zigarette an und paffte schweigend ein paar Minuten lang. Dann rief sie zögernd, als wäre die Person, die sie herbeiwünschte, vielleicht nicht da: »Orlando?« Denn wenn nun also (schätzungsweise) siebenundsechzig verschiedene Zeiten alle auf einmal im Geist ticken, wieviele verschiedene Personen gibt es da nicht, welche alle – der Himmel steh uns bei! – zu der einen oder anderen Zeit ihren Aufenthalt in der Menschenseele haben. Manche Leute behaupten: zweitausendzweiundfünfzig. Sodaß es das Allergewöhnlichste von der Welt für einen Menschen ist, sobald er sich allein fühlt, sogleich »Orlando?« zu rufen (wenn das zufällig der Name ist), womit er meint: »Komm, komm doch! Ich hab's sterbensatt, grade dieses Ich. Ich will ein anderes.« Daher die erstaunlichen Veränderungen, die wir an unseren Freunden sehen. Aber ganz so einfach ist das nun auch nicht, weil, wenngleich man, wie Orlando (vermutlich, weil sie nun auf dem Land draußen war und ein anderes Ich brauchte) das tat, wohl »Orlando?« rufen mag, der Orlando jedoch, den man braucht, vielleicht nicht kommen wird; denn diese Ich, aus denen wir aufgebaut sind, eins über dem anderen, wie Teller auf dem Arm eines Kellners gestapelt sind, haben anderswo Bindungen und ihre eigenen Sympathien, Konstitutiönchen und Rechte (man mag diese Dinge nennen, wie man will, und für manche von ihnen gibt es gar keinen Namen), sodaß das eine dieser Ich nur kommen wird, wenn es regnet, ein anderes nur in einem Zimmer mit grünen Vorhängen, ein drittes, wenn Mrs. Jones nicht da ist, und wieder ein anderes, wenn du ihm ein Glas Wein versprechen kannst, und so weiter; denn jedermann kann nach eigener Erfahrung die Bedingungen, die seine anderen Ich mit ihm ausgemacht haben, hier einsetzen – und einige sind zu toll lächerlich, als daß man ihrer überhaupt in Druckerschwärze erwähnen könnte.

So rief Orlando in der Biegung bei der Scheune in fragendem Ton: »Orlando?« und wartete. Orlando kam nicht.

»Na, dann nicht«, sagte Orlando mit einer Gutmütigkeit, wie Leute sie bei solchen Gelegenheiten hervorkehren, und versuchte es mit einem anderen. Denn sie hatte eine große Zahl verschiedener Ich, welche sie rufen konnte; zu viele, als daß wir Platz für sie alle finden könnten, weil eine Biographie schon für vollständig gehalten wird, wenn sie bloß über sechs oder sieben Ich Rechenschaft gibt, indes ein Mensch ganz gut ebensoviele tausend haben kann. Wenn wir also bloß diejenigen auswählen, für die wir Platz finden, rief Orlando nun vielleicht den Knaben herbei, der den Mohrenkopf herabschlug; oder den, der ihn wieder anknüpfte; den Jüngling, der auf dem Bühel saß; oder den, der den Dichter erblickte; den, der der Königin das Becken mit Rosenwasser reichte; oder sie rief vielleicht den jungen Mann herbei, der sich in Sascha verliebte; oder den Höfling; oder den Gesandten; oder den Kriegsmann; oder den großen Reisenden; oder sie wollte vielleicht, daß der weibliche zu ihr komme; die Zigeunerin; die feine Dame; die Einsiedlerin; oder die, die in das Leben verliebt war; die Gönnerin der Literatur; die Frau, die »Mar!« rief (und ein heißes Bad und ein abendliches Feuer im Kamin meinte) oder »Shelmerdine!« (und Zeitlose im Herbstwald meinte) oder »Bonthrop!« (und den Tod, den wir täglich sterben, meinte) oder alle drei miteinander rief – was mehr bedeutete, als wir aufzuschreiben Raum haben, – aber alle waren sie voneinander verschieden, diese Ich, und sie mag irgendeines von ihnen gerufen haben.

Vielleicht; was aber gewiß zu sein scheint (denn wir befinden uns nun in der Region der »Vielleicht« und »Es scheint«), ist, daß das eine Ich, das sie am meisten brauchte, sich fernhielt, denn nach ihrem Reden zu schließen, wechselte sie ihre Ich nicht weniger schnell, als sie das Auto fuhr, – es kam ein neues bei jeder Biegung, wie das so geschieht, wenn aus irgendeinem unerklärlichen Grund das bewußte Ich, welches das oberste ist und die Fähigkeit des Begehrens besitzt, nichts anderes als ein einziges Ich sein will. Dieses ist, was manche Leute »das wahre Ich« nennen, und es ist, so sagen sie, aus allen den Ich zusammengesetzt, die zu sein, in unserem Wesen liegt; sie alle befehligt und eingesperrt von dem Haupt-Ich, dem Schlüssel-Ich, das sie alle amalgamiert und überwacht. Orlando suchte ganz gewiß dieses Ich, wie der Leser danach beurteilen kann, daß er zuhört, was sie während der Fahrt vor sich hinspricht (und wenn das ein planloses Gerede ist, ein unzusammenhängendes, triviales, langweiliges und manchmal unverständliches, so geschieht dem Leser recht dafür, eine Dame belauscht zu haben, die mit sich selbst sprach; wir geben hier, was sie sagte, so wieder, wie sie es sagte, und fügen in Klammern hinzu, welches Ich, unserer Meinung nach, sprach, aber darin können wir uns ganz gut irren).

»Was also? Wer also?« sagte sie. »Sechsunddreißig; in einem Auto; ein Weib; ja, aber auch noch eine Million anderer Dinge. Ein Snob? Bin ich das? Der Wappenschild des Hosenbandordens in der Halle? Die Leoparden? Meine Ahnen? Stolz auf sie? Ja! Habgierig, luxusliebend, lasterhaft, bin ich das? (Hier kam ein neues Ich hinzu.) Ist mir verdammt schnuppe, wenn ich's bin. Wahrheitsliebend? Ich glaube. Freigebig? Oh, aber das zählt nicht. (Hier kam wieder ein neues Ich hinzu.) Des Morgens im Bett zu liegen und auf feinem Linnen den Tauben zuzuhören; silbernes Geschirr; feine Weine; Hausmädchen; Lakaien; verwöhnt? Vielleicht; zu vieles allzuleicht erlangt. Daher meine Bücher. (Hier erwähnte sie fünfzig klassisch klingende Titel; welche, so glauben wir, ihre frühen, romantischen Werke bezeichneten, die sie zerrissen hatte.) Gewandt, geläufig, romantisch? Aber (hier kam noch ein Ich hinzu) stümperhaft, tölpelhaft. Ich könnte gar nicht ungeschickter sein. Und – und – (Hier zögerte sie und suchte nach einem Wort, und wenn wir »Liebe« vorschlagen, irren wir vielleicht, aber sicherlich lachte sie und errötete und rief dann aus:) eine Kröte von Smaragden! Heini, der Großfürst! Brummfliegen an der Zimmerdecke! (Hier mischte sich wieder ein anderes Ich ein.) Aber Polly, Kitty, Sascha? (Sie versank in düsteres Sinnen; Tränen formten sich tatsächlich in ihren Augen, und sie hatte es doch seit langem aufgegeben, zu weinen!) Bäume«, sagte sie (hier meldete sich noch ein Ich). »Ich liebe Bäume (sie kam an einer Gruppe vorbei), die da ein Jahrtausend wachsen. Und Scheunen (sie kam an einer am Straßenrand verfallenden vorbei) und Schäferhunde (einer trabte über die Straße; sie wich ihm behutsam aus). Und die Nacht. Aber Menschen – (hier kam abermals ein Ich hinzu). Menschen? (Sie wiederholte das Wort als Frage.) Ich weiß nicht. Schwatzhaft, gehässig, lügnerisch. (Sie schwenkte in die Hauptstraße ihres Geburtsorts ein, auf welcher sich, weil Markttag war, Pachtbauern und Schäfer und alte Frauen mit Hennen in Körben drängten.) Ich liebe Landleute. Ich verstehe was von Saaten und Ernten. Aber (hier kam ein neues Ich über den oberen Rand ihres Geistes gesprungen wie der Lichtstrahl eines Leuchtturms) Berühmtheit? (Sie lachte.) Berühmtheit! Sieben Auflagen. Ein Literaturpreis. Mein Bild in den Abendblättern. (Damit spielte sie auf »Die Eiche« und den Burdett-Coutts-Gedächtnispreis an, welcher ihr verliehen worden war; und wir müssen hier ein wenig Platz ergattern für die Bemerkung, wiesehr es ihren Biographen aus der Fassung bringt, daß dieser Höhepunkt, auf den das ganze Buch hinsteuerte, dieser wirkungsvolle Abschluß, mit dem das Buch hätte enden sollen, uns so, durch ein zufälliges Lachen, aus der Hand geschlagen wird; die Wahrheit aber ist, daß nichts, wenn wir über eine Frau schreiben, an der richtigen Stelle steht – weder Kulminationen noch Perorationen; der Nachdruck fällt nie dorthin, wohin er bei einem Mann fallen würde.) Berühmtheit!« wiederholte sie. »Eine Dichterin – eine Scharlatanin; beides jeden Morgen so regelmäßig, wie die Post kommt. Zum Abendessen eingeladen zu werden, um Leute kennenzulernen; Leute kennenzulernen, um zum Abendessen eingeladen zu werden! Berühmtheit – Berühmtheit!« (Sie mußte hier langsamer fahren, um durch die Menge der Marktbesucher durchzukommen. Aber niemand beachtete sie. Ein Tümmler in einer Fischhandlung zog viel mehr die Aufmerksamkeit auf sich, als eine Dame, die einen Literaturpreis gewonnen hatte und, wenn sie gewollt hätte, drei Adelskronen übereinander auf ihrer Stirn tragen konnte.) Während sie nun sehr langsam fuhr, summte sie, als wäre es ein Stückchen aus einem alten Lied, vor sich hin: »Mit diesen Guineen will ich blühende Bäume kaufen, blühende Bäume, blühende Bäume, und unter meinen blühenden Bäumen wandeln und meinen Söhnen erzählen, was Berühmtheit ist!« So summte sie, und nun begannen ihre Worte hier und da zu sacken wie ein barbarischer Halsschmuck aus schweren Kugeln. »Und unter meinen blühenden Bäumen wandeln«, sang sie, die Worte stark betonend, »und den Mond langsam aufgehn und die Erntewagen fahren sehen ...« Hier unterbrach sie sich jäh und blickte dann in tiefem Nachdenken angespannt auf die Motorhaube.

Er saß an Twitchetts Tisch, sann sie, mit einer schmutzigen Krause um den Hals ... War es der alte Mr. Baker, der gekommen war, um das geschlägerte Holz zu messen? Oder war es Sh-p-re? (Denn wenn wir uns Namen vorsagen, welche wir sehr verehren, sprechen wir sie nie ganz aus.) Sie starrte fünf Minuten lang vor sich hin und ließ den Wagen fast zum Stillstand kommen.

»Besessen!« rief sie aus und trat jäh auf den Gashebel. »Besessen davon! Schon seit ich ein Kind war. Dort fliegt sie, die Wildgans, die ewig entschwindende! Sie flog am Fenster vorbei aufs Meer hinaus. Auf sprang ich (sie umgriff das Lenkrad fester) und streckte die Arme nach ihr. Aber die Wildgans fliegt zu schnell. Ich habe sie gesehen, hier – da – dort – in England, Persien, der Türkei, Italien. Immer fliegt sie schnell aufs Meer hinaus, und immer werfe ich ihr Worte nach wie Netze (sie schwang die Hand), welche zusammenschrumpfen, wie ich Netze habe schrumpfen sehen, welche auf Deck gezogen wurden mit bloß Seetang darin; und manchmal finden sich silberige zwei Zoll – sechs Wörter –

auf dem Grund des Netzes. Aber nie der große Fisch, der in den Korallenwäldern lebt.« Hier senkte sie den Kopf und dachte tief nach.

Und in ebendiesem Augenblick, als sie aufgehört hatte, »Orlando« zu rufen und tief in Gedanken an etwas anderes war, da kam der oder die von ihr gerufene Orlando aus freien Stücken; was durch die Veränderung bewiesen wurde, welche nun mit ihr vorging (sie war an dem Pförtnerhaus beim Gittertor vorüber und fuhr durch den Park).

Ihr ganzes Wesen verdichtete und beruhigte sich, als würde eine dünne Folie, die einer Oberfläche erst die Rundung und Festigkeit gibt, hinzugefügt und das Seichte würde tief und das Nahe fern; und alles wäre von der gehalten, wie Wasser von der Wandung eines Brunnenschachts. So war sie nun dunkel und still und war durch die Hinzufügung dieses oder dieser Orlando das geworden, was mit Recht oder Unrecht ein einziges Ich, ein wirkliches Selbst genannt wird. Und sie war verstummt. Denn es ist wahrscheinlich, daß, wenn jemand laut vor sich hinspricht, die vielen Ich (von denen es vielleicht mehr als zweitausend gibt) sich einer Trennung bewußt werden und versuchen, sich einander mitzuteilen, sobald aber die Verbindung hergestellt ist, verstummen.

Meisterhaft fuhr sie geschwind die geschwungene Zufahrt unter den Ulmen und Eichen entlang, zwischen den abfallenden Rasenflächen des Parks, deren Neigung so sanft war, daß sie, wären sie Wasser gewesen, den Uferrand mit einer glatten grünen Flut überbreitet hätten. Da und dort standen, in feierlichen Gruppen, gepflanzte Buchen und Eichen. Die Hirsche schritten zwischen ihnen dahin, einer weiß wie Schnee, ein anderer den Kopf zur Seite geneigt, denn ein Stück Drahtnetz hatte sich in seinem Geweih verfangen. Das alles, die Bäume, das Wild, den Rasen, betrachtete Orlando mit der größten Befriedigung, als wäre ihr

Geist etwas Flüssiges geworden, das alles umfloß und völlig einschloß. In der nächsten Minute hielt sie im Hof, in welchen sie schon seit so vielen hundert Jahren gekommen war, zu Pferd oder in sechsspänniger Karosse, mit Vorreitern und Nachreitern; wo Federbüsche genickt hatten, Fackeln geflammt hatten und dieselben blühenden Bäume, die jetzt ihre Blätter fallen ließen, ihre Blüten hatten herabrieseln lassen. Nun war sie allein. Die Herbstblätter fielen. Der Türhüter öffnete das große Haustor. »'n Morgen, James«, sagte sie. »Es liegen einige Sachen im Wagen. Wollen Sie die, bitte, hineintragen.« Worte, an sich ohne Schönheit, Interesse oder Bedeutsamkeit, so wird man zugeben, aber nun so angefüllt mit Bedeutung, daß sie fielen wie reife Nüsse von einem Baum und bewiesen, daß das Alltägliche, wenn seine verrunzelte Haut mit Bedeutung ausgestopft ist, die Sinne erstaunlich befriedigt. Und das traf nun auf jede Bewegung und Handlung zu, so gewohnt die auch sein mochte; sodaß Orlando ihren Frauenrock gegen ein Paar Whipcord-Reithosen und eine Lederjacke vertauschen zu sehen, was sie in weniger als drei Minuten tat, hingerissen zu sein hieß von der Schönheit ihrer Bewegungen, als zeigte die Lopokowa ihre höchste Kunst. Dann ging sie mit langen Schritten in das runde Eßzimmer, wo von der Wand ihre alten Freunde, Dryden, Pope, Swift, Addison, sie erst gravitätisch ansahen wie jemand, der sagen will: »Hier kommt die Preisträgerin!«, aber, als sie bedachten, daß es sich um zweihundert Guineen handelte, beifällig mit dem Kopf nickten. »Zweihundert Guineen!« schienen sie zu sagen, »zweihundert Guineen sind nicht zu verachten.« Orlando schnitt sich eine Scheibe Brot und eine Scheibe Schinken ab, klappte sie aufeinander und begann zu essen, während sie in dem Zimmer rundum ging und so in einer Sekunde, ohne daran zu denken, ihre Gesellschaftsmanieren abwarf. Nach fünf oder sechs solchen Runden stürzte sie ein Glas spanischen Rotweins herunter, und das nachgefüllte Glas in der Hand, schritt sie durch die Lange Galerie und ein Dutzend Salons und begann so eine Durchwanderung des Hauses, begleitet von so vielen Elchhunden und Spaniels, wie ihr zu folgen geruhten.

Auch das gehörte alles zur gewohnten Tagesordnung. Sie wäre ebensowenig heimgekommen, ohne ihrer Großmutter einen Kuß zu geben, wie beim Heimkommen das Haus unbesichtigt zu lassen. Sie bildete sich gern ein, daß die Räume sich aufhellten, sobald sie sie betrat; sich regten, die Augen öffneten, als hätten sie in ihrer Abwesenheit geschlummert. Sie bildete sich auch gern ein, daß die, wenngleich sie sie schon hunderte und tausende Male gesehen hatte, nie zweimal gleich aussahen; als hätte ein so langes Leben wie das dieser Räume in ihnen eine Myriade von Stimmungen aufgespeichert, welche sich mit dem Winter und dem Sommer, dem heiteren und trüben Wetter, Orlandos eigenen Schicksalen und dem Charakter der Besucher änderten; sich Fremden gegenüber stets höflich zeigten, aber ein wenig überdrüssig; ihr gegenüber jedoch völlig offen und unbefangen waren. Warum auch nicht? Sie kannten einander fast volle vierhundert Jahre. Sie hatten nichts voreinander zu verbergen. Orlando kannte ihre Leiden und Freuden. Sie wußte, wie alt jedes Möbel in ihnen war, und kannte seine kleinen Geheimnisse – eine versteckte Lade, ein Geheimfach oder vielleicht auch irgendeinen Makel, etwa einen ergänzten Teil oder einen später hinzugefügten; und diese Räume hinwieder kannten sie in allen ihren Stimmungen und Wandlungen. Sie hatte ihnen nichts verheimlicht; war als Jüngling und als junge Frau zu ihnen gekommen, weinend und tanzend, grübelnd und jubelnd. Auf dem Fenstersitz hier hatte sie ihre ersten Verse geschrieben; in der Kapelle dort war sie getraut worden. Und dort würde sie auch begraben werden, sann sie, während sie in der Langen Galerie auf dem Fenstersitz kniete und in kleinen Schlucken ihren spanischen Rotwein trank. Obwohl sie es sich kaum vorstellen konnte, würde der Leib des heraldischen Leoparden gelbe Tümpel auch an dem Tag auf den Boden malen, an dem man sie hinabsenkte, damit sie bei ihren Ahnen läge. Sie, die an keine Unsterblichkeit glaubte, konnte sich des Gefühls nicht erwehren, daß ihre Seele immerdar mit dem Rot auf den Täfelungen und dem Grün auf dem Sofa käme und ginge. Denn dieser Raum – sie war in das Gesandtenschlafzimmer geschlendert – schimmerte wie eine Muschel, die jahrhundertelang auf dem Meeresgrund gelegen hat und vom Wasser überkrustet und mit einer Million von Farbtönen bemalt worden ist; er war rosa und gelb und grün und sandfarben. Er war gebrechlich wie eine Muschelschale und so schillernd und so leer. Kein Gesandter würde je wieder hier schlafen. Ah, aber sie wußte, wo das Herz des Hauses noch immer schlug. Sacht eine Tür öffnend, blieb sie auf der Schwelle stehn, damit (wie sie sich einbildete) der Raum sie nicht erblicken könnte, und sah zu, wie der Wandteppich in dem ewigen schwachen Luftzug schwankte, welcher nie abließ, ihn in Bewegung zu halten. Noch immer ritten die Jäger; noch immer flüchtete Daphne. Das Herz, dachte sie, schlug noch immer, wenn auch noch so schwach, wenn auch noch so sehr in sich zurückgezogen; das gebrechliche, unbezwingliche Herz des riesigen Gebäudes.

Und nun rief sie ihr Hundegeleit zu sich und schritt die Galerie entlang, deren Boden mit der ganzen Länge nach in halber Dicke durchgesägten Eichenstämmen belegt war. Reihen von Sesseln mit allen ihren verblichenen Samten standen längs der Wand und hielten ihre Arme ausgebreitet für Elizabeth, für James, für Shakespeare vielleicht, für Cecil. die alle nicht mehr kämen. Der Anblick verdüsterte Orlando,

Sie enthakte das rote Seil, das absperrende, und saß eine Weile auf dem Sessel der Königin. Sie öffnete ein handgeschriebenes Buch, das auf Lady Bettys Tisch lag; sie spielte mit den Fingern in den uralten Rosenblättern; sie bürstete ihr kurzes Haar mit König James' silbernen Bürsten; sie wippte auf und nieder auf seinem Bett (aber kein König würde je wieder hier schlafen, trotz allen neuen Leintüchern Louises) und drückte ihre Wange an den abgenützten silberdurchwirkten Überwurf, der darauf lag. Überall aber gab es kleine Lavendelsäckchen, um die Motten abzuhalten, und gedruckte Anschläge: »Bitte, nicht berühren!«, welche, obgleich sie selbst sie hingetan hatte, sie zu verweisen schienen. Das Haus gehörte nicht mehr ganz ihr, sagte sie sich mit einem Seufzer. Es gehörte nun der Zeit; der Geschichte; war über Berührung und Beherrschung durch die Lebenden hinaus. Nie wieder würde hier Bier verschüttet werden, dachte sie, oder (sie war jetzt in dem Schlafzimmer, das einst Nick Greene bewohnt hatte) ein Loch in den Teppich gebrannt werden. Nie wieder kämen zweihundert Bedienstete lärmend und schimpfend durch die Gänge gelaufen, mit Wärmpfannen und mit großen Rundscheitern für die mächtigen offenen Kamine. Nie mehr würden in der Braustube hinter dem Haus Ale gebraut, in den Werkstätten dort Kerzen gezogen, Sättel gepolstert und Steine behauen werden. Hämmer und Schlegel waren jetzt still; Sessel und Betten leer; Humpen aus Silber und Gold in Glaskästen verschlossen. Die großen Flügel des Schweigens schwangen in dem menschenleeren Haus auf und nieder.

Nun saß sie wieder an dem einen Ende der Langen Galerie in Königin Elizabeth' hartem Armsessel, und ihre Hunde kauerten rings um sie. Die Galerie erstreckte sich weithin, bis zu einem Punkt, wo das Licht fast erstarb; sie war wie ein tief in die Vergangenheit gebohrter Stollen. Als Orlandos

Augen ihn entlangspähten, konnte sie Leute lachen und reden hören; die großen Männer, die sie gekannt hatte; Dryden und Swift und Pope; und Staatsmänner in einer Unterredung; und Liebespaare in Gekose und Getändel auf den Fensterbänken; und Leute, welche an den langen Tischen aßen und tranken; und den Holzrauch sehen, der sich um ihre Köpfe ringelte und sie niesen und husten machte. Noch weiter weg sah sie Gruppen von prächtig gekleideten Paaren sich zur Quadrille aufstellen. Eine flötenhafte, dünnstimmige aber dennoch prunkvolle Musik begann zu spielen. Eine Orgel dröhnte. Ein Sarg wurde in die Kapelle getragen. Ein Hochzeitszug kam aus ihr hervor. Bewaffnete Männer mit Helmen zogen weg in den Krieg. Sie brachten Fahnen und Standarten heim von Flodden und von Poitiers und steckten sie an die Wand. Die Lange Galerie füllte sich so, und noch weiterhin spähend, glaubte Orlando, ganz am Ende, hinter den Elisabethanern und den Tudors, jemand noch Älteren, Ferneren, Dunkleren, eine Gestalt in einer Kapuze, zu gewahren, eine klösterlich strenge, einen Mönch, der mit verschränkten Armen und einem Buch in den Händen einherschritt und murmelte –

Wie Donner schlug die Uhr auf den Stallungen vier. Nie zerstörte so irgendein Erdbeben eine ganze Stadt. Die Galerie und alle ihre Bewohner zerfielen zu Staub. Ihr eigenes Gesicht, das dunkel und düster gewesen war, während sie schaute, wurde erhellt wie von einer Schießpulverexplosion. In diesem selben Licht zeigte sich alles in ihrer Nähe mit äußerster Deutlichkeit. Sie sah zwei Fliegen kreisen und gewahrte den blauen Schimmer auf ihren Körpern; sie sah einen Knoten im Holz, wo ihr Fuß stand, und sah das Ohr ihres Lieblingshunds zucken. Gleichzeitig hörte sie einen Ast im Garten knarren, ein Schaf im Park husten, einen schnellen Vogelschrei am Fenster vorüber. Ihr Körper bebte und prickelte, als stünde er plötzlich nackt in einem harten Frost. Dennoch bewahrte sie, wie sie es nicht getan hatte, als die Uhr in London zehn schlug, völlige Fassung (denn sie war nun eins und ganz und bot vielleicht dem Anprall der Zeit eine größere Oberfläche dar).

Sie erhob sich, aber ohne Übereilung, rief ihren Hunden und ging festen Schritts, doch mit sehr lebhaften Bewegungen, die Treppe hinunter und in den Garten hinaus. Hier waren die Schatten der Pflanzen wunderbar deutlich. Sie gewahrte die einzelnen Erdkrumen in den Blumenbeeten, als hielte sie eine Lupe ins Auge geklemmt. Sie sah jeden einzelnen Zweig in dem Gewirr jedes Baumwipfels. Jeder Grashalm war deutlich, und auch die Zeichnung der Adern in Laub- und Blütenblättern. Sie sah den alten Stubbs, den Gärtner, den Weg herankommen, und jeder Knopf an seinen Ledergamaschen war erkennbar; sie erblickte Betty und Prince, die schweren Zugpferde, und nie hatte sie so deutlich den weißen Stern auf Bettys Stirn gesehen und im Schweif von Prince die drei langen Haare, die tiefer hinunterreichten als die übrigen. Draußen in dem großen quadratischen Hof sahen die alten grauen Mauern des Hauses aus wie eine verkratzte neue Photographie; sie hörte den Lautsprecher auf der Terrasse eine Walzermelodie verdichten, welcher Leute in dem rotsamtenen Opernhaus in Wien lauschten. Gestrafft und gespannt von dem gegenwärtigen Augenblick, war sie doch auch seltsam ängstlich, als könnte, wann immer die Kluft der Zeit klaffte und eine Sekunde durchließe, eine unbekannte Gefahr mit ihr eindringen. Die Spannung war zu stark und zu unnachgiebig, um lange ohne Unbehagen ertragen zu werden. Orlando schritt geschwinder, als ihr angenehm war, so, als würden ihr die Beine von etwas bewegt, durch den Garten und wollte in den Park. Sie zwang sich aber mit großer Anstrengung, vor der Wagnerwerkstatt stehnzubleiben, und stand stockstill und sah zu, wie Joe, der junge Stubbs, ein Rad zurichtete. Sie stand so und hielt die Augen auf seine Hand geheftet, da schlug die Uhr das Viertel. Der Schlag sauste durch sie hindurch wie ein Meteor so heiß, das keine Finger halten können. Sie sah mit abscheuerregender Deutlichkeit, daß der Daumen an Joes rechter Hand keinen Nagel hatte und sich eine wulstige Untertasse von rosa Fleisch dort befand, wo der Nagel hätte sein sollen. Der Anblick war so abstoßend, daß ihr für eine Sekunde ganz schwach wurde, aber in dieser augenblicklangen Dunkelheit, als ihre Lider flatterten, war sie vom Druck der Gegenwart erlöst. Es war etwas Seltsames in dem Schatten, den das Flattern ihrer Lider warf, etwas, das (wie jedermann, wenn er jetzt zum Himmel aufblickt, selber erproben kann) immer abwesend ist aus der Gegenwart – daher deren Schrecknis, deren Unbestimmtheit – ein Etwas, das man zitternd sich scheuen würde, mit einer Nadel durch den Leib auf einen Namen festzustecken und Schönheit zu nennen, denn es hat keinen Leib, ist wie ein Schatten ohne eigene Substanz oder Eigenschaft und hat doch die Macht, jegliches, dem es sich hinzufügt, zu verändern. Dieser Schatten nun stahl sich, während ihr in ihrer Ohnmacht vor der Wagnerwerkstatt die Augenlider flatterten, hervor, und dadurch, daß er sich an die unzähligen Eindrücke heftete, welche sie empfangen hatte, komponierte er diese zu etwas Erträglichem, Faßlichem. Ihr Geist begann zu wogen wie das Meer. Ja, sagte sie sich, mit einem tiefen Seufzer der Erleichterung, als sie sich von der Wagnerwerkstatt abwendete, um den Hügel zu ersteigen, ja, ich kann beginnen, von neuem zu leben. Ich stehe am Serpentineteich, sagte sie sich, und das Schiffchen steuert durch den weißen Bogen eines Tausends Tode. Ich bin nahe daran, zu verstehn ...

Das waren ihre Worte, ganz deutlich geformt, aber wir

können nicht verheimlichen, daß Orlando nun eine sehr unverläßliche Zeugin der Wahrheit dessen, was sie vor Augen hatte, geworden war und leicht ein Schaf für eine Kuh hätte halten können oder einen alten Mann namens Smith für einen anderen, der Jones hieß und mit jenem auch gar nicht verwandt war. Denn der Schatten von Ohnmacht, welchen der nagellose Daumen geworfen hatte, hatte sich jetzt hinten in ihrem Gehirn (wo es am weitesten vom Gesichtssinn entfernt ist) zu einem Teich vertieft, darin die Dinge in einer so tiefen Dunkelheit weilen, daß wir kaum wissen, was sie sind. Sie blickte nun hinab in diesen Teich oder dieses Meer, worin alles gespiegelt wird, – und manche Leute behaupten wahrhaftig, daß alle unsere heftigsten Leidenschaften und dazu Kunst und Religion diese Spiegelungen sind, die wir in der dunkeln Höhlung hinten im Kopf erblicken, wenn die sichtbare Welt vorübergehend verdunkelt ist. Orlando blickte nun dort hinein, lange, tief und gründlich, und sogleich war der von Farnen besäumte Pfad, auf welchem sie den Hügel hinaufschritt, nicht mehr ganz ein Pfad sondern auch ein Teil des Serpentineteichs; die Weißdornsträucher waren zum Teil Herren und Damen, welche mit Visitkartenetuis und goldknäufigen Spazierstöcken dasaßen; die Schafe waren zum Teil schmalbrüstige Häuser in Mayfair; alles und jedes war zum Teil etwas anderes, als wäre ihr Geist ein großer Forst geworden, worin sich Waldtäler hierhin und dahin verzweigten; Dinge näherten sich und entfernten sich, vermengten sich und trennten sich und formten die seltsamsten Bündnisse und Verbindungen in einem unaufhörlichen Gescheck von Licht und Schatten. Ausgenommen den Augenblick, als Knut, der Elchhund, ein Kaninchen aufscheuchte und sie so erinnerte, daß es halb fünf – tatsächlich fehlten nur noch dreiundzwanzig Minuten auf sechs – sein mußte, vergaß sie die Zeit.

Der Pfad durchs Farnkraut führte mit vielen Schleifen und Windungen höher und höher bis zu der Eiche, die auf der Kuppe stand. Der Baum war größer, stämmiger und knorriger geworden, seit sie ihn kannte, ungefähr seit dem Jahre 1588, aber er war noch immer im besten Baumesalter. Die kleinen, wellig gerandeten Blätter flatterten noch immer üppig an seinen Zweigen. Als sie sich auf den Erdboden hingeworfen hatte, fühlte sie unter sich die Wurzeln des Baums wie Rippen von einem Rückgrat hierhin und dorthin verlaufen. Sie stellte sich gern vor, daß sie hier auf dem Rücken der Welt reite. Sie schmiegte sich gern an etwas Hartes. Als sie sich hinwarf, war ein kleines, in rote Leinwand gebundenes quadratisches Büchlein aus der Brusttasche ihrer Lederjacke gefallen – ihre Dichtung »Die Eiche«. Ich hätte einen Grabstichel mitbringen sollen, überlegte sie. Die Erde über den Wurzeln war so seicht, daß sie zweifelte, ob sie ihre Absicht ausführen und das Buch hier begraben könnte. Überdies würden die Hunde es hervorscharren. Diesen symbolischen Feiern ist nie ein Gelingen beschieden, dachte sie. Vielleicht wäre es also ebensogut, ohne eine auszukommen. Sie hatte eine kleine Rede auf der Zunge, welche sie über dem Buch sprechen wollte, während sie es begrübe. (Es war ein Exemplar der ersten Auflage, von der Verfasserin und vom Illustrator signiert.) »Ich begrabe es als einen Tribut«, hatte sie die Absicht gehabt zu sagen, »als eine Gegengabe an das Land für das, was das Land mir gegeben hat«, aber, du lieber Gott! sobald man einmal begann, Worte laut auszusprechen, wie albern sie da klangen! Es gemahnte sie an den alten Greene, wie er vor ein paar Tagen auf ein Podium hinaufgestiegen war und sie mit Milton (ausgenommen dessen Blindheit) verglichen und ihr einen Scheck über zweihundert Guineen eingehändigt hatte. Sie hatte dabei an die Eiche hier oben auf dem Hügel gedacht und sich gefragt, was das alles mit der zu tun habe. Was hatten Lob und Ruhm mit Poesie zu tun? Was hatten sieben Auflagen (das Buch hatte schon so viele erreicht) mit seinem Wert zu tun? War das Schreiben von Poesie nicht ein geheimes Tauschgeschäft, das Antworten einer Stimme auf eine andere? Weshalb dieses ganze Geschwätz und Lob und Tadel und dieses Kennenlernen von Leuten, welche einen bewunderten, und von Leuten, welche einen nicht bewunderten, so schlecht wie nur möglich zu der Sache selbst paßte – zu einer Stimme, die einer anderen Stimme antwortete. Was könnte heimlicher sein, dachte sie, was langsamer und einem Liebesgespräch ähnlicher als die stammelnde Antwort, welche sie während all der vielen Jahre auf das alte raunende Lied der Wälder gegeben hatte und die Gehöfte und die braunen Pferde, welche Hals an Hals am Gatter stehn, und die Schmieden und die Küchen und die Felder, welche so mühevoll Weizen, Rüben oder Klee tragen, und die Gärten, welche Schwertlilien und Schachbrettblumen zum Blühen bringen?

So ließ sie denn ihr Buch unbegraben und zerknittert auf der Erde liegen und betrachtete die weite Aussicht, verschieden wie ein Meeresboden an diesem Abend, hell, wo die Sonne sie beleuchtete, dunkel, wo Wolken sie beschatteten. Da zeigte sich ein Dorf mit einem Kirchturm zwischen Ulmen; ein grauer Herrensitz mit Kuppeln in einem Park; ein Lichtfunke, der auf einem Glashaus brannte; ein Gehöft mit gelben Kornschobern; die Felder und Wiesen waren getupft von schwarzen Baumgruppen, und jenseits der Wiesen erstreckten sich lange Wälder, und dort war auch das Glitzern eines Flusses, und dann kamen wieder Hügel. In weiter Ferne brachen die Felszacken des Snowdon hell durch die Wolken; sie sah die noch ferneren schottischen Berge und die wilden Fluten, die um die Hebriden wirbeln. Sie horchte auf den Schall des Geschützfeuers draußen auf dem Meer. Nein – nur der Wind wehte. Heute war kein Krieg. Drake war dahin; Nelson war dahin. »Und hier«, dachte sie und ließ ihre Augen, welche in diese Fernen geblickt hatten, sich abermals auf das Land zu ihren Füßen senken, »war einmal mein Land: dieses Schloß da, zwischen den Hügeln, war mein; und die ganze Heide, die sich fast bis zum Meer erstreckt, war mein.« Da schüttelte sich die Landschaft (es mußte das ein Streich sein, den ihr das schwindende Licht spielte), wölbte sich auf und ließ diese ganze Last der Häuser, Schlösser, Wälder von den zeltförmigen Flanken gleiten. Die kahlen Berge der Türkei standen ihr vor Augen. Es war glühender Mittag. Sie blickte geradeaus auf den ausgedörrten Berghang vor ihr. Ziegen weideten die sandfarbenen Grasbüschel zu ihren Füßen ab. Ein Adler schwang sich über ihr in die Höhe. Die rauhe Stimme des alten Rustum, des Zigeuners, krächzte ihr in die Ohren: »Was sind im Vergleich damit das Alter und der Adel deines Stammes und alle deine Besitztümer? Was hast du vierhundert Schlafzimmer nötig und silberne Deckel auf allen deinen Schüsseln und Hausmägde, welche sie abstauben?«

In diesem Augenblick schlug eine Kirchturmuhr unten im Tal. Die zeltförmige Landschaft stürzte in sich zusammen. Die Gegenwart schauerte abermals auf Orlandos Kopf herab, nun aber, da das Licht verblaßte, sanfter als vorher, rief nichts Einzelnes hervor, nichts Kleines, sondern nur nebelige Felder; Häuschen mit Lampen in ihnen; die schlummernde Masse eines Walds; und einen fächerförmigen Lichtschein, der auf einem heckenbesäumten Sträßchen die Dunkelheit vor sich herschob. Ob es neun oder zehn oder elf geschlagen hatte, wußte sie nicht zu sagen. Die Nacht war gekommen, die Nacht, welche ihr von allen Zeiten die liebste war, die Nacht, während welcher die Spiegelungen in dem dunkeln Teich des Geistes klarer leuchten als bei Tag. Es war nun nicht nötig, in Ohnmacht zu fallen, um tief in die Dunkelheit zu schauen, wo alles sich gestaltet, und im Teich des Geistes bald Shakespeare zu sehen, bald ein Mädchen in russischen Hosen, bald ein Schiffchen auf der Serpentine und dann den Atlantischen Ozean selbst, wo er in großen Wogen um das Kap Horn tobt. Sie schaute in diese Dunkelheit. Da war die Brigg ihres Mannes und hob sich auf einen Wellenberg hinauf! Hinauf, immer höher und höher. Der weiße Bogen eines Tausends Tode wölbte sich vor ihr. O du tollkühner, du törichter Mann, der immerzu so zwecklos einem Sturm entgegen das Kap Horn umsegelt! Aber die Brigg war durch den Bogen durch und kam auf der anderen Seite zum Vorschein; sie war endlich in Sicherheit.

»Ekstase!« rief Orlando aus. »Ekstase!« Und dann flaute der Wind ab, die Gewässer beruhigten sich, und sie sah die Wellen sich friedlich im Mondschein kräuseln.

»Marmaduke Bonthrop Shelmerdine!« rief sie, wie sie so neben der Eiche stand.

Der schöne, glitzernde Name fiel aus dem Himmel herab wie eine stahlblaue Feder. Sie sah zu, wie er fiel, sich drehte und kreiselte wie ein langsam fallender Pfeil, der wunderschön die Luft durchbohrt. Der diesen Namen trug, käme nun bald, wie er immer kam, in einem Augenblick völliger Stille; wenn die Welle sich kräuselte und in den Herbstwäldern die gefleckten Blätter langsam über ihren Fuß fielen; wenn der Leopard ruhte, der Mond aufs Wasser schien und nichts zwischen Himmel und Meer sich regte. Da kam er dann.

Alles war nun still. Es war nahe an Mitternacht. Der Mond stieg langsam über der Flur auf. Sein Licht erbaute ein Geisterschloß auf Erden. Da stand das große Haus mit allen seinen von Silber überzogenen Fenstern. Es hatte nichts von Mauern, nichts Festes. Alles war Phantom. Alles war still.

Alles war erleuchtet wie für die Ankunft einer toten Königin. Orlando sah schwarze Federbüsche im Hof nicken und Fakkeln flackern und Schatten knien. Abermals entstieg eine Königin ihrem Gefährt.

»Das Haus steht zu Euern Diensten, Ma'am«, rief sie und knickste tief. »Nichts ist verändert worden. Der tote Lord, mein Vater, wird Euch hineingeleiten.«

Während sie das rief, erklang der erste Schlag der Mitternacht. Der kalte Luftzug der Gegenwart streifte ihr Gesicht mit seinem leisen Hauch von Furcht. Sie blickte ängstlich zum Himmel auf. Er war jetzt dunkel von Wolken. Der Wind dröhnte ihr in die Ohren. Aber aus dem seinen hörte sie das Dröhnen eines Flugzeugs näher und näher kommen.

»Hier! Shel, hier!« rief sie und entblößte ihre Brust dem Mond (der nun wieder hell schien), sodaß ihre Perlen schimmerten wie die Eier einer riesigen Mondspinne. Das Flugzeug sauste aus den Wolken hervor und war nun genau über ihrem Kopf. Es schwebte über ihr. Ihre Perlen brannten wie phosphoreszierende Leuchtkugeln in der Dunkelheit.

Und als Shelmerdine, nun ein stattlicher Schiffskapitän, heil, rotwangig und munter auf die Erde herabsprang, flog über seinen Kopf weg ein einzelner Wildvogel auf.

»Sie ist es!« rief Orlando. »Die Wildgans . . .«

Und der zwölfte Schlag der Mitternacht erklang; der zwölfte Schlag der Mitternacht am Donnerstag, dem elften Oktober neunzehnhundertundachtundzwanzig.